다문화사회에서의
미디어 역할

이 도서의 국립중앙도서관 출판예정도서목록(CIP)은 서지정보유통지원시스템 홈페이지(http://seoji.nl.go.kr)와
국가자료공동목록시스템(http://www.nl.go.kr/kolisnet)에서 이용하실 수 있습니다.
CIP제어번호: CIP2017020305 (양장), CIP2017020304 (학생판)

| 방송문화진흥총서 176 |

다문화사회에서의
미디어 역할

독일 사례를 중심으로

이수범 · 장성준 지음

한울
아카데미

머리말

시작에 앞서

하나의 글로 '다문화사회에서의 미디어 역할'을 다루는 것은 큰 도전이었다. 우리나라의 '다문화' 혹은 '다문화사회'는 마치 거대한 바람 같은 것이어서 실체는 있으나 전체는 알 수 없는 현상이기 때문이다. 구체적인 이미지를 포함한 정책 어휘로 보급된 탓에 일견 선명한 듯하지만, 조금만 시야를 넓혀 보면 흐릿하고 손에 잡히지 않는 개념이 바로 한국의 다문화다. 다문화 하나의 맥락을 설명하기도 어려운데 나아가 그러한 이미지를 심는 데 일조한 '미디어'까지 한데 모아 설명하려 하니 여러 난관에 부딪힐 수밖에 없었다. 미디어를 연구할 때 영상·온라인 매체에 집중하는 경향이 강한 국내 환경을 감안하면 오해의 소지가 있는 작업이 될 수도 있겠다고 생각했다.

설상가상으로 독일의 공영방송 사례를 중점적으로 다루다 보니 설명의 범주를 결정하는 것이 매우 어려웠다. 우리나라와는 전혀 딴판인 방송 시스템이나 법제를 기술하며 아주 기초적인 단어도 적절한 번역어를 찾기 어려운 경우가 많았다. 사례 선정부터 논의의 흐름까지 고민이 많았지만 그럼에도 이 책을 마칠 수 있었던 것은 바탕이 되는 커뮤니케이션학이 융합과 실용의 기조를 갖고 있는 덕이 컸다. 사실 국내에서 '다문화'는 교육학이나 사회학의 틀 안에서 다뤄지는 경우가 많은데, 커뮤니케이션학이 지닌 입체적이고 유연한 사고야말로 현대의 다문화사회를 풀어내기에 적절한 언어를 제공한다고 생각한다.

커뮤니케이션학은 정치, 경제, 사회, 문화, 철학과 미학 등을 아울러 세상에서 발생하는(혹은 이미 발생한) 사건과 상황들을 다루는 학문이다. 태생부터가 다양한 분야의 학자들로 인해 이루어졌다. 현대적 개념의 커뮤니케이션학을 정립하는 데 쓰인 주요 개념들을 제시한 '4비조(founding fathers)'만 봐도 이 사실을 알 수 있다. 메시지 전달 과정을 도식화해 SMCRE 모델을 제안한 라스웰(Harold Lasswell)은 정치학자이고, 의견 주도자(오피니언 리더) 개념을 제안한 라자스펠트(Paul F. Lazarsfeld)는 사회학자다. 미디어가 사람들에게 미치는 영향이 강력하다고 평가했던 당대 해석을 뒤엎고 미디어의 제한효과를 주장한 호블랜드(K. Hovland)는 사회심리학자이며, 게이트 키핑이라는 개념을 정립한 레윈(C. Lewin)은 심리학자 출신이다. 커뮤니케이션학은 이처럼 사회 복잡성이 증가함에 따라 여러 다른 영역에서 쓰이는 개념들을 받아들여 외연을 넓혔고, 그것들을 기존 논의와 연계하면서 실용학문이자 활용학문으로서 입지를 발전시켜왔다. 우리나라에서는 신문방송학이나 언론정보학이라는 이름으로 많이 알려졌지만 사실 이 학문이 위치하는 복잡다단한 맥락을 생각하면 그러한 명칭은 다소 즉물적인 표현이 아닌가 싶다. 커뮤니케이션학이란, 좀 거칠게 말하면 다분히 다문화적인 학문인 것이다.

이 책은 국내 커뮤니케이션학의 주요 연구 분야인 방송과 현대사회의 주요한 현상으로 꼽히는 다문화주의를 함께 다룬다는 점에서 현대 커뮤니케이션학의 흐름에 걸맞은 논의가 될 것이라 예상한다. 다만 그렇다고 해서 우리나라의 방송이나 다문화사회에 대해 어떠한 학문적 합의를 도출하거나 하나의 정의를 내리고자 하는 것은 아니다. 방송이라는 영역, 특히 공영방송을 논의하기 위해서는 외적으로 나타나는 현실뿐만 아니라 내적으로 이를 작동시키는 요소들을 고려해야만 그 역할 규정이 가능하다. 다문화 역시 마찬가지다. 시시각각 변화하는 다문화의 현상이나 배경을 제대로 분석하는 것은 현시점에서 불가능한 일이다. 불완전한 논의가 될 것을 알면서도 다문화사회에서의 미디어 역할을 다루려 시도한 것은 그 자체로 우리나라 커뮤니케이션학의 논의 확장에 미력하나마 도움이 될 수 있을 것이라고 판단했기 때문이다. 이를 위해, 혹시 이 책을 읽게 될 여러 다른 분야의 독자들을 위해서도 본격적인 논의에 앞서 이 책이 붙들고 있는 두 개의 커다란 개념인 공영방송의 역할과 다문화사회가 어떤 맥락에서 비롯되었는지 짧게나마 살펴보고자 한다. 이 책이 다루는 주요 내용은 다음과 같다.

공영을 공영답게

방송 시스템은 크게 보아 공영방송과 상업방송으로 나뉜다. 공영방송은 세금의 일종인 방송수신료 수입을 분배받아 운영되는 반면, 상업방송은 광고 판매 수익을 통해 재원을 충당한다. 이 둘은 사회적 기능, 기대감, 규정 방식 등에서 큰 차이를 보인다. 공영방송의 경우 공적 재원인 수신료를 받아 운영기금으로 사용하고, 한정된 공적 자원인 전파를 사용한다는 점에서 커뮤니케이션 학계는 공영방송이 추구해야 하는 가치로서 공공성을 개념화하기 위해 오랜 노력을 기울여왔다. 그럼에도 우리나라에선 공공성의 가치에 대한 사회적 합의는 이뤄지지 못했고, 공영방송은 공익성보다는 정권과 대기업의 이익을 대변하는 활동들로 사회적 비판을 받게 된다. 게다가 방송·통신 융합은 공영방송의 역할을 규정하기 더 어렵게 만들었다. 공영방송이 공적 임무를 수행해야 한다는 근거로 작용하는 전파의 희소성 개념이 약화되었기 때문이다. 그 결과 방송·통신 융합이라는 말이 고어(古語)처럼 사용되는 현실임에도 아직까지 공영방송에 대한 역할은 명확하지 않다.

더욱이 세계 유수의 학자들이 공영방송의 사업 영역을 정의하고 행위 결과들을 비판하는 많은 연구들이 나왔음에도 아직까지 공영방송에 대한 역할을 한 가지로 규정하지는 못하고 있다. 다만 일련의 논의는 하나의 접점을 찾는 데 이르렀다. 바로 공영방송을 운영하기 위한 정책 결정 과정, 공공성에 대한 해석, 사회적 가치 등이 모두 고르게 논의되어야 한다는 점이 그것이다. 달리 말해 공영방송은 독립적인 연구 단위로 다뤄져서는 안 되고 반드시 내부 시스템과 외부 맥락을 함께 고려해서 살펴봐야 한다.

특히 벤치마킹 등을 목적으로 해외 사례를 조사할 경우는 더욱 주의할 필요가 있다. 유사한 시스템인데도 나라별로 상이한 결과를 낳는 경우가 많고 여러 맥락을 고려해야 하니 그런 결과를 불러일으키는 원인을 짚어내는 과정에서도 잘못된 판단을 할 우려가 있기 때문이다. 우리나라 공영방송과 관련한 논의들에선 대표적인 공영방송의 롤 모델로 꼽히는 영국과 일본의 사례가 자주 등장하고 관용과 합리의 상징처럼 비치는 프랑스와 독일의 사례도 종종 언급된다. 그러나 우리나라의 시스템은 공영방송과 상업방송이 공존하는 혼합방송체제라는 점이 표면적으로 비슷해 보일 뿐 그들과는 작동방식 자체가 다르다. 우리나라의 공영방송은 차라리 국영방송이라는 표현이 걸맞을 만큼 정권의 나팔수로 활동했던 이력이 길었다. 사회 이슈를 외면하거나 왜곡된 보도를 내보내는 경우가 잦았고 운영상의 중립성도 갖추지 못했다. 사실 우리나라 공영방송 운영을 위한 기금 확보 부분에서 방송 수신료를 현실적인 액수까지 징수하지 못하도록 한 것은 본질적으로 공영방송의 존재 이유와 운영 목표를 설정하지 못했기 때문이라고 볼 수도 있다. 추구해야 할 '공적 가치'가 불분명하다 보니 영국이나 독일, 프랑스 등의 공영방송의 '공공성'을 참고하지만, 이는 자국의 사회 시스템을 고려해 만들어낸 것이기 때문에 어떤 이정표로 삼거나 이식해 오는 것이 불가능하다.

우리나라의 공영방송체계를 해외 사례와 비교하여 한계점이나 개선점을 발견하고, 그 시스템을 우리나라에 도입하려 한다면 공영방송을 넘어 방송 전반의 운영과 관련한 행위자들(이해관계자)이 정책에 어떻게 영향을 미치는지를 분석해야 한다. 또한 각국의 방송 관련 법들과 규제방식이 추구하는 가치를 면밀하게 살펴봐야 하며, 역사적으로나 사회적으로 공영방송들이 수행해왔던 활동들을 검토하는 것도 필요하다. 이 때문에 이 책에서는 막연히 훌륭한 것으로 알려진 유럽의 공영방송 시스템이 실제로는 어떤 과정을 거쳐 구축되고 어떤 계기를 통해 수정되었는지, 그를 통해 무엇을 이루려 하는지를 적은 지면으로나마 소상히 다루려 노력했다. 그 과정에는 당연하게도 다문화주의가 녹아 있었는데, 그 결과물 또한 가능한 한 치우침 없이 다루고자 했다.

다문화를 다문화답게

다문화사회는 다민족·다인종사회와 동의어가 아니다. 국가 간 교류가 활발해지면서 외국인과 접촉할 기회가 많아졌다는 의미도 아니다. 그보다는 그들이 생활 속에서 습득하고 구성해왔던 고유문화를 새로운 지역에 전파하는 것이며, 어떤 하나의 삶의 방식만이 절대적으로 옳거나 선한 가치를 가질 수 없는 현실이 도래했다는 뜻이다. 다문화정책이 긍정적 평가를 받은 대표적 나라 캐나다의 경우를 보면 이를 알 수 있다. 인디언으로 불리는 토착민(선주민)을 제외하고는 국민 대부분이 이주민으로서 동등한 입장에서 생활을 영위한다. 반면 우리나라는 다문화라는 개념을 인종 간 교류의 의미로 해석하는 경우가 많고 한민족이라는 이념적 특성으로 인해 자국민과 외국인을 구분하는 것이 일상화되어 있다. 그뿐만 아니라 1980년대 후반부터 시작된 산업연수생 제도 이후 국내로 유입된 외국인들의 지위를 자연스럽게 자국민보다 낮은 계급으로 인식하는 경향이 강했다. 일부 커뮤니티에서는 그들에 대한 차별과 혐오 발언이 자연스러운 행동으로 용인되기도 한다. 이런 배타적인 사회 분위기 속에서 미디어, 특히 공영방송을 활용해 한민족과 이주민이 물리적으로 함께하는 이미지를 자주 노출시키고 그것에 긍정적인 평가를 내리는 식의 다소 인위적인 방법이 동원되었다. 화합이 조장될 뿐 아니라 어떤 면에서는 강요되는 사이에 '다문화'라는 용어도 본래의 입체적인 뜻을 잃고 외국인과 함께하는 직장이나 가정에서의 단편적인 현상들에 고착되어버렸다.

자민족 중심의 이념체계를 갖고 있는 나라에서 외부인에 대한 경계나 배제는 자연스러운 것이다. 다문화사회의 형성을 우리보다 먼저 경험했던 독일의 예를 보면 이것이 더욱 극명하게 드러난다. 우리나라와 독일 두 국가 모두 자민족 중심적인 이념체계를 갖고 있기 때문에 타인에 대한 경계심이나 불이익 또는 배제가 당연한 것으로 받아들이는데, 독일의 경우 이주민이 체류하는 것을 막기 위해 본국에서 정착하는 데 필요한 지원금까지 제공하면서 송환을 유도한 것을 보면 우리나라보다 더 강한 민족성을 갖고 있다는 해석도 가능하다. 두 나라 '다문화사회'의 공통점은 이민자로서 자국에 유입된 사람들이 본디 그들이 살아왔던 방식을 완전히 버리고 이주국가의 삶의 방식에 흡수되도록 강요한다는 데 있다. 원론적인 입장에서 다문화주의라는 개념이 고유한 삶의 방식과 태도, 이념, 생각, 종교 등의 보존을 지지하고 새로운 장소에서 필요한 가치들을 습득하도록 유도하는 것이라는 점을 감안하면 두 국가 모두 이주민에게 다소 강한 태도를 취하고 있는 것은 사실이다.

독일은 2015년 북아프리카와 중동 분쟁 지역에서 유입된 피난민들을 적극적으로 받아들이면서 우리나라는 물론 전 세계에서 찬사를 받았다. 하지만 독일 내부적으로는 이들이 야기한 사회변화와 불안에 대해 비판적인 의견들이 표현되기 시작했으며, 그 결과 신진 극우세력이 주정부와 연방정부 의회에 참여하는 계기까지 제공하게 되었다. 이는 독일과 우리나라의 다문화 논의 수준이나 인식 수준이 비슷한 상태였기 때문으로 생각한다. 그나마 독일은 인도적 차원에서 이주민들을 받아들였다는 점에서 훨씬 실천적이고 진일보한 국가인 것으로 인식된다는 판단이다. 이런 생각에는 과거 독일의 이주민 정책이 근거가 되었다. 1950년대 후반부터 본격적으로 시작된 독일의 이주민 유입은 정책 실패로 이어졌음에도 불구하고 이어져왔다. 새로운 이주민을 제한적으로만 받아들이는 방식으로 유지되어온 독일의 다문화정책은 2015년 들어 대규모 난민을 수용하면서 사회적 균열로 나타나기 시작했다. 경험적으로 표현하자면 이주민들은 자신들의 생활방식만을 고수하면서 독일 사회에서 생활규범들을 어겼고, 토착민(선주민)들은 난민들이 자신의 생활 영역을 침범한다고 느꼈다. 지역 곳곳에 설치된 난민촌은 일종의 슬럼가가 되기도 했다. 인도적 차원에서 난민 유입을 승인했지만 사회적 시스템이 부재한 상황이었기 때문에 양자 간의 갈등은 커졌다. 이에 대한 해결책으로서 미디어가 역할을 수행한바 국내에서도 시사점이 있을 것으로 생각해 이를 구체적인 사례 중심으로 소개하고자 했다.

이 책을 기획한 계기는 이상의 두 가지 문제, 즉 공영방송의 가치와 다문화사회라는 현상을 아우르는 접근을 해보기 위함이었다. 공영방송에서 추구하는 가치인 공공성의 범주를 살펴보고 다문화사회에서 그 역할을 규정하며 사례를 찾는 것을 목표로 상정했다. 독일 사례를 중점적으로 다루는 것을 목표로 작업을 시작했지만 독일 정책 수립의 특성상 정책 결정에 오랜 기간이 소요되기 때문에 예상보다 큰 변화가 나타나진 않았다. 그 대신 방송정책에 대한 일반론적 접근과 함께 독일의 정책적 특성을 더 제시했고,

유럽 국가를 중심으로 공영방송이나 다문화사회에서의 역할 규정 등을 소개하는 방식을 택했다. 독일의 공영방송체계를 시대 흐름에 따라 구체적으로 제시한 것은 앞서 언급했다시피 하나의 단편적 사실로만 현실을 바라볼 경우 내면에서 작동하고 있는 본질적인 특징을 파악할 수 없을 것이라 판단했기 때문이다. 다소 장황하지만 그동안 사례 중심으로만 제공되었던 자료들과는 다른 방식의 접근을 제공하고자 했던 의도도 반영되었다. 또한 독일 이민정책에 대해선 역사적으로 진행된 과정들을 단계별로 제공했으며, 이주민들을 위한 사회통합 서비스로서 공영방송의 활동을 논하는 과정에선 2015년으로 대표되는 난민 유입 이후의 사례로 범주를 제한했다.

공영방송을 중심으로 한 방송정책이라는 개념부터 독일의 방송정책과 다문화정책 사례까지 서술하는 이 책은 향후 독일에 대해 관심을 갖고 있는 연구자들과 후학들의 물음과 논의를 확장시킬 계기를 제공하는 자료가 될 것으로 기대한다. 이 책은 우리나라 방송 문화의 발전에 큰 역할을 하는 방송문화진흥회의 도움을 받아 방송문화진흥총서로 세상에 나오게 되었다. 이 과정에서 책을 잘 마무리 지을 수 있게 도움을 주신 분들이 많다. 특히 관련 자료들을 모아 정리해준 송민호와 원고를 처음부터 끝까지 읽고 평가해준 이범준 박사, 그리고 여러 차례의 퇴고 과정에서 큰 도움을 준 김솔빈에게 고마움을 전한다. 끝으로 어려운 출판 환경에서도 좋은 책으로 만들어준 한울엠플러스(주) 편집부에도 감사의 인사를 드린다.

2017년 8월

이수범·장성준

머리말 · 5

1장 들어가며 · 15

2장 미디어 정책을 보는 시각과 사례 · 25

1. 미디어 정책의 형성 과정 · 26
2. 독일 미디어 정책의 틀과 법체계 · 57

3장 주요 국가들의 공영방송 구조와 특징 · 91

1. 영국과 프랑스의 공영방송 · 92
2. 독일 공영방송사 설립 근거와 구조 · 110

4장 다문화사회에서 미디어의 해석과 그 역할 · 147

1. 다문화사회와 미디어 정책의 관계 설정 · 148
2. 독일 다문화사회 형성 과정과 미디어의 역할 · 193
3. 독일 미디어 능력 프로젝트와 난민 참여 · 234

5장 결론을 대신하며 · 263

참고문헌 · 270
찾아보기 · 281

CONTENTS

표 · 그림 차례

표 2-1 정책의 본질적 특성 · 27

표 2-2 방송법의 방송 이념 관련 조항 · 30

표 2-3 독일의 주(州) 미디어청 목록 · 60

표 2-4 독일 공영방송 채널 · 63

표 3-1 프랑스의 CSA 조직 구성방식 · 104

표 3-2 프랑스 공영방송사 사장 선임방식 변화 · 105

표 3-3 공영방송사의 공통 임무(커뮤니케이션 자유법 제43-11조) · 108

표 3-4 France Télévisions의 임무(커뮤니케이션 자유법 제44조) · 108

표 3-5 ARD 9개 회원사들의 방송 기여도(Fernsehvertragsschlüssel) 분담 비율 · 123

표 3-6 제3텔레비전 채널의 송출 지역과 운영 채널 · 124

표 3-7 바이에른 지역의 'BR 알파' 채널 추정 시청자 수 및 시청률(2013~2014년) · 126

표 3-8 'BR 알파' 채널의 프로그램 편성 비율(2013년) · 127

표 4-1 캐나다의 다문화정책 기조 변화 과정 · 179

표 4-2 2005년 발효된 독일 이민법의 기본원칙 · 201

표 4-3 독일 정당별 페이스북 공식 페이지의 주제별 반응 수 · 220

표 4-4 미디어청별 미디어 능력 프로젝트와 직업교육 예산 비교 · 237

표 4-5 2015년 미디어청별 미디어 능력 프로젝트 사례 · 240

그림 4-1 〈마르하바, 난민!〉 홈페이지(n-tv) · 224

그림 4-2 Funkhaus Europa의 홈페이지(좌), rbb의 아랍어-영어 정보 페이지(우) · 225

그림 4-3 〈die Maus〉 홈페이지 화면 · 226

그림 4-4 〈die Maus〉 국제판 홈페이지(좌), 쿠르드어 페이지(우) · 229

그림 4-5 ALEX의 'Refugee Radio' 웹페이지 화면 · 230

그림 4-6 'Wir Zusammen' 홈페이지(사업 소개 및 영상 제공) · 231

그림 4-7 Internet-ABC 프로젝트 홈페이지(좌), juuuport 프로젝트 홈페이지(우) · 244

그림 4-8 FLIMMO 프로젝트 홈페이지 · 246

그림 4-9 Stiftung Zuhören 홈페이지(좌), edura.fm 프로젝트 홈페이지(우) · 247

그림 4-10 handysektor 프로젝트 홈페이지 · 249

그림 4-11 부퍼탈의 '난민 활동', 이주 배경 청소년 영화 제작 프로젝트 · 257

그림 4-12 갈루스 첸트룸(Gallus Zentrum)의 기록 프로젝트 '도착(Ankommen)' · 260

그림 4-13 'Sin-Studio im Netz'가 개발한 스마트 미디어를 활용하는 미디어 교육 프로젝트 · 261

1 장

들어가며

도입: 독일 미디어 정책의 특징

우리나라와 독일은 공영방송과 상업방송이 혼합된 방송 시스템을 운영하고 있다. 두 나라가 공통적으로 영국의 BBC를 모델로 삼고 있기 때문에 겉보기에는 공영방송에 부여하는 정치적·사회적 역할이 유사하다. 그러나 실질적인 운영방식을 들여다보면 독일의 시스템은 우리나라에 비해 공공 서비스로서의 성격이 훨씬 확고하고 경제적·법적 제도도 그에 맞는 적절한 역할을 수행할 수 있도록 짜여 있다. 원칙과 체계가 분명하기 때문에 정치적 변수가 발생하거나 사회가 급변하는 상황에도 흔들리지 않고 적절한 정책을 수립해 적응할 수 있다. 완벽하거나 유연한 시스템이라고 보기는 어렵지만 공공성을 확보하기 위해 오랫동안 노력한 결과로 이루어진 시스템이기 때문에 현재 상황에 이르기까지의 오류와 정정 과정을 살펴보면 우리의 공영방송 운영체계에도 시사하는 바가 클 것이라 생각한다.

공영방송의 존립 근거는 전파의 희소성, 운영 재원의 성격 등에 따라 결정되며, 운영에 따른 결과로 공공성으로 불리는 공적 가치를 추구하는 것을 목표로 한다. 공공성이라는 개념을 하나로 정의하긴 어렵지만 전통적으로 방송이라는 매체가 부여받은 기능적 특성에서 그 의미를 유추할 수 있다. 방송의 대표적 역할은 환경 감시와 사회적 상호작용, 문화 계승, 오락 기능 등이다. 방송은 뉴스와 정보 전달을 통해 시청자들에게 사회적·환경적 위험과 재난 상황을 알리고, 이슈를 공유하도록 매개하는 것으로서 환경 감시의 역할을 수행한다. 사회적 상호작용의 경우 사회적 이슈에 대한 다양한 의견과 시각을 전달함으로써 사회 구성원들의 정보 교류와 사회통합을 촉진하는 데 의미를 둔다. 또한 방송의 문화 계승 기능은 한 세대에서 다른 세대로 문화유산을 전달함으로써 수행되며, 오락 기능은 사회 구성원들의 여가생활을 위한 도구로 수행되는 것을 의미한다. 이로 미루어 보아 방송의 공공성은 사회의 전 분야에서 자신들이 공유하고 있는 가치와 규범을 전달하여 사회를 유지하고 지속 가능하도록 하는 역할로 해석할 수 있다.

오늘날 공공성 개념은 방송과 통신의 융합, 미디어의 디지털화 등이 가속화되면서 논의의 쟁점이 되었다. 방송에 공공성 의무를 부여하는 근거가되었던 전파의 희소성이라는 개념은 미디어가 디지털로 변화하면서 의미가 약화된 반면, 기능 중심의 방송정책 역시 기술 중심의 정책으로 변화하면서 상업화의 가치가 강화되었기 때문이다. 전자는 기능적 측면에서 디지털로의 전환이야말로 방송이 공적 기능을 다양하게 수행하도록 만드는 계기가 되었다고 평가하는 입장이며, 후자는 기술적 입장에서 채널 다양화를 통해 새로운 수익 창구를 만들어내는 것을 우선시하는 입장이다. 전자의 입장에서 방송의 공공성 또는 공영방송의 기능을 강조하던 국가들은 채널 다양화를 통해 콘텐츠를 세분화하고 내용과 형식의 다양성을 추구했으며 난시청을 해소했고 다양한 매체와의 연계를 꾀하는 등 방송제도를 개선해나갔다. 이와 다르게 텔레비전과 라디오라는 특정 매체에만 초점을 맞추어 방송의 공공성을 추구해온 국가들은 채널 다양화를 상업 활동의 다각화와 연계되도록 제도를 변화시켰다. 미디어의 디지털화, 방송기술의 디지털화는 단순한 기술적 변화가 아니라 방송 이념의 변화까지 이끌어나간 것이다.

독일은 우리나라 방송법 격인 '방송에 관한 독일연방 주협약(Staatsvertrag über den Rundfunk im vereinten Deutschland)'을 2007년도에 '방송과 텔레미디어에 관한 주간협약(Staatsvertrag für Rundfunk und Telemedien)'으로 전면 개정하면서 정책적으로 미디어의 디지털화를 통해 공영방송의 공익성을 확대하는 체계를 확고히 세웠다. 기술적 측면에서는 디지털을 이용하여 방송주파수와 송출방식을 세분화함으로써 지상파뿐만 아니라 케이블방송,

온라인방송 등으로 공공의 영역을 확대했다. 기능적 부분으로는 늘어난 공영 채널들에 오락, 다큐, 정보, 어린이 등으로 콘텐츠를 세분화하여 다양한 시청자들의 요구를 충족시키도록 했다. 공영방송사에게 공공성 기능을 확대한 반면 상업 활동에 대해서는 더욱 큰 제약을 두었다. 전국 송출 공영방송에는 전체 송출 시간의 2% 수준으로만 방송광고를 허가하며, 지역 공영방송과 케이블 채널들에는 방송광고 운영을 금지했다. 온라인을 통해서는 공영방송의 콘텐츠를 무료로 제공하며, 온라인 광고 역시 금하고 있다. 온라인에서 공영방송 콘텐츠를 제공할 때 광고 노출이 자유로운 우리나라와는 다른 접근이다. 독일과 우리나라 공영방송 시스템의 차이는 공영방송을 운영하기 위한 체계인 조직 구성에서도 발견된다. 우리나라의 공영 방식이 사장 선임이나 조직 구성 면에서 대통령이나 정당의 영향력에 좌우되는 구조를 따른다면, 독일은 사회단체와 정치단체가 참여하는 수평적 협업구조다. 공영방송사들의 사업을 결정하는 조직인 방송위원회는 각 공영방송사마다 별도로 조직되어 있는데, 위원의 대부분은 시민단체의 대표다. 의사결정 과정에서도 방송사 대표이사의 권한이 낮으며, 대표이사를 견제하는 내부 조직들의 의사결정 권한이 더 크다.

　독일의 공영방송이 다양한 활동을 펼침에도 불구하고 상업 활동을 배제할 수 있었던 배경에는 안정적으로 구축된 방송수신료의 징수 및 활용 체계가 있다. 공영방송이 일종의 사회 서비스이자 사회 기여 도구로서 규정되고 있기 때문에 징수 대상 역시 모든 시민이다. 시민들로부터 방송수신료를 받기 때문에 그 용처를 결정하는 것도 복잡한 절차를 거친다. 공영방송사들이 필요한 것을 정리한 예산안을 방송수신료를 담당하는 독립기관에 제출하면 해당 기관은 검토를 통해 승인하거나 조정을 결정한다. 독일의 방송수신료 담당 기관의 위원들은 정계나 방송계 출신 인사가 아닌 전문가로만 구성되며, 이들은 방송수신료의 인상과 인하 등에 대한 의견을 제출하는 역할도 담당한다. 다소 복잡하지만 공공서비스로서 공영방송을 독립적으로 운영할 수 있도록 체계적인 기틀을 마련하고자 했던 노력이 엿보이는 대목이다. 이런 점에서 독일이 다문화라는 현상을 받아들이게 되었을 때 사회적으로 부여받은 역할도 다양할 수밖에 없었다.

논의: 독일의 미디어 정책과 다문화

독일은 우리나라와 마찬가지로 민족 중심적 성향이 강한 국가이다. 독일에서 외국인 비율이 높아진 것은 1980년대부터였지만 이들의 사회적 지위를 정식으로 인정하기 시작한 것은 20여 년이 지난 2005년부터이다. 독일 사회는 초기 이주자들에 대해 산업적 목적에서만 체류할 수 있도록 제한했으며, 특정 목적이 아닌 경우에는 본국으로 돌아가도록 만드는 정책을 시행하기도 했다. 그러나 유럽연합이 결성됨에 따라 독일연방 차원에서 이민자들을 위한 법을 제정할 수밖에 없었고, 그 결과 2005년 이민법이 발효되었다. 즉, 독일 사회의 필요에 의해서가 아니라 환경적 이유에서 이민자들을 위한 정책이 마련된 것이다. 이민법이 발효되고 10년이 지난 2015년, 독일 사회는 100만여 명의 난민이 유입되면서 사회통합이라는 난관에 봉착하게 된다. 1990년 통독 이후 발생한 서독과 동독 간 격차와 그로 인한 사회통합 문제가 완전히 해소되지 않은 상태에서 또 다른 사회문제가 발생한 것이다.

사실 2015년 이전에는 제한적으로 허용된 이주자들이 대다수였기 때문에 사회통합 문제가 크지 않았다. 언어와 문화, 생활습관 등을 독일 사회의 기준에 맞게 학습하도록 체계를 구성해왔기 때문이다. 다문화 현상은 독일뿐 아니라 전 세계적으로 형성되는 사회 이슈였고, 독일의 경우 제2차 세계대전 이후 급격히 진행된 이주자들의 정착은 자연스러운 현상이었다. 늦게나마 그 문제를 인식하게 된 독일은 다방면으로 노력을 기울여 어느 정도 성과를 만들어냈다. 그러나 2015년의 난민 유입은 새로운 문제를 야기했다. 종교에 따른 생활 차이, 이념 차이, 언어 차이 등을 보존하려는 난민들의 태도는 크고 작은 문제를 발생시켰으며, 그 결과로 난민을 배척하는 사회적 움직임이 나타났다. 난민 유입에 따른 문제는 정치적 변화도 가져왔다. 난민 수용정책을 펼쳤던 정권에 반대하는 극우정당들이 힘을 얻기 시작하여 주(州)정부 의회 원내에 진출하지 못하거나 1~3개 내외의 의석을 확보하고 있던 소수 정당이었던 이들이 주요 정당으로 부상하게 된 것이다.

독일의 방송들이 이민자와 난민이 증가하는 현실에서 제 역할을 충실히 해왔다고 평가하기는 어렵다. 통독이라는 사회변화 속에서 역할 수행을 늦게 시작했고, 이주자 유입 시기부터 현재의 난민 유입 상황까지 사회통합의 개념을 확대하는 과정에서 다양한 시행착오가 발생했기 때문이다. 단일민족, 단일혈통을 고수했던 독일 문화적 특성에 의해 자신들의 정체성을 이주 국가로 규정하는 데 진통이 있었고, 앞으로도 이를 개선하기 위해 다른 사회 시스템들과 유기적으로 협력해야 할 과제들이 산재해 있다. 난민 유입에 관해서는 사회적 파급력이 예상보다 크게 나타났기 때문에 공영방송사는 물론 상업방송사, 방송정책기관 등에서 난민 대상 사업들을 다양하게 펼치고 있는 중이다.

이들의 난민 대상 사업의 근거는 독일의 방송·미디어법 격인 방송과 텔레미디어에 관한 주간협약에 따라 부여받은 사회통합의 의무다. 난민의 출신국가에서 사용하는 언어로 프로그램을 제작하는 것에서부터 시작해 미디어 교육 활동, 직업교육 활동으로 그 영역을 넓혀나가며 이들의 독일 생활 적응을 촉진하는 방식이다. 독일의 공영방송과 사회 시스템 내에서 난민들을 위한 프로젝트를 계획하고 수행할 수 있었던 것은 이미 그동안 자체적으로 진행해왔던 사업들이 있었기 때문이다. 공영방송들은 서독과 동독의 생각 차이와 편견을 줄이기 위해 사회통합을 주제로 한 프로그램들을 제작했던 경험이 있으며, 주정부의 미디어청들은 미디어 능력 프로젝트를 통해 정보화 교육 및 미디어 활동 장려를 꾀해왔다. 상업방송도 유사하다. 비록 방송 관련 법이나 규정에 의해 사회통합의 의무가 강제되고 있진 않지만 그동안 사회공헌 활동 및 재단 운영 등으로 직간접적 캠페인을 진행해온 결과가 자연스럽게 난민들을 대상으로 한 프로그램이나 참여 프로젝트의 수행으로 이어지고 있다.

본문 구성

이 책은 시대 흐름에 따라 매체 이용의 변화가 급격하게 나타나는 현실에도 불구하고 사회적으로나 정책적으로 여전히 강조되는, 방송을 비롯한 독일 미디어의 공적 역할과 책무에 대해 살펴보고자 한다. 이 중 독일 방송에 부여되는 사회통합의 의무가 다문화사회에서 더욱 강조되고 있어 이민 사회의 형성과 미디어 정책을 함께 검토하는 작업이 필요하다고 판단된다. 국내에서는 독일의 미디어 정책을 분석한 문헌이 극소수이며, 현존하는 자료도 대부분 시의성이 떨어진다. 이에 따라 현시점에 적절하도록 독일의 경험을 연구하고 최신 자료로 내용을 구성해 가장 최근까지 독일이 얻은 교훈을 공유하고자 한다. 구체적으로 1950년대 해외/이주노동자(Gastarbeiter)부터 2015년 북아프리카와 중동 지역의 난민으로 이어지는 독일의 다문화사회 형성 과정 중에 논의되었던 사회통합정책의 일환으로 방송사들의 역할을 새롭게 규정한 법과 제도를 분석하려 한다. 또한 공영·상업방송사들이 수행했던 사례들을 통해 다문화사회 정착에 기여했던 과정을 평가하고자 한다. 현재 독일에서 적용되는 미디어법과 제도, 이민법과 난민 대우 규정 등을 과거부터 현재까지 총체적으로 다룰 것이다. 본문의 구성은 다음과 같다.

1장은 서론으로서, 본문에 앞서 독일 방송·미디어 시스템의 특징과 다문화라는 환경 변화에 대해 간략하게 소개했다.

2장에서는 미디어의 사회적 역할을 논의하기 위해 공영방송과 미디어 정책이라는 주제를 중심으로 내용을 구성했다. 첫째, 미디어 정책의 중심에 있는 방송정책에 대한 논의를 공공성이라는 개념과 이해관계자들의 관계가 어떻게 접목되고 있는지를 중심으로 살폈다. 이해를 돕기 위해 우리나라의 미디어 정책 중 방송정책의 수립 과정을 사례로 제시했다. 둘째, 독일의 미디어 정책을 다뤘다. 독일 미디어 산업을 간략하게 소개하고, 이어서 독일의 중심 미디어법인 방송과 텔레미디어에 관한 주간협약의 내용을 개정 순서에 따라 정리했다.

3장은 정책 수립 과정에서 결정된 공적 책무라는 이념이 어떻게 실천되는지를 잘 보여주는 사례로 해외의 공영방송 사례를 다뤘다. 공영방송의 표본으로 불리는 영국의 사례와, 다문화정책이라는 이념이 반영되었다고 평가받지만 실제로는 미비한 시스템을 구축하고 있는 프랑스의 사례가 포함되어 있다. 이 책에서 중점적으로 다루는 독일의 사례는 다른 국가 시스템보다 자세하게 다룸으로써 그 책무에 대한 이해를 공유하고자 했다.

4장은 다문화사회와 미디어의 사회적 역할이라는 주제 간의 연결 지점을 소개했다. 첫째, 다문화라는 개념을 어떻게 해석하는가에 따라 다르게 적용되는 미디어 정책의 양상을 우리나라 및 캐나다, 호주 등을 사례로 하여 살펴봤다. 둘째, 독일에서 다문화 관련 논의가 형성되기 시작한 시점부터 2016년의 망명 신청자들에 대한 논의까지를 전반적으로 소개하면서 정책 속에 담긴 방향성을 검토하고자 했다. 셋째, 독일에서 미디어 관련 기관들이 어떤 방식으로 망명 신청자들의 사회통합을 돕고 있는지를 소개했다.

5장은 결론으로서, 방송정책 일반에서부터 독일의 방송정책, 다문화 논의 등을 검토함으로써 얻을 수 있는 의미들을 정리했다.

2장

미디어 정책을 보는
시각과 사례

1. 미디어 정책의 형성 과정

1) 공익성의 가치와 정책이라는 목표

정책(政策, policy)의 사전적 의미는 "정치적 목적을 실현하기 위한 방책"이다. 즉, 특정 분야의 구체적인 계획이나 실행 목표를 의미한다. 그러나 일상에서 만나는 정책이라는 단어는 광범한 분야에 걸쳐 통용되기 때문에 일관된 정의를 내리기 쉽지 않다. 행정학에서는 "정부, 단체, 개인의 앞으로 나아갈 노선이나 취해야 할 방침"이라 기술하고 있다(이종수, 2009: 429). 이를 참고해 정부가 주체가 되는 활동으로 범주를 축소하면 정책은 곧 공공정책(公共政策)이 된다. 공공정책의 관점에서 정책은 "공적 목표 또는 공익을 달성하기 위한 행동지침"이라고 다시 말할 수 있다(이종수, 2009).

공적 사항은 광범한 분야에 걸쳐 있고 파급력이 크기 때문에 개인 혹은 민간단체가 다루기 어렵다. 어려울 뿐 아니라 사안에 따라 부적절할 수 있기 때문에 공공정책은 대부분 정부 주도로 이루어진다(강근복 외, 2016). 공공정책의 목적은 특정 단체나 이익집단에 편중될 수 있는 공적·사적 이익을 사회 구성원 전체가 공유할 수 있도록 재배분하는 것이다. 이 때문에 공공정책은 특정 분야를 막론하고 시장 논리의 선순환을 유지하기 위해 반드시 필요한 장치가 된다. 이런 의미에서 정책은 최종적으로 수립되기까지 특정 목표를 설정하고 정책 대안을 바탕으로 결과를 예측한 후 시행하는 일련의 결정 과정을 거치며 구체화된다. 이러한 과정에서 정책이 내포하게 되는 본질적 특성을 파악하는 것이 정책에 대한 이해의 핵심이다. 정책의 본질에는 평가적 성격, 목적 지향성, 행동 지향성, 변화 유발성, 미래 지향성, 상호 연관성, 공익 지향성, 부분 이익 선택성과 가치의 강제 배분성, 정치 연관성

표 2-1 정책의 본질적 특성

특성 유형	세부 사항
평가적 성격	주체, 시기, 상황에 따른 상이한 평가
목적 지향성	정책 주체의 목적 의지 반영, 실현시키려는 의지
행동 지향성	현실적인 자원의 한계 내에서 능률적 행동으로 합리적으로 기획 및 실현
변화 유발성	문제시되는 상황을 바람직한 상황으로 변화시키려는 의지
미래 지향성	바람직한 미래상을 실현시키려는 의지
상호 연관성	한 정책의 수립 및 실행이 다른 정책에 긍정/부정의 영향을 미칠 수 있음
공익 지향성	공익을 실현하려는 의지
부분 이익 선택성과 가치의 강제 배분성	정책은 가치를 강제적으로 배분하는 데 따라 특정 집단에 부분적인 이익 부여
정치 연관성	정책의 가치 강제 배분과 부분 이익 선택성에 따른 정책의 형성, 집행, 평가의 유기적 관계

등 아홉 가지 특성이 복합적으로 작용한다(강근복 외, 2016; 허범, 1988).

방송정책의 수립도 일반적인 정책과 크게 다르지 않다. 정부 또는 방송 정책 결정기관이 제기하는 방송과 관련된 가치, 규범, 형태, 물리적 환경 등은 방송정책을 수립하는 데 있어 간여(intervention)가 되어 바람직한 형태로 유지하거나 변경을 유도하게 된다(윤석민, 1999). 또한 한 사회 내에서 궁극적으로 지향 또는 실현하고자 하는 목적, 사회적 커뮤니케이션의 이상적인 상태, 이를 실현하기 위한 제반 측면이 어떠한 상태로 구성되고 운영되어야 하는가에 대한 사회적 가치 판단 또는 신념 체계가 바로 미디어 산업에서의 정책이다(윤석민, 2005). 특히 사회의 대표적 커뮤니케이션 수단인 방송은 정책 수립 과정에 주요한 가치로서 공익 이념을 반영하게 되며, 시대 흐름에 따라 변화된 개념들을 반영할 수밖에 없다.

방송정책의 공익성과 관련한 논의는 '공익'이라는 개념을 둘러싼 실체설과 과정설을 구분하는 것으로 시작된다(윤석민, 2005). 실체설은 방송정책에 반영되는 공익 이념이 공동체의 필요성이나 공동의 이익 차원에서 실질적인 근거 또는 당위성을 갖는다고 본다. 이는 방송 자원의 희소성에 기인하는 국민 소유권 관점이며, 방송운용은 원천적으로 국민에 의해 위탁된 공공 자원의 활용 범위를 벗어날 수 없음을 주장한다. 또한 방송의 일상성, 편재성, 동시성으로 인해 가장 영향력 있는 사회제도로서 공적 감시를 통해 공공의 이익에 부합하는 방향으로 운영되어야 하며, 사회 여론 참여의 장으로서 마땅한 역할을 수행해야 한다고 본다. 반면 과정설은 방송정책 결정의 정치적 과정을 주시하여 공익 개념의 도입과 발전 및 방송정책의 실질적인 기능을 정치적 과정의 산물로 본다. 따라서 공익에 과도한 의미를 부여하려는 시도를 비판한다. 이러한 공익 개념에 대한 관점 차이는 정치 공동체의 궁극적인 목적에 대한 시각의 차이에서 비롯된다. 더불어 집단 내에서 방송이 담당하는 역할에 대한 자유주의와 공동체주의 시각이 각각 반영된 결과로 볼 수 있다. 최근에는 방송의 산업적 환경이 변화하면서 공익의 실체적 근거가 되는 주파수의 희소성, 공공 산업론, 사회적 책임론 등의 중요성이 점차 약화되어 공익 개념이 산업론의 정치적 입장으로 기울어가는 추세다.

이러한 관점의 차이에도 불구하고 방송정책은 대체로 방송 자체의 특수성인 광파성과 영향력을 고려해 정책 수립에 공공성의 기본원칙을 고수한다. 단, 이런 방송정책도 규제방식에 따라 다음의 세 가지 유형으로 구분할 수 있다(최영묵, 2010: 16). 첫째, 정치권력의 통제 차원에서 수립되는 국가 공보정책으로서의 방송정책을 들 수 있다. 대체로 민주주의가 성숙하지 않은 국가나 정부 주체의 권위주의가 비교적 강한 국가 정책이 그 예가 된다. 우리나라도 문민정부 출범 전까지의 방송정책은 정부 주도하에 수립·집행되었으므로 이에 해당된다. 둘째, 방송 미디어 산업과 관련하여 기술적 측면을 강조하는 하드웨어 중심의 방송정책이다. 이때 정부는 시장 질서를 유지하기 위한 최소한의 개입만 유지하며 방송의 규제는 언론자유주의에 근거하여 규제한다. 셋째, 방송을 한 국가의 문화 정체성을 대표하는 수단으로 인정하고 방송정책을 사회문화정책 중 일환으로 간주해 문화적 특수성을 강조하는 유형이 있다. 이러한 유형화는 결과적으로 규제(regulatory)와 진흥(promotion)의 차이로 귀결한다. 첫째를 제외한 두 가지 정책 유형은 방송산업의 선순환을 추구하며 소비자 주권 보호에 그 목적을 두고 있다(최일도·허웅, 2015: 2). 그럼에도 대부분의 방송정책은 규제에 초점을 두고 있으며 일부만이 분배정책으로 분류된다(김재철, 2014: 23). 이와 같은 입장 차이는 방송이 사회와 산업 전반에 미치는 영향력이 막대하기 때문에 나타나는 현상이다.

규제 관점에서 방송정책을 좀 더 세분화하면 공익적 관점과 산업적 관점으로 구분할 수 있다(윤석민, 2005: 36). 대체로 공익적 관점의 방송정책 수립은 공익을 사익과 구분되는 실질적 가치로 인식하여 공동체주의를 주요 이념으로 삼는 반면, 산업적 관점의 방송정책은 고전적 자유주의와 합리주의를 바탕으로 하여 사익의 집합을 공익으로 대체하려는 이념을 고수한다. 주된 가치와 목표, 가치의 실현 방법에서도 공익적 관점은 사회문화적 가치를 제고하는 데 목적을 두고 사회적 커뮤니케이션의 주요 측면에 대한 적극적 감시와 사회문화적·경제적 규제를 추구한다. 이와 반대로 산업적 관점에서는 경제적 가치를 중시하고 기술 및 산업 발전, 물질적 성장과 풍요를 강조하며 시장의 자율성에 의존한 규제 완화 또는 탈규제를 옹호한다. 또한 기업의 자율성을 보장하여 국가나 정부 주체가 시행하는 정책에서 시장 실패 방지를 위한 최소한의 개입만을 추구한다.

우리나라의 방송법 제1조에서는 방송의 목적을 "방송의 자유와 독립을 보장하고 방송의 공적 책임을 높임으로써 시청자의 권익보호와 민주적 여

표 2-2 방송법의 방송 이념 관련 조항

조항	내용
제3조 시청자의 권익 보호	방송사업자는 시청자가 방송 프로그램의 기획·편성 또는 제작에 관한 의사결정에 참여할 수 있도록 하여야 하고, 방송의 결과가 시청자의 이익에 합치하도록 하여야 한다.
제5조 방송의 공적 책임	① 방송은 인간의 존엄과 가치 및 민주적 기본질서를 존중하여야 한다. ② 방송은 국민의 화합과 조화로운 국가의 발전 및 민주적 여론형성에 이바지하여야 하며 지역 간·세대 간·계층 간·성별 간의 갈등을 조장하여서는 아니 된다. ③ 방송은 타인의 명예를 훼손하거나 권리를 침해하여서는 아니 된다. ④ 방송은 범죄 및 부도덕한 행위나 사행심을 조장하여서는 아니 된다. ⑤ 방송은 건전한 가정생활과 아동 및 청소년의 선도에 나쁜 영향을 끼치는 음란·퇴폐 또는 폭력을 조장하여서는 아니 된다.
제6조 방송의 공정성과 공익성	① 방송에 의한 보도는 공정하고 객관적이어야 한다. ② 방송은 성별·연령·직업·종교·신념·계층·지역·인종 등을 이유로 방송편성에 차별을 두어서는 아니 된다. 다만, 종교의 선교에 관한 전문편성을 행하는 방송사업자가 그 방송 분야의 범위 안에서 방송을 하는 경우에는 그러하지 아니하다. ③ 방송은 국민의 윤리적·정서적 감정을 존중하여야 하며, 국민의 기본권 옹호 및 국제친선의 증진에 이바지하여야 한다. ④ 방송은 국민의 알 권리와 표현의 자유를 보호·신장하여야 한다. ⑤ 방송은 상대적으로 소수이거나 이익추구의 실현에 불리한 집단이나 계층의 이익을 충실하게 반영하도록 노력하여야 한다. ⑥ 방송은 지역사회의 균형 있는 발전과 민족문화의 창달에 이바지하여야 한다. ⑦ 방송은 사회교육기능을 신장하고, 유익한 생활정보를 확산·보급하며, 국민의 문화생활의 질적 향상에 이바지하여야 한다. ⑧ 방송은 표준말의 보급에 이바지하여야 하며 언어순화에 힘써야 한다. ⑨ 방송은 정부 또는 특정 집단의 정책 등을 공표함에 있어 의견이 다른 집단에게 균등한 기회가 제공되도록 노력하여야 하고, 또한 각 정치적 이해 당사자에 관한 방송 프로그램을 편성함에 있어서도 균형성이 유지되도록 하여야 한다.

론형성 및 국민문화의 향상을 도모하고 방송의 발전과 공공복리의 증진에 이바지함"이라고 천명하고 있다. 또한 시청자의 권익을 보호(제3조)하고 공적 책임(제5조)과 공익성(제6조) 등을 명문화하면서 방송정책의 가장 근본적인 목적이 공공 이익 추구임을 밝히고 있다. 이러한 방송법 규정을 종합해보면 결국 방송은 성숙한 시민사회를 만드는 데 주요한 역할을 담당하며 법은 그러한 방송이 갖는 영향력을 사회적으로 적합하게 활용할 방향을 제시하는 역할 수행을 법적으로 부여하고 있다고 해석할 수 있다.

우리나라에서 방송의 이념에 대한 논의는 1958년 1월 '방송의 일반적 기준에 관한 내규'가 제정되면서부터 시작되었다. 그러나 현재의 방송 환경을 적극적으로 반영한 이념 체계는 1990년대에 등장한 '공공적 공민영론'이다. 이는 1989년 5월 '방송제도연구위원회'가 출범한 이후 지속적으로 확대·재생산된 것이다. 이 위원회는 우리나라 최초로 종합적인 관점에서 방송정책을 연구했다(윤석민, 2005). 그러나 당대의 정치적 상황을 돌아보면 군사정권을 거치면서 방송이 국가 통제의 수단으로 전락하여 그 위상을 제대로 회복하지 못한 상황이었다. 또 방송산업이 상업주의에 물들어가는 과정에서 나타난 병폐를 국가 통제적 공민영 혼합체제를 유지하면서 민영적 요소를 강화해가는 움직임이 있었다. 이는 정책이 방송 환경의 변화에 발맞춘 것으로 볼 수도 있다. 그러나 윤석민(2005)은 공공적 공민영론의 발전 과정을 개괄하면서 다음의 몇 가지 한계를 지적했다.

첫째, 방송 환경의 변화에 대한 강조는 매체 환경의 변화에 따른 자연스러운 결과로 보기 어려우며 그 자체가 하나의 정치적 요소로 작용했다. 역사적으로 보면 1990년대 이후 우리나라 방송정책은 상업방송 설립이나 케이블방송 도입, 공보처 폐지 및 방송위원회의 위상 강화, 위성방송 허가 등과 같은 정치적 사안을 행정부나 방송위원회 등이 조정하는 수준이었다. 전파 희소성, 방송이 가진 사회적 영향력과 같은 사안에 주목한 것은 비교적 최근의 일이기 때문에 방송정책과 이념에 근본적으로 정치적 편향이 어느 정도 반영된 결과다. 둘째, 방송정책의 기본 이념 차원에서 발생할 수 있는 변화의 본질을 공공적인 가치와 연계하여 검토하려는 노력이 부족했다. 현재의 방송 이념 관련 조항은 실천적 가치를 실현하지 못하며, 백화점식으로 좋은 개념을 나열한 수준이다.

다른 방식의 접근에서 현재의 방송정책 또한 외향적으로는 합리적인 의

사결정을 추구하고 있지만 다양한 정책 입안자들과 소통하고 토론할 기회는 여전히 제한적이라는 점에서 한계는 명확하다(윤석민, 2005). 방송정책에 관여하는 다양한 이해집단과 사회세력은 공익이라는 대의를 추구하고 있지만 정작 각 집단의 이해관계에 맞춰 공익의 의미를 다르게 해석하고 적용하고 있는 것이 현실이다. 또한 이들은 경제적·기술적 변화에 맞춰 당대의 이데올로기를 기초로 각자의 공익관을 주장해왔고, 그것은 일련의 국가적 의사결정 과정을 거쳐 구체적인 정책으로 발현되어왔다(강형철, 2011).

1990년대 이후부터 최근까지 방송정책의 이념은 변화하는 커뮤니케이션 환경에 맞춰 여러 도전에 직면했다. 종래의 방송정책 이념은 공익적 가치의 실현을 최우선 과제로 생각했다. 그러나 1990년대 이후 방송은 외연적으로 확장을 이루었고 타 매체와의 경계가 불분명해지면서 사적 재화로서의 특성이 강화되고 있다. 이에 방송정책 이념과 관련하여 현재의 방송 및 미디어가 갖는 공익적 차원의 실효성에 문제가 제기되고 있다(윤석민, 2005). 나아가 전 세계적으로 시청자들은 통신산업의 민영화, 미디어의 국제화, 대기업에 의한 미디어 소유 집중 등의 현상을 받아들이며 점차 미디어의 상업화(privatization)에 익숙해지고 있다. 또 사회적으로 정보 복지가 향상되었다고 느끼기보다는 미디어 소유 유무에 따른 지식 격차의 심화로 정보 불평등을 경험하고 있다(최영묵, 2010: 20). 이처럼 1990년대 이후 지금까지의 방송정책 이념은 기존 방송정책에서 논의되었던 기본 이념인 공익주의와 현재의 시장주의가 충돌하는 과도기에 정체해 있다.

이러한 이념의 충돌은 미디어 환경의 변화 속에서 여러 선진국의 방송정책 이념이 고수하는 기본 정책에서도 잘 드러난다(송종길·최용준, 2001). 먼저 미국은 자유시장의 원리를 고수하되 방송의 다양성과 다원성을 확보하기 위해 방송사업의 과도한 집중을 견제하는 태도를 취하고 있다. 영국은 전파의 희소성 원칙이 어느 정도 완화된 상황 속에서도 방송의 이념적 가치로서 공익성을 중요하게 판단하고 있으며, 비상업적인 프로그램, 소수 계층을 위한 프로그램을 지속적으로 제공하려고 노력하고 있다. 일본의 경우에도 전파의 희소성 원칙에 따라 주장했던 공공의 복지 증진이라는 방송 이념을 고수하고 있다.

최근 국가 중심의 공익주의와 시장 중심의 시장주의 방송 이념이 방송구조 개편에서 많은 문제점을 노출하면서 국가나 시장 위주의 방송정책 이념보다 시청자를 중심으로 하는 방송정책 이념이 주목받고 있다. 정용준(2011)은 반 쾰런버그와 맥퀘일(Van Cuilenburg and McQuail, 2003)의 시청자 복지모델을 중심으로 하는 새로운 방송정책 이념을 제안했다. 그는 시청자 복지라는 정책 이념을 달성하기 위해 정치적 복지, 사회문화적 복지, 경제적 복지 등의 개념이 먼저 성립되어야 한다고 주장한다. 먼저 정치적 복지는 방송의 독립성과 동등 기회의 원칙을 포괄하는 개념이다. 방송 관련 정책기관이 대의제 민주주의에서 참여민주주의의 원리로 방송정책의 이념을 재구성하고 방송 프로그램을 통해 정치권과 사회집단들이 반론의 기회를 획득함으로써 동등 기회의 원칙을 실현하는 것을 의미한다. 사회문화적 복지는 프로그램의 질, 범위와 균형, 다양성, 소수 계층 이익과 지역주의를 아우르는 것이다. 상업적 시장경쟁을 지양하며 질적 발전을 모색하고 오랫동안 존속되어온 사회문화적 가치를 유지하는 것이다. 경제적 복지는 커뮤니케이션 서비스의 보편적 제공으로 지역과 계층에 무관한 서비스 접근성을 확보하고 사업자 간의 공정경쟁과 혁신을 이루는 것을 의미한다.

디지털 시대 방송 환경에서 서비스의 보편적 제공은 특히 중요한 의미를 갖는다. 방송의 보편적 서비스 이념은 정치적 소수자, 경제적 약자, 사회문화적으로 소외된 계층 등이 사회 구성원으로서 동일하게 향유해야 하는 정보 접근의 기회를 보장함으로써 사회적 편익이 소수의 기득권층에 편중되는 불평등한 구조의 발생을 미연에 방지하는 것을 목적으로 한다(최영묵, 2010). 또한 방송의 보편적 서비스는 광의의 관점에서 커뮤니케이션 서비스가 국민 생활에 반드시 필요한 요소라는 점을 직시하고 이것이 모든 국민에게 저렴하게 제공되어야 한다는 필요성과 형평성에 근거를 두고 있다(윤석민, 2005). 이는 방송이 갖는 특정 의무로서 방송 내용이 전 국민을 대상으로 해야 한다는 점, 공적인 방송 서비스에 대해 모든 사람들이 접근할 수 있어야 한다는 점, 특정 계층의 취향만을 고려한 프로그램 제작을 지양하고 방송에서 소외되는 계층이 없도록 다양한 프로그램을 전송해야 한다는 의미도 포함한다(송종길·최용준, 2001).

지금까지 지상파 TV의 방송 서비스는 경제적 가치만으로는 산정할 수 없는 사회후생, 인간의 존엄성, 형평성, 공정성, 자유, 안전과 안정, 개인과 공동체의 조화 등의 비시장적 가치를 내포한 문화사업으로 간주되었고, 실제로 방송산업의 규제는 이러한 비시장적 가치를 보전하는 데 초점이 맞춰졌다(윤석민, 1999). 그러나 현재와 같은 다채널 시대에서는 보편적 서비스에 대한 통신 차원의 접근을 초월해 좀 더 보완적인 차원에서 기존의 공익적 관점을 포괄하는 보편적 서비스의 정의가 무엇인지 새롭게 고민할 필요가 있다. 기존의 공익 이념은 불특정 다수가 동일한 혜택을 향유할 수 있도록 양적·질적 재화의 가치 증대를 추구해왔다. 현재의 보편적 서비스 이념은 이와 달리 특정 계층 또는 일부 소외 계층을 대상으로 하는 비교적 구체적인 개념이라는 점에서 종래의 방송정책보다 더 실질적인 정책 수립이 가능하다. 따라서 현재와 같은 방송 환경에서 보편적 서비스를 추구하기 위해서는 수평적 또는 수직적으로 확장되는 새로운 방송 서비스 중에서 어떤 것을 보편적 서비스로 규정할지를 먼저 검토해야 한다(윤석민, 2005).

우리는 다양한 사회문화적 변화 속에서 새로운 사회의 구성방식에 대해 오랫동안 고민해왔다. 전통적인 공익성 이념은 여전히 방송정책 수립에 필수불가결한 요소다. 그러나 매체의 증가와 방송·통신의 융합, 사회구조의 변화 등에 따라 공익을 실현하는 방법에는 변화가 필요하다. 불특정 다수를 위한 공공의 이익과 같은 불명확한 개념은 지양하고 특정 소외 계층을 전체 국민과 동등하게 포용할 수 있는 방송정책의 수립이 요구되는 시점이다. 특히 현재와 같은 다매체 시대에도 국내 방송정책은 방송사업자의 권리와 의무가 혼재되어 있어 구조적 개선이 시급하다. 윤태진과 이정현(2013)은 현재 국내 방송정책의 이념적 문제점을 다음과 같이 지적한다.

첫째, 다양성 정책과 산업 정책이 불균형하기 때문에 공영방송의 경쟁력이 약화되어 있고 공적 책임을 수행하는 것이 불가능하다. 특정 방송사를 위한 독점권 부여와 같은 경쟁 제한성을 고려하면 시장의 내적 성장성이 상당히 악화되고 있다. 둘째, 정책 의존적 성장을 하고 있기 때문에 방송사업자들은 정치권이나 규제기관을 포섭하려 하고 정치권이나 규제기관은 계속해서 방송사업자를 이용하려 든다. 이러한 문제점은 방송의 공익성과 산업성을 조화시키려는 노력이 부족하기 때문에 나타나는 것이다. 공영 및 상업 방송사업자의 혼재에 따른 방송정책의 불균형, 아날로그 기반의 초기 방송정책 목적이 그대로 유지되고 있는 것도 그 원인 중 하나다. 한마디로 방송정책의 기본 개념인 공익성은 점차 그 한계를 보여주고 있으며, 변화하는 사회구조와 방송 환경에 적절하게 대응하기 위한 변화의 기로에 놓여 있다. 따라서 현재의 다매체·다채널 상황에서 요구되는 정책 이념은 방송 및 수용자 전반에 걸쳐 포괄적으로 적용될 수 있는 당위론적 이념이 아닌 실천적 이념이다. 이는 시장 및 기술의 변화에 적절하게 대응하고 사회적으로 중요성이 높은 가치, 소외될 가능성이 높은 집단의 이익을 구체적이면서도 적극적·선별적으로 지켜갈 수 있는 정책을 포함해야 할 것이다(윤석민, 2005).

상술한 바와 같이 일반적으로 정책 수립에는 다양한 환경적 요소가 복합적으로 작용한다. 이때 환경이란 정책 내용 및 정책 과정과 영향을 주고받는 모든 외재적 변수와 조건을 말한다(강근복 외, 2016). 정책은 끊임없이 변화를 요구받으며 주변의 다양한 외재적 요소로부터 영향을 받는다. 정책 수립에 영향을 주는 여러 요소 중 대표적인 것들을 기술하면 다음과 같다(강근복 외, 2016: 48~51).

① 인구통계학적 특징이다. 정책에 영향을 받는 현시점의 수혜 대상자들은 여러 정책의 결정과 집행에 영향을 받는다. 예컨대 각 지역 도시별로 다른 인구 밀도나 인종의 구성 정도, 세대별 차이가 각기 다른 정책 수요를 유발한다.

② 정치체제이다. 정책은 선거제도와 운영, 정당의 구조와 활동, 이익집단의 구성과 활동, 정치 과정의 성격 등 정치체제의 영향을 받고 또 영향을 줄 수 있다. 특히 우리나라의 경우 군사독재 시절부터 현재의 민주주의 환경으로 변화함에 따라 다양한 정책이 수립되고 또 변화해왔다.

③ 입법부, 행정부, 사법부 사이의 권력 구조, 중앙정부와 지방정부의 관계 등 정부 구조와 그 운영에 따라 정책 수립은 각기 다른 영향을 주고받는다.

④ 정책은 그것이 주로 형성 및 집행되는 행정체제와 영향을 주고받는다. 예컨대 권위주의적 행정체제와 민주적인 행정체제에서의 정책 과정 및 정책 내용은 다를 수밖에 없다.

⑤ 현대 행정은 법치행정의 원리에 의해 지배되는 특징이 있다. 이로 인해 헌법, 법률, 조약, 조례, 각종 행정 규칙 및 규정 등의 성격과 내용이 정책의 성격과 내용을 결정하는 중요한 환경적 변수가 된다.

⑥ 한 국가의 경제적 기본 질서가 어떠한 체제를 유지하느냐에 따라 정책의

내용은 달라진다. 이는 자유경쟁의 시장 원리를 기본으로 하는 자본주의적 시장경제체제와 중앙통제 계획방식에 의한 사회주의적 경제체제 간의 차이에서도 확연하게 드러난다. 또한 시장경제체제를 채택한 국가들에서도 시장 원리를 존중하고 규제하는 정도에 차이가 있어 이는 경제정책을 비롯한 여러 정책에 상당한 영향을 미친다.

⑦ 사회 구성원의 행동 유형, 제재방식, 사회생활 관계 등을 규율하는 여러 제도와 관습, 집단의 구성과 활동 양식 등 사회구조는 정책과 직간접적 영향을 주고받는다.

⑧ 예술·문학 등 문화적 요소는 그 중요성이 증대되고 있으며 감상의 욕구 또한 증가하고 있다. 여행, 스포츠, 외식, 여가 활용 등에 대한 관심과 참여가 많아질수록 각종 정책의 형성과 집행에 이러한 요인들을 고려할 필요성이 높아진다.

⑨ 현대 문명의 특징은 급격한 과학의 발전과 기술의 혁신에 있다. 현존하는 과학기술의 내용과 수준은 정책의 내용 및 성격 등을 제약하고 한정 짓는 조건이 되며 과학기술의 변화는 기존 정책의 변화를 야기한다.

⑩ 모든 분야에서 세계적 교류가 비약적으로 증대되고 있어 세계 각국의 정치·경제·사회·문화 등의 여건과 그 변화는 한 국가의 정책에 직간접적으로 영향을 미친다.

방송산업 정책이 수립될 때도 일반적인 정책을 만드는 과정에 영향을 미치는 외재적 요소들이 동일하게 작용한다. 방송산업을 포함한 미디어 산업은 역사적으로 과학기술의 발전과 맥을 같이했고 산업화에 성공한 일부 미디어는 특정 시장을 형성해 고유한 문화를 창조했다. 산업화의 성공과 시장 창출에는 항상 사회적 기능과 역할이 공존해왔는데 미디어 산업 역시 시장과 자본, 기대 수익이 증가함에 따라 첨예한 대립이 발생했고 발달 초기에는 예상치 못했던 사회적 갈등이 일어났다(최일도·허웅, 2015). 최근에는 새로운 미디어의 등장과 도입 시기가 점점 빨라지고 있어 이 또한 정책 수립 과정에 적잖은 영향을 미치고 있다. 예를 들면 우리나라의 경우 케이블방송 허가 후 위성방송 도입까지 7년이 걸렸는데, 이후 3년 만에 위성 DMB, 지상파 DMB, IPTV, BcN(Broadband convergence Network), WiBro(Wireless Broadband) 등의 새로운 콘텐츠 플랫폼이 등장했다(최영묵, 2010). 관련 정책의 수립 시기가 당겨져야 했음은 물론이다. 정치적 환경도 방송정책 수립에 많은 영향을 미쳤다. 이는 방송정책이 정치권력의 유지나 획득에서 가장 유용한 도구로 인식되기 때문이다. 정치 세력은 미디어와 관련해 상대적 득실을 놓고 민감하게 반응한다. 일례로 보도의 공정성, 특히 선거방송의 공정성을 확보하는 방법을 두고 이해관계가 충돌하는 경우가 많다. 정치권이 공영방송 이사회 구성, 사장 선임, 수신료, 방송광고, 방송편성, 방송심의 등 주요 방송정책뿐만 아니라 방송사 인사에까지 개입하는 이유도 바로 정치적 영향력에 있다(김재철, 2014).

방송산업 분야의 정책 결정 과정은 다양한 행위자들이 복합적으로 작용한 결과물이 된다. 전술한 바와 같이 방송이 현 사회구조에서 차지하는 사회적 파장과 산업적 효과 등을 고려했을 때 정책 수립 과정에 참여하는 모든 사람과 기관이 정책 참여자로 활동하고 있다. 방송에 관해서는 규제 주체를 비롯하여 규제 대상 및 관련 산업 종사자와 일반 시민들까지 복합적으로 의견을 제시하고 있으며, 이러한 결과들이 반영되어 최종적으로 방송정책이 수립된다. 이때 정책 수립에 참여하는 다양한 사람과 기관을 분류하는 여러 방법이 존재한다. 일반적으로 행정학 분야에서는 참여자의 유형을 '공식적 참여자와 비공식적 참여자'로 나누며, 정책 이슈의 관여 정도에 따라

'동조 집단, 관심 집단, 관심 대중, 일반 대중', '전문가와 보통 시민', '찬성자(집단)와 반대자(집단)', '수혜자(집단)와 비용 부담자(집단)'로 구분하기도 한다(강근복 외, 2016: 74~76; Cobb and Elder, 1972: 104~109). 먼저 공식적 참여자와 비공식적 참여자 분류의 경우, 공식적 참여자는 그 소관 사항에 대해 합법적인 권한과 책임을 가지고 공식적으로 각종 정책 과정에 참여하고 정책을 결정하여 집행하는 기관 또는 사람을 말한다. 비공식적 참여자는 합법적 권한과 책임을 가지고 공식적으로 정책 과정에 참여하지 않으나 특정 계층, 이해관계 집단 또는 개인이나 일반적인 국민 복지 또는 이익을 위해 비공식적으로 참여하는 기관 또는 사람을 말한다. 이러한 행위자들은 정책 결정 과정에서 어떻게 기여하는가에 따라 그 방향이 결정된다.

지금까지 살펴본 바와 같이 공공성에 대한 임무를 부여받은 방송의 역할을 정의하는 입장을 정리하면 모든 사람들의 필요를 충족해야 한다는 기능적 성격을 강조하는 것으로 취합된다. 하지만 많은 연구자들이나 학자들은 공공성이라는 개념 자체가 갖고 있는 중의성에 기인하여 공적 서비스로서 부여받은 이념으로만 접근하지 않고 운영 재원의 원천이나 소유방식, 운영 구조 등의 요인을 들어 다양한 해석 방향을 제시하게 된다. 이로 인해 공공재의 성격인 전파를 이용하기 때문에 방송이 공익을 추구해야 한다는 명제가 아닌 '공익'으로 지칭되는 개념을 어떻게 해석하는지에 따라 정책적 방향과 운영지침이 상이하게 형성되고 있다. 여기에 복합적인 이해관계자들이 참여하여 결정하는 미디어 정책의 특성이 반영되어 공익을 추구하는 도구로서 공영방송이라는 개념은 특정한 정치적 목적을 띠게 된다.

이와 관련한 대표적인 예로 30개 이상의 공영방송에 대한 정의를 분석한 쉬베르트센(T. Syvertsen)의 연구가 있다. 그의 분석에 따르면 국가마다 공영방송을 정의하는 기준이 다르고, 일부 요소들은 서로 모순되기까지 한다

(Syvertsen, 1999; 강형철, 2004 재인용). 그가 지적한 내용을 요약하면 다음과 같다. 공영방송은 국가 구성원 전체를 아우르는 서비스를 제공해야 하고, 다양한 언어와 문화를 하나로 엮어주며 국가 정체성 및 문화 정체성을 촉진하는 보편성의 의무를 수행해야 한다. 하지만 상업방송이 등장함에 따라 공영방송은 국가 구성원이라는 서비스 대상을 위한 운영이 아니라 사회에서 배제되는 소수자와 사회적 약자를 대변하는 역할을 부여받기도 한다. 즉, 전자의 입장에선 국가 구성원을 위한 보편성을 강조하는 반면 후자 입장에선 특수성을 강조하는 것이다. 또한 공영방송을 정의하는 범주에서도 한 국가의 방송 시스템을 지칭하는 용어로 사용되는 동시에 특정한 방송기구나 조직을 의미하는 용어로 해석되기도 하고, 운영 재원에 근거하여 상업방송에 반대되는 유형으로 간주되기도 한다(Syvertsen, 1992, 1997). 그럼에도 일반적인 해석에 따르면 공영방송은 일상적인 기능 수행에서 정치권과 자본, 외부 행위자 및 요소로부터 제도적으로 분리되어 운영되는 개념으로 통용된다. 상업적인 이윤 추구의 활동을 우선으로 하는 것이 아니라 공동체 전체가 이용하도록 서비스되는 방송이라는 해석이 강한 것이다(한찬희, 2013). 다만 공영방송, 또는 공익성이나 공공성을 정의하는 데 참여하는 행위자들의 태도에 따라 그 의미가 결정되기 때문에 엄밀한 의미에서 이러한 가치가 발현된다고 보기는 어렵다. 이런 연유에서 미디어 정책 수립 과정을 살펴본다는 것은 이를 결정하는 사회의 특성이 어떻게 반영되는가를 분석할 수 있는 계기를 제공한다.

2) 우리나라 미디어 정책 결정 과정

정책 수립 과정에서 정책 이슈에 대해 얼마나 많은 관심을 가지는지에 따라서 참여자의 유형을 분류할 수 있다(Cobb and Elder, 1972). 동조 집단(identification group)은 특정 이슈에 대해 자신의 의견과 동일한 집단에 강한 연대감을 가진 집단으로, 이해관계가 충돌할 때 자신이 동조하는 집단에 비교적 적극적으로 호응하는 태도를 보인다. 관심 집단(attention group)은 대개의 쟁점에는 무관심한 태도를 보이나 특정 이슈에 대해서만 관심을 갖는 집단을 말한다. 그렇기 때문에 자신이 관심을 갖는 쟁점이 부각되었을 때 그 쟁점에 동원될 가능성이 높은 집단이다. 관심 대중(attentive public)은 정책 수립 과정에 특별한 관심을 갖고 있지 않은 일반 대중(public)을 지칭하기 때문에 앞선 두 집단에 비해 정책에 대한 관심도 자체는 비교적 낮다. 그러나 포괄적인 관점에서 일반적인 교양과 사회적 관심을 지니고 있기 때문에 특정 쟁점에 대해 사회의 무관심으로부터 대중을 일깨워주는 여지가 있다고 간주되기도 한다. 마지막으로 일반 대중(general public)은 쟁점 자체에 관심을 두지 않는 일반 시민들로서 행동으로 의견을 표출하는 정도나 빈도가 매우 낮기 때문에 이들의 행동을 이끌어내려면 쟁점 자체에 대해 다양한 정보를 전달하고 실행에 옮길 수 있도록 돕는 쟁점 관계자들의 노력이 필요하다. 이전의 정책 수립 과정은 소수의 엘리트 및 전문가 집단이 주도하는 양상이 뚜렷했다. 그러나 현대 정책 수립 과정에는 전문가뿐만 아니라 일반 시민들의 의견도 영향력을 발휘하고 있다. 따라서 어떤 정책에 대해 특별한 전문 지식이나 기술 또는 정보 등을 지니지 않은 집단들도 정책 수립 과정에 필수적인 이해관계자로 포함되어야 한다.

정책 수립 과정에는 이해관계자들의 의견이 반영되며, 각 의견들은 특정 집단의 입장과 대치될 수 있다. 그 결과, 정책 과정 참여자들은 찬성 또는 반대의 입장에서 다양한 상호작용을 하게 되는데, 결국 정책 수립 과정은 제기된 입장들에 대한 평가 및 환류 작업을 통해 최종적인 결과가 산출되는 과정이라 할 수 있다. 정책은 모든 사람들에게 이익과 손해를 균등하게 배분하는 것이 아닌 편파적이며 불균등하게 배분하는 부분 이익 선택성(policy selectivity)의 속성을 지닌다. 정책의 불균형 상태는 크게 편익 수혜자(집단)와 비용 부담자(집단)로 구분되는 갈등 상대자(집단)를 형성하게 된다. 정책을 산출하는 과정 자체가 정책 결정을 이해하는 데 중요한 요소이기 때문에 행정학이나 정책학에서는 이러한 정책 결정 과정에 관한 분석 틀이 비교적 잘 정립되어 있다. 그에 비해 커뮤니케이션 분야는 이러한 분석 틀이 제대로 정립되어 있지 못한 실정이다(윤석민, 2005). 특히 방송정책 관련 연구에서 정책의 이해관계자를 분류할 때 일반적으로 정책 행위자를 나누는 방식을 그대로 적용해 정부 부처, 규제기구, 의회, 사업자, 시민단체 등으로 분류했던 사례가 많다(정인숙, 2007). 이러한 행위자들은 전 세계적으로 비교적 공통된 존재들이기 때문에 포괄적인 분류는 각 나라의 특수성을 반영하기 어렵지만, 표면적으로 보이는 특징은 공통적이다. 문제는 특수성을 배제한 논의가 일반적이라는 전제로 방송정책에 대한 평가가 진행되고 있다는 점에서 발견된다.

　윤석민(2005)은 방송정책의 결정 과정에 대한 논의가 취약한 상황에 대한 대안으로 크래스노와 동료들(Krasnow, Longley, and Terry, 1982: 138~141)이 제안한 방송정책 결정체계 모델(broadcast policy-making system)을 주목했다. 크래스노와 동료들은 방송정책 결정 과정에 대해 "한정적인 방송 자원을 두고 상호 갈등 관계에 있는 이해집단들이 정치적인 방식으로 조정해 가는 점진적 과정"이라고 규정했다. 이들의 정의에서 알 수 있듯이 방송정책은 한 국가의 사회구조 안에서 영향력을 행사하는 다양한 행정 및 민간 기관이 상호작용한 결과로 나온 것이다. 크래스노와 동료들이 제안한 방송정책 결정체계 모델은 사회적 구조 내의 주요 참여자들 및 이들이 주고받는 영향을 포괄적으로 분석 가능하도록 시야를 제공하는 틀이다. 다만 이 모델은 미국의 방송정책(법, 행정규칙, 행정명령, 법원의 결정 등)이 역동적으로 기능하는 체계를 통해 생산된다고 전제(Krasnow, Longley, and Terry, 1982: 135)하는 등 미국의 상황에 초점을 맞추고 있기 때문에 국내 실정에 그대로 적용하기에는 한계가 있다. 우리나라와 미국 간에 정치 과정이나 커뮤니케이션 행태 등의 차이를 비롯하여 사회·경제·문화·제도 등의 환경적 요소의 차이가 존재하기 때문이다(윤석민, 2005). 그럼에도 불구하고 크래스노와 동료들의 분석 틀을 참고한다면 방송정책 결정 과정에 포함되는 몇몇의 주요 이해관계자를 더 구체적으로 포함시킬 수 있다. 이를테면 다음과 같은 행위자들을 추가해 분석할 수 있다.

대통령 및 청와대

방송정책과 관련하여 대통령이 행사할 수 있는 주요 법적 권한은 한국방송공사 이사의 임명(46조), 한국방송공사 사장의 임명(50조), 기타 대통령령으로 정하는 법률의 제정 등이 있다. 또한 대통령이 근무하는 청와대(비서실)는 우리나라 방송정책의 결정 과정에서 공식적·비공식적 채널을 통해 강력한 영향력을 행사하는데(윤석민, 2005), 이는 각 부처에서 파견되어온 비서진들이 대통령과 각 부처를 연결해주는 역할을 담당하기 때문이다.

국회

국회는 정책 결정의 최고 의사결정권을 가진 정책기관으로서 법률의 제정과 개정을 포함하는 입법 및 예산 승인 등이 국회를 통해 이루어진다. 또한 각 정치적 이해관계가 모여 갈등적 사항을 조정하는 역할을 수행하기도 한다. 방송법에 따라 국회는 방송통신위원회의 방송시장 경쟁 상황 평가 보고(35조의 5)

와 한국방송공사 사장의 인사청문회를 담당하고(50조), 방송통신위원회와 한국방송공사의 국정감사(59조), 수신료 결정(65조) 등의 역할을 보장받는다.

행정부

법과 시행령의 범위 내에서 법을 실질적으로 집행하는 곳은 행정부라고 할 수 있다. 방송과 관련하여 행정부는 방송통신위원회와 미래창조과학부가 해당된다(김재철, 2014: 50~51). 미래창조과학부에서 방송 업무는 주로 방송진흥정책국 산하 방송산업정책과, 뉴미디어정책과, 디지털방송정책과에서 담당하며 일부는 정보통신정책실에서 담당하고 있다. 방송통신위원회의 조직과 기능은 뒤에서 별도로 설명할 것이다.

정당

정당은 전국적인 정당 네트워크를 바탕으로 당 지도부의 의견과 당론에 따라 정책을 결정한다. 따라서 정책에 대한 당론이 결정되면 정당 간의 경쟁 상황과 정권 교체 등의 과정에서 정당의 영향력이 작용한다. 정당이 정책에 미치는 영향은 무엇보다 이념 정당의 분포에 따라 달라지므로 방송정책 영역에서의 정책 변화 사례에서도 논의의 대상이 될 수 있다(김정훈, 2015).

방송통신위원회

방송통신위원회는 2008년 이명박 정부 출범 초기의 정부 조직 개편으로 정보통신부와 방송위원회가 통합되면서 설립되었다. '방송통신위원회의 설치 및 운영에 관한 법률'에 따르면, 방송통신위원회는 "방송과 통신의 융합환경에 능동적으로 대응하여 방송의 자유와 공공성 및 공익성을 높이고 방송통신위원회의 독립적 운영을 보장함으로써 국민의 권익보호와 공공복리의 증진에 이바지함을 목적"(1조)으로 한다. 방송통신위원회는 동일 법률 11조에 근거하여 방송, 통신, 전파 기획 및 연구, 관리에 대해 포괄적인 권한을 가진다. 방송통신위원회의 방송 업무 조직은 방송정책국(방송정책기획과, 지상파방송정책과, 방송지원정책과, 방송시장조사과, 지역미디어정책과)과 방송기반국(방송기반총괄과, 방송광고정책과, 편성평가정책과, 미디어양성정책과)에서 주로 담당하며, 일부는 기획조정실(공영방송 이사 추천 및 임명, 방송 분야 FTA 등 국제 교류 및 협력, 남북 방송 교류, 재난방송 업무)에서 담당한다.

방송통신심의위원회

방송통신심의위원회는 방송위원회와 정보통신심의위원회의 심의 업무를 통합하면서 출범한 조직으로 "방송 내용의 공공성 및 정보성을 보장하고 정보통신에서의 건전한 문화를 창달하며 정보통신의 올바른 이용환경 조성을 위하여 독립적으로 사무를 수행"(방통법 11조)함을 목적으로 한다. 방송통신심의위원회는 2008년 방송통신위원회가 설립되면서 심의 기능만 담당하고 있다.

방송 관련 기업 및 사업자

방송 관련 기업 및 사업자는 방송과 관련한 규제가 실질적으로 적용되는 대상이라 할 수 있다(윤석민, 2005). 이들은 사회정책을 구성하는 주요 엘리트 집단들과 긴밀한 관계를 유지하며 다양한 행정 부처에 영향력을 행사하는데, 같은 방송 관련 기업 및 사업자 간에도 산업을 주도하는 지상파사업자와 기타 방송사업자 간의 산업적·정치적 위상 차이로 인해 다양한 갈등을 겪기도 한다. 경우에 따라서는 각 방송사업자 내의 노조가 방송사 경영진과 연대해 다양한 방송정책 사안에 관여하거나 이익을 대변하는 등의 적극적인 모습을 보여준다.

시민단체

방송정책 수립에 일반 공중도 직간접적으로 영향력을 행사할 수 있다. 여러 미디어 관련 시민단체들은 방송정책과 관련한 비판 의견을 제시하거나 일상적인 방송산업의 운영 현황 감시, 시청자 교육 등의 활동을 전개하고 있으나 인력이나 재원 면에서 제약을 받고 있다. 최근에는 언론노조 관련 단체가 방송정책 결정 과정에 주요 행위자로서 그 지위가 공식화·제도화되면서 크고 작은 방송정책 결정에 일상적이면서도 강력한 영향력을 행사하고 있다(윤석민, 2005).

학계·언론

방송정책 관련 학계는 전문성과 중립성을 바탕으로 방송정책 수립 전반에 영향력을 행사한다. 관련 학계 대부분은 이념 및 이론에 대한 논의와 적용을 통해 과거 정책의 효율성을 검증하고 새로운 정책 추진을 위한 이론적 배경을 제공하는 데 공헌해왔다. 특히 학계 전문가들은 각종 연구 및 위원회 활동을 통해 방송정책의 수립 및 입안, 심의 및 평가 등을 포괄하는 자문 역할을 주로 수행한다. 우리나라의 경우 방송통신정책 결정 과정에 영향을 미치는 전문가 집단을 크게 세 가지 유형으로 구분할 수 있다(윤석민·이현우, 2008). 첫째, 행정 부처나 방송통신사업자 산하의 연구기관 및 민간 연구소에 종사하는 전문가들로 정보통신정책연구원, 한국방송영상산업진흥원, 미디어미래연구소 등이 있다. 둘째, 대학 교수와 같은 학자들로서 행정 부처의 요직을 겸임하거나 정부 및 연구소의 자문위원 형태로 정책 결정 과정에 참여한다. 셋째, 방송통신 구조 개편 등의 시의적 중요성을 가지는 사안을 논의하기 위해 만들어진 한시적 조직이 있다. 과거의 방송제도연구위원회, 방송개혁위원회, 방송통신융합추진위원회 등이 이에 해당한다. 한편 언론은 방송정책의 평가 집단이자 여론을 조성하는 역할을 담당하며, 학계 전문가들에 비해 중립적 태도를 취하는 데 부정적이다. 일례로 지상파 중간광고 도입 문제에 관한 지상파방송사와 SO 사업자 간 갈등적 사안을 살펴보면 각 언론이 자신의 산업적 이익을 최우선으로 추구하는 것을 알 수 있다.

방송정책은 정부 부처와 기관, 정치계, 위원회 및 관련 사업자들이 얽혀 있는 일종의 거버넌스(governance)로 작동한다. 방송정책 수립 과정에서 이상과 같이 여러 행위자가 정책 수립 과정에 복합적으로 영향력을 행사하기 때문에 정책 수립에는 매 단계별로 다양한 변수가 생겨난다. 행정학이나 정책학은 정책 이슈의 대두와 정책 의제 형성, 정책 분석의 절차와 정책 설계, 정책 대안의 평가 및 효과 예측, 정책 집행 분석, 정책 평가, 정책 윤리의 문제 등에 대한 이론적 자원을 체계화하고 있다(윤석민, 2005). 반면 커뮤니케이션 분야의 정책 과정을 논의한 연구들은 이론 및 기술 중심의 분석이 주류를 이루기 때문에 방송정책 수립 과정을 논의하기 이전에 일반적인 정책 수립 과정을 이해하는 것이 선행되어야 하며, 그 과정을 살펴보는 것이 중요하다. 큰 틀에서는 방송정책도 일반적인 정책 수립 절차를 크게 벗어나지 않기 때문이다.

일반적으로 정책은 정책 환경 속에서 유발된 문제의식으로부터 정책의 형성, 집행, 평가, 그리고 종결에 이르는 일련의 결정과 행동의 과정을 말한다(강근복 외, 2016: 58). 앞서 논의한 정책 수립에 관여하는 수많은 이해관계자들 간의 협상, 타협 등의 기능적 활동이 매우 복잡한 양상을 보이기 때문에 이를 단순하게 도식화하여 이해하는 것은 현실의 과정을 온전히 반영하지 못할 수 있다. 그럼에도 우리는 복잡다단한 과정을 몇 가지 단계로 축소하여 살펴볼 필요가 있다(강근복 외, 2016). 그 이유는 다음과 같다.

첫째, 정책 수립의 각 단계적 분석을 통해 정책과 정책 과정 전반의 흐름을 체계적·논리적으로 이해할 수 있다. 둘째, 현실적으로 나타나는 여러 가지 형태의 정책 과정을 이해하는 하나의 기본적 틀을 제공해줄 수 있다. 셋째, 이 기본적 틀은 정책 과정에 대한 정태적·단면적 관점에서 벗어나 동태적이고 다양한 관점으로 현실의 정책 과정을 설명하고 예측하게 해준다. 그리하여 현실적으로 다양하게 전개될 수밖에 없는 여러 가지 유형의 정책 결정 과정을 서로 비교해볼 수도 있다. 특정 정책들 간의 차이는 물론이고 상이한 국가들 간의 차이도 알아볼 수 있을 것이다(Anderson, 1979).

이 책에서는 정책학에서 일반적으로 구분하는 정책 수립의 과정을 바탕으로 방송정책의 수립 과정을 논의하고자 하며, 일반적인 정책의 형성 과정의 단계를 다음과 같이 정책 기조의 형성 단계, 정책 의제의 형성 단계, 정책 개발과 분석 단계, 정책의 채택 단계, 정책의 집행 단계, 정책의 평가 단계, 그리고 정책의 변동 단계로 구분해 살펴보고자 한다(강근복 외, 2016: 60~64).

제1단계: 정책 기조의 형성

정책 기조란 정책을 지배하는 인식의 틀과 기본 방향을 말한다. 일정한 공동체 사회에는 정부와 같은 공공정책 당국이 그 사회의 유지·발전을 위해 다뤄야 할 많은 공공 문제가 있다. 그 사회의 구성원들은 그와 같은 많은 공공 문제나 공공 사항 중에서 어떤 특정 문제에 대해서는 많은 관심을 갖고 일정한 조치를 요구하는가 하면, 다른 문제에 대해서는 그다지 주의를 기울이지 않는다. 이러한 상황에서 정책 당국은 사회 구성원들이 관심을 갖거나 정책 당국 스스로 중요하다고 판단하는 많은 공공 문제들을 평가한다. 즉, 어떤 문제들이 얼마나 중요한지, 그것이 어떤 방향으로 해결되는 것이 바람직한지를 선별적으로 판단하게 된다. 이때 바탕이 되는 것이 정책 기조 논리다. 정책 기조 논리는 규범적 가치 판단과 현실 상황 판단, 처방적인 전략 관리 판단을 개발·통합해 구성하는 기본적인 인식과 평가의 준거 틀을 말한다.

합리적인 정책 당국자라면 특정 문제들에 대처할 기본적인 이념과 방향을 포함해 앞으로 형성할 정책의 전제, 가정, 방향, 내용, 성격 등을 규정해둔다. 그리고 실제로 그에 따른 절차, 범위, 맥락 등을 결정해 정책의 근원인 기조 논리를 검토·구성하고 형성하게 된다. 물론 이때 여러 경로를 통해 주장되는 대안적 기조 논리들도 참고하게 된다.

제2단계: 정책 의제의 형성

많은 사람이 특정 문제를 관심 사항, 즉 공공 의제라 느끼고 그에 대해 정부가 적절히 대처해줄 것을 바라고 있을 때 정책 당국은 그것에 대해 정책 의제를 형성하게 된다. 이는 많은 사람이 해결해주기 원하는 문제들과 스스로 정책적으로 대처할 필요가 있다고 판단하는 문제들에 대해 적절한 관심을 기울이고 사태의 추이 등을 검토하면서, 담당 기관의 검토 일정이나 발의 목록 등에 포함시켜 현안으로 검토·관리해가는 것을 말한다. 그런데 정책 의제에 오른 문제만이 정책 발안의 기회를 얻을 수 있으므로, 정책 의제의 형성 과정에서는 많은 문제가 정책 당국의 안과 밖에서 정책 의제의 지위를 얻기 위해 복잡하고 치열한 경쟁을 벌이게 된다.

제3단계: 정책 개발 단계

정책 의제의 지위에 오른 문제를 해결하기 위한 정책 개발은 정책 문제의 정립과 목표 설정 단계, 정책 대안의 개발과 평가 등 두 개의 하위 단계로 나뉜다.

정책 문제의 정립과 목표 설정

정책 의제로 채택되었다고 해서 그것이 곧 발안으로 이어지는 것은 아니다. 그것은 정책 당국의 실질적인 문제의식과 이에 대한 해결 의지를 얻어야 한다. 정책 문제의 지위에 오른 문제들 중에서 정책 담당 기관이 개략적인 검토 결과 실질적인 문제의식과 강렬한 해결 의지를 느껴 이를 정책적 대상 문제(정책 문제)로 공식 취급하기로 정책 의지를 표명·결정할 때, 그 문제에 관한 관계 기관의 발안이 결정된다. 이로써 그 대상 문제와 관련된 정책 당국의 공식적 정책 형성 활동이 본격화된다. 정책을 형성하는 본격적인 활동을 할 때 합리적인 정책 형성 과정을 밟고자 하는 정책 당국이라면 일련의 복잡하고 동태적인 활동들을 적절히 수행할 계획, 즉 정책 형성 과정을 합리적으로 지도·관리해 나아가는 데 필요한 정책 형성의 지침을 작성·운용한다. 이제 정책 당국은 정책 기조 논리와 정책 환경 등을 종합적으로 고려하면서, 본격적으로 정책 문제의 원인·범위·정도·향후 예상되는 결과 등을 규명하고 공식적으로 규정(정의)함으로써 정책 문제를 정립한다. 그리고 일정한 계획 기간 내에 달성하고자 하는 계획 목표를 설정한다. 이때 정책 목표는 상위 목표(경우에 따라서는 정치적 이상향이 반영된 목표까지) 등을 설정하고 구조화한 결과물이다. 또한 이는 정책 목표보다 상위에 있으면서 정책 목표에 정당성을 부여해주는 '앞서 정립된' 정책 기조에 맞춰 설명된다.

정책 대안의 개발과 분석, 평가

목표 설정 후에는 정책 문제를 해결하고 정책 목표를 달성하는 데 필요한 가능하고 적절한 일련의 행동 대안(정책안)을 탐색·개발하고 체계적으로 비교·분석·평가하게 된다. 질적으로 우수한 정책 내용을 성공적으로 개발하고 선정하기 위해서는 적어도 합리적인 정책 대안 개발, 대안 비교를 위한 기준과

척도 발견, 투입 요소 확인과 대안 결과 예측, 대안 비교 효율적 수행, 그리고 바람직한 정책 대안 선정 등 상대적으로 분석적인 접근을 특징으로 하는 단계와 절차가 수반된다.

제4단계: 정책의 채택

여러 정책 대안은 어떤 정책 대안이 채택되어야 할 것인지에 관한 다양한 관점과 의견의 경합을 겪는 과정을 거쳐 합법적인 정책 결정권자(기관)에게까지 이르게 된다. 합법적인 정책 결정권자(기관)는 적절한 정책 대안(들)을 공식적으로 채택하기 위해 정책 결정권자에게 부여된 권한과 책임의 입장에서 여러 가지 고려 사항을 검토하면서, 최종적으로 합법적인 정책을 탄생시키는 결정을 한다. 이에 따라 정책은 정당성과 강제성을 부여받고 필요시에는 예산과 자원을 배정받게 된다. 이와 같이 정책 채택 단계는 이념·주장 등이 맞부딪히고 갈등, 협상, 권력 작용의 전개에 따라 찬성과 반대가 엇갈리며 협상·타협·설득·연립·갈등 등 정치적 역동성 속에서 전개된다.

제5단계: 정책의 집행

합법적·공식적으로 결정된 정책은 전체적·추상적·개괄적 성격을 갖는 기본 정책이다. 이는 중앙 또는 상급 정책 당국이나 입법부 차원에서 전체적 관점에 입각해 개괄적인 골격을 중심으로 형성한 정책이다. 이 때문에 지역적·부분적 관련성을 갖고 구체적·세부적 시행을 책임지는 중앙정부의 집행 부서나 지방자치단체 차원에서 이를 그대로 집행 행동으로 전환해 시행하기 곤란한 경우가 대부분이다. 따라서 집행 당국은 구체적이고 독특한 집행 현장의 상황, 주민 또는 관련 대상 집단의 요구·기대, 그리고 집행기관의 전문성과 특수성 등 집행 능력을 종합적으로 고려해 기본 정책을 재해석해서 구체화·특정화시키게 된다.

이 과정은 기본 정책에 대해 그 구체적 집행에 필요한 세부적·특정적·실질적 내용을 보충·보완하는 것으로, 실질적으로 기본 정책의 테두리 안에서 집행을 위한 또 하나의 제한된 정책(집행정책)을 형성하는 것을 의미한다. 이어서 정책 문제를 실제적으로 해결 또는 개선할 목적으로 관계 집행기관이 집행정책을 실천적인 행동으로 전환시키는 정책의 행동화 과정이 있게 된다. 그런데 구체적인 정책 행동화 과정에서 집행 상황이 변화하고 특정의 주민 또는 대상집단의 요구가 발생하는 등 정책 환경이 변하는 것은 물론이고 집행정책이나 집행기관 자체의 문제점이 드러날 수도 있다. 이러한 경우 집행 중 평가를 통해 집행상의 여러 가지 문제점을 반영하고 시정(환류)하기 위해 정책의 수정·관리가 있게 된다. 이는 기본 정책의 테두리를 벗어나지 않으면서 집행정책을 변화된 상황에 맞춰 적절히 수정해나가고 다시 수정된 바에 따라 실행해가는 과정을 포함한다.

제6단계: 정책의 평가

정책 당국은 정책 집행 도중이나 집행 후에 집행 내용과 집행 결과를 평가하고 이를 환류시킨다. 즉, 정책 당국은 집행이 끝난 정책에 대해 그 집행의 결과를 측정하고 그 효과를 분석하며, 문제점의 원인을 분석하고 그 결과를 반영·시정(환류)하기 위해 다각적으로 정책을 평가한다. 그리고 집행 과정에 있는 정책에 대해 집행 내용이나 그 과정을 평가함으로써 후속되는 집행 과정에 반영하고 시정해가는 집행 중 평가 활동을 한다.

제7단계: 정책의 변동

정책은 여러 가지 이유로 의도적이든 의도하지 않든 변화를 경험하는 경우가 많다. 정책 집행 과정에서 평가 결과의 환류를 통해, 또는 정책 관련 집단의 정치적 활동을 통해 집행정책이나 전략 및 절차 등이 변화된다. 또한 정책의 집행이 완료되면 정책은 종료된다. 정책에 관련된 조직의 해체, 기능의 종식, 사업의 종결, 예산의 삭감 등과 같이 더 이상 정책의 존립 명분이 존재하지 않을 경우 등 여러 가지 사유로 정책 과정 중에 정책이 종료되기도 한다. 정책 표류를 방지하면서 긍정적 정책 효과를 증대하고, 부정적인 결과를 감소시킬 수 있도록 정책 담당자는 정책 변동을 합리적으로 관리해야 한다.

정책 연구자들은 우리나라의 정책 수립 과정에 나타나는 일반적 특징과 문제점을 다음과 같이 언급하고 있다(김종명, 1991: 271; 정인숙, 2007: 48~59 재인용). 첫째, 주체 면에서 정책의 결정 과정에 비공식적 참여자의 역할이 매우 적다. 이것은 일반 시민들의 참여나 여론을 통한 영향력이 극히 적다는 것을 의미한다. 둘째, 정부기관 내부에서는 의회의 힘이 약하고 행정부의 힘이 매우 강하기 때문에 대통령을 정점으로 한 행정부의 최상층에 결정권이 집중되어 있다. 셋째, 정책 과정 전반에 걸쳐 이루어지는 의사결정이나 정책의 결정 과정이 비공개인 경우가 많고 결정 사항도 비밀로 처리하는 경향이 강하다. 공개적인 토론이 이루어지고 많은 사람의 참여가 가능한 국회나 정당은 그 기능이 약화되고 비공개적·비밀주의적 정책 결정 경향이 심화되고 있다. 넷째, 상기의 요인이 복합적으로 작용하여 정책의 결정 자체가 비공식적으로 처리된다.

우리나라의 방송정책 수립 과정은 앞서 논의한 일반적인 정책 수립 과정과 유사하며 대체로 방송정책 주무 행정기관인 방송통신위원회나 문화체육관광부 및 산업이 주도적인 역할을 수행하는 가운데 다원주의적인 상호작용 현상이 두드러지게 나타난다. 청와대, 국회, 정당, 행정 부처, 시민단체, 각종 방송산업 관련 노조 등의 역할도 점차 중요해지고 있기 때문이다. 또한 우리나라의 경우 방송정책 수립 과정에서 다양한 이해관계자들 간의 상호작용 및 갈등 양상이 다방면에서 일어난다. 이 갈등은 방송정책 사안을 둘러싸고 흔히 관측되는 부처 간 갈등, 여야 간 정치적 갈등은 물론 정책의 일방적인 결정에 따라 야기되는 시민단체 및 노조의 저항과 같은 맥락의 문제다. 이 과정은 갈등의 일환으로 해석되기도 하지만 실제로는 일반적인 현상이다(윤석민, 2005). 갈등이 남아 있고 협의가 종료되지 않은 상황에서 우리나라는 방송을 정치적 도구로 간주하게 되었으며 정치적으로 이익이 된다고 판단되면 국가 정체성이나 문화적 영향력을 근거로 강한 규제를 적용했다. 반면 다른 입장에선 산업 논리를 근거로 대기업과 방송사에 유리한 정책을 추진하고 협의 과정을 무시하는 등의 일관성 없는 방송정책 수립 과정을 반복해왔다. 이와 같은 상황이 반복되는 과정에서 방송의 정치적·경제적 독립이나 시청자 주권 강화와 같은 거시적인 방송철학을 정립하기 위한 논의 시간은 물론 시도도 제한적이었다. 앞으로의 방송정책은 국가와 사적 이해집단, 공익 추구 집단 간의 이해 조정을 통해 수립 및 집행하는 것이 바람직할 것이다(최영묵, 2010).

방송정책이 형성되는 과정과 그 사례로 미루어보아 우리나라 방송정책 수립 과정은 다음의 두 가지 특성을 지니고 있음이 발견된다. 첫째, 방송정책은 그 자체로서 정치적 요소로 작용하고 있기 때문에 방송정책과 사업자 또는 이해관계자들과의 내적 관계를 고려해야 한다. 방송정책 수립에 참여한 이해관계자들은 방송의 공익성 또는 보편적 서비스라는 개념보다는 자신들이 속해 있는 분야가 추구하는 사적 이익을 우선시하는 경향을 보인다. 우리나라는 1990년대 이후 지상파 상업방송 허가, 케이블·위성방송·IPTV의 도입, 종합편성채널 허가 등으로 방송을 다변화시켰다. 정부는 신규 사업자들이 원활하게 방송시장에 정착할 수 있도록 진입장벽을 낮춰주면서 시민들에겐 방송의 양적 다양성을 위한 조치라고 설명해왔다. 그 결과 방송사업자들은 정책 의존적인 성장을 지속하기 위해 정치권이나 규제기관과의 유대를 유지하려는 성향을 보이게 되고, 정치권이나 규제기관에선 사업자들에게 이권을 제공하는 대가로 유착관계를 형성하도록 요구하게 된다. 최근의 대표적인 사례로는 2009년 18대 국회에서 날치기로 통과시킨 미디어법(방송법, 신문법, IPTV법), 2011년 12월 개국 이후 5년 동안 종합편성채널에 특혜를 줬던 방송발전기금 면제 등이 있다.

둘째, 방송정책은 이념 변화와 미디어 환경 변화가 응축된 결과이기 때문에 그 가치는 정치적 특성과 시대의 흐름, 이해관계자의 속성 등에 따라 변화하고 있다는 사실이다. 방송정책에는 공공성이라는 이념 해석에 대한 차이에서부터 방송이나 뉴미디어 등을 도입하고 적용하는 정치적·상황적 목적이 반영되어 결정되는데, 이러한 현상으로 인해 쟁점에 따라 상반된 의견이나 방향성으로 결정되는 사례가 빈번하게 발생하게 된다. 그 결과로 외향적으로는 합리적 절차를 통해 최대의 이익을 반영한 결과로 포장하지만, 내면적으로는 제한된 관계자들이 추구한 이익이 반영되기 때문에 수립된 정책이 진행될수록 내적 갈등이 발생할 수밖에 없다. 이해관계자의 범주를 확대한다고 해서 이 문제는 해결되지 않는다. 강한 연대감으로 집단 이익을 내세우는 이해관계자들이 있는 반면, 정책 수립 과정에 개입하려 하지 않는 일반 대중도 많기 때문이다. 선택성에 의해 만들어진 불균형 상태를 해소하기 위해서는 방송산업 구조 내의 주요 참여자를 선별하는 과정에서 대표성을 띤 행위자들을 폭넓게 설정하고 이들의 의견을 정치적인 방식, 즉 수혜자와 비용(또는 기회) 부담자의 이익과 손해를 균등하게 배분하기 위한 기회 조장과 권리 부여를 고려해야 한다.

다문화정책을 방송정책, 또는 넓은 의미로 미디어 정책과 연결하여 살펴보아야 하는 이유는 상기한 두 가지 특성에서 발견된다. 정책 수립 과정에서 참여할 수 있는 이해관계자들의 속성에 따라 그 방향성이 결정되는바, 다문화라는 사회변화를 겪고 있는 이해관계자들이 그 과정에 참여할 수 있는가의 여부에 따라 다문화정책을 규정하는 시각과 접근방식이 결정된다. 이 결정은 다문화정책 기조뿐만 아니라 사회에서 다문화에 대해 인식하는 배제나 수용의 한계를 결정하는 계기로 작용하게 된다. 우리나라의 경우 다문화사회에 돌입했다는 인식은 널리 퍼져 있지만 민족중심주의적 성향이 반영되어 정책 결정에서 이들의 배제를 암묵적으로 표방하는 사회로 보인다. 반면 이민자를 중심으로 설립된 국가인 캐나다의 경우 다문화라는 현상이 국가 형성 과정에서부터 반영되었기 때문에 각 민족들의 특수성을 인정하는 수준을 넘어 그들의 가치를 보존하고 향유할 수 있는 사회적 분위기를 만들었다. 이와는 다르게 캐나다와 유사한 성격으로 이주국가를 표방하는 미국과 호주의 경우에는 백인중심주의를 전제로 한 이민자의 사회적 흡수 방식을 채택한다. 이런 사례들로 미루어보았을 때 다문화사회라는 개념은 단지 인종과 문화가 다양하게 공존한다고 해서 동일하게 해석되는 것은 아니며, 이를 받아들이거나 구축하는 사회의 태도가 적용된다. 그리고 이 태도는 사회적 도구로서 운영되는 방송, 넓게는 미디어 영역 전반을 아우르는 기조를 형성하는 데 틀을 제공하고 있으며, 그 속에서 수혜자와 비용(또는 기회) 부담자의 역할을 결정하는 기준이 된다. 그렇기 때문에 각 나라의 정책에서 방송과 미디어에 부여하는 다문화사회에서의 역할은 그 나라가 다문화라는 개념과 현상에 취하고 있는 태도를 보여주는 일종의 지표가 된다.

2. 독일 미디어 정책의 틀과 법체계

1) 독일 미디어 산업 소개

　방송시장 구조를 분석할 때는 서로 다른 두 가지 잣대가 쓰인다. 하나는 운영방식과 운영 이념, 소유구조에 초점을 맞추는 방식이고, 다른 하나는 송출방식에 따른 구분이다. 전자를 기준으로 할 때 독일 방송시장은 공영방송(Öffentlich-rechtlicher Rundfunk)과 상업방송(Privatrechtlicher Rundfunk)이 혼재하는 이원방송구조(duales Runfunksystem)에 해당한다. 후자를 기준으로 적용할 때는 지상파(Terrestrische Übertragung), 케이블(Kabelrundfunk), 위성(Satellitenfunk), IPTV(Internet Protocol Television) 등이 공존하는 복합방송시장(Komplexe Rundfunkmarkt)이라 볼 수 있다. 올드 미디어와 뉴미디어를 구분하는 복합방송시장의 개념은 사실상 전 세계에서 감지되는 미디어 시장의 변화를 설명하는 개념이 되었기 때문에 독일만이 갖는 특수성을 논하기에 적절치 않다. 독일의 방송 시스템을 잘 대변하는 것은 바로 이원방송구조의 개념이다.

　독일이 본격적으로 이원방송구조를 택한 것은 1984년이다. 물론 그 전에도 1955년 자를란트(Saarland)에서 최초로 상업 라디오방송이 시작된 이래 라디오 분야의 상업방송은 존재해왔지만, 당시 텔레비전은 별도로 허가를 받지 못했기 때문에 1984년 이전까지의 방송구조는 공영방송 중심이었다. 1984년 1월 1일 '레오 키르히/악셀 슈프링거(Leo Kirch/Axel Springer)'가 상업방송 채널 'SAT 1'를 개국했으며 이튿날에는 상업 미디어 그룹 RTL이 'RTL plus' 채널을 송출하기 시작했다. 이들이 독일 최초의 상업 텔레비전 방송이다. 공영방송이 주도하는 방송시장에서 의견 다양성을 확보하기 위한 상업방송에 대한 사회적 필요성이 대두되고 이에 관한 논쟁이 진행된 결과로 등장한 것이다. 상업방송의 생성으로 새로운 소유구조와 운영방식, 운영 이념이 도입됨에 따라 독일은 공영방송과 상업방송의 역할을 분리시켜야 하는 과제를 안게 되었다. 이 과정에서 참고한 것이 공영방송의 의무로서 '공적 권리(Öffentlich-rechtlich)'를 강조하는 영국의 방송 시스템이다. 이 기조는 현재까지 이어져 공영방송과 상업방송을 이원화하여 규제하는 기준이 되고 있다.

독일이 채택한 이원방송구조는 주(州) 간 협약을 통해 제정된 '방송과 텔레미디어에 관한 주간협약(der Staatsvertrag für Rundfunk und Telemedien)'을 기본 규칙으로 한다. 여기에서 주간협약이란 독일의 독특한 법체계에 따른 것이다. 독일에서 운영되는 규칙은 크게 제정방식과 운영방식에 따라 '법(Gesetz)'와 '연방협약(Staatsvertrag)'으로 나뉜다. 두 규정(법)의 차이는 법을 제정하는 주체다. '법'이라 불리는 규칙들은 우리나라와 동일하게 '연방의회(Bundestag)'에서 제정하는 반면 '연방협약'은 연방 소속 16개 주정부의 수상(Ministerpräsident) 혹은 주정부 내각(Landeskabinett) 대표들의 만장일치가 있을 경우에만 성립된다. 물론 두 유형의 규칙 모두 주(州)정부 내부의 결정 과정을 거치게 되지만 기본적으로 법은 상·하원 소속 및 여·야당 소속의 의원들의 결정 권한을 우선시하며 제정된다. 반면 연방협약은 규칙을 개정할 때 연방 주의회에서 해당 내용에 대해 결정된 의사결정을 수반해야 하기 때문에 주별 특징이 반영된다. 이는 특정 분야에 관해서는 독일연방의 정책성을 반영하기보다 주정부(Landesregierung)의 특별성을 보장해야 한다는 원칙에 따른 것이다. 법과 연방협약 간의 차이는 중앙 부처 설치 여부에 대해서도 발견된다. 법은 독일연방 차원에서 중앙 부처가 설치되어 있는 반면, 연방협약은 중앙 관할 부처가 있지만 특별한 권한보다는 관할의 의미로서 운영된다. 그리고 행위자로서는 주정부 내에서 해당 관할을 운영하는 주의 부처들이 되어 운영된다.

'방송과 텔레미디어에 관한 주간협약'도 명칭에서 나타나듯 연방협약으로 규칙이 운영되는바, 그 내용을 개정하기 위해선 16개 주의 수상 또는 법적 대리인의 동의 및 서명이 필요하다. '방송과 텔레미디어에 관한 주간협약'의 하부 조항도 모법과 마찬가지로 연방협약을 통해 체결된다. 아티켈(Artikel)로 불리는 이 조항들은 크게 여섯 가지 항목으로 구성되는데, 이 중 'ARD(공영방송사연합) 운영에 관한 주간협약(ARD-Staatsvertrag, 2009년 1월)', 'ZDF(제2공영방송) 운영에 관한 주간협약(ZDF-Staatsvertrag, 2016년 1월)', 'DRadio(공영전국라디오방송) 운영에 관한 주간협약(Deutschlandradio-Staatsvertrag, 2013년 1월)'의 세 개 아티켈이 공영방송사의 운영과 조직, 기구, 원칙 등에 관한 내용을 담고 있다. 참고로 그 밖의 다른 항목으로는 '방송재원에 관한 주간협약(Rundfunkfinanzierungsstaatsvertrag, 2012년 1월)', '방송분담금에 관한 주간협약(Rundfunkbeitragsstaatsvertrag, 2013년 1월)', '청소년 미디어/텔레미디어 보호를 위한 주간협약(Der Staatsvertrag über den Schutz der Menschenwürde und den Jugendschutz in Rundfunk und Telemedien)' 등이 있다.

독일연방에는 16개 주 각각에 미디어 정책을 담당하는 기관인 주(州) 미디어청(Medienanstlat)이 있다. 다만 베를린(Berlin)과 함부르크(Hamburg)는 지역 규모를 반영해 각각 브란덴부르크(Brandenburg), 슐레스비히홀슈타인(Schleswig-Holstein)과 공동으로 미디어청을 설치했기 때문에 현재 총 14개의 미디어청이 운영되고 있다. 그렇다고 해도 미디어청장에 해당하는 임원은 따로 선임하기 때문에 '방송과 텔레미디어에 관한 주간협약' 등과 부속 조항들에 대한 개정에는 16명의 서명이 요구된다.

지역 미디어청은 방송수신료를 통해 운영기금을 충당한다. 지역 내 송출

표 2-3 독일의 주(州) 미디어청 목록

지역	미디어청 이름	약칭
바덴뷔르템베르크	Landesanstalt für Kommunikation Baden-Württemberg	LFK
베를린, 브란덴부르크	Bayerische Landeszentrale für neue Medien	BLM
브레멘	Medienanstalt Berlin-Brandenburg	mabb
함부르크, 슐레스비히홀슈타인	Bremische Landesmedienanstalt	brema
바이에른	Medienanstalt Hamburg / Schleswig-Holstein	MA HSH
헤센	Hessische Landesanstalt für privaten Rundfunk und neue Medien	LPR Hessen
메클렌부르크포어포메른	Medienanstalt Mecklenburg-Vorpommern	MMV
니더작센	Niedersächsische Landesmedienanstalt	NLM
노르트라인베스트팔렌	Landesanstalt für Medien Nordrhein-Westfalen	LfM
라인란트팔츠	Landeszentrale für Medien und Kommunikation Rheinland-Pfalz	LMK
자를란트	Landesmedienanstalt Saarland	LMS
작센	Sächsische Landesanstalt für privaten Rundfunk und neue Medien	SLM
작센안할트	Medienanstalt Sachsen-Anhalt	MSA
튀링겐	Thüringer Landesmedienanstalt	TLM

되는 상업방송에 대한 허가와 관찰, 청소년 미디어 보호(Jugendschutze) 및 광고 규제(Werbegrenzen) 등을 주요 업무로 진행하며 지역 내 미디어 관련 사업과 기반시설의 운영계획을 수립하고 미디어 능력(Medienkompetenz) 사업을 추진한다. 또 14개 미디어청들은 '미디어청 연합(die Medienanstalten)'이라는 조직을 통해 전국적 차원에서 상업방송에 관한 허가와 통제를 병행한다. 다시 말해 한 주(州) 또는 특정 지역에 송출되는 상업방송들에 대해 송출 허가를 내리기도 하지만 연합체로서 기능하기 위한 단체도 구성하는 방식이다. 이에 따라 독일 내에서 송출하고자 하는 텔레비전방송과 라디오방송은 그 유형을 불문하고 미디어청 연합의 승인을 받게 된다. 이는 온라

미디어청의 책무 사례

작센안할트 미디어청(der Medienanstalt Sachsen-Anhalt)

개요
작센안할트 미디어청은 1991년 5월 22일 공영방송법에 의해 설립된 독립 공공기
관(unabhängige Anstalt)이다. 작센안할트 지역에서 상업 라디오방송 및 상업 텔
레비전방송을 감독(Beaufsichtigung)하는 단독 권한 기구로서 작센안할트에 분배
되는 방송수신료(Rundfunkbeitrags)의 약 2%에 해당하는 금액으로 운영기금을
충당한다. 그 규모는 2016년 현재 연간 약 480만 유로이다.

주요 책무
· 작센안할트 지역 내 상업 라디오방송 사업자와 상업 텔레비전방송 사업자 허
  가(Zulassung)
· 상업 라디오방송 채널과 상업 텔레비전방송에 대한 관찰(Beobachtung)과 통
  제(Kontrolle)
· 청소년 보호(Jugendschutzes)와 광고 송출 제한(Werbegrenzen) 보호
· (시청자의) 프로그램 및 채널(Programmbeschwerden) 불만 접수
· 시청자 미디어 촉진 활동: 열린 케이블(Offene Kanäle)과 비상업 지역 라디오
  (Nichtkommerzielle Lokalradios)
· 방송 기반시설 개발 및 촉진
· 뉴 커뮤니케이션(neuer Kommunikationstechniken) 기술 테스트 프로젝트 참여
· 미디어 교육(medienpädagogisch) 촉진 결과 측정

자료: 작센안할트 미디어청(https://www.ma-hsh.de)

인과 모바일 등을 지칭하는 텔레미디어(Telemedien) 형식을 띠는 매체 모두
를 포함한다는 뜻이다. 뉴미디어와 디지털 미디어, 네트워크 미디어 등이
발전함에 따라 새로운 형식의 매체들이 계속해서 등장하게 되는데, 이런 법

체계는 과거의 전파 미디어나 그와 유사한 형식들로 의미를 제한했을 경우 예외가 생기는 것을 방지할 수 있다.

독일에서 상업방송의 인허가 방식은 주간협약과 주법 등에 따라 다른 수준으로 결정된다. 일반적으로 연방 차원에서 결정하는 방송 유형은 '독일 전역허가 텔레비전방송(Bundesweite Zulassungen Fernsehen)'과 '독일 전역허가 라디오방송(Bundesweite Zulassungen Hörfunk Programm)'이며, 주정부 차원에서 승인되는 방송은 '지역허가 텔레비전방송(Lokale Zulassungen Fernsehen)'과 '지역허가 라디오방송(Lokale Zulassungen Hörfunk Programm)' 등이다. 이 중 독일 전역을 송출권역으로 하려는 사업자의 방송허가는 14개 미디어청의 16명 청장이 조직하는 단체를 거쳐야 한다. 예를 들면 2008년부터 미디어청 연합에서 설치된 '허가와 감독위원회(Kommission für Zulassung und Aufsicht: ZAK)'와 '지역 미디어청 이사장 심의회(Direktorenkonferenz der Landesmedienanstalten: DLM)' 및 여론 집중도를 평가하는 기구인 '미디어 집중도 조사위원회(Kommission zur Ermittlung der Konzentration im Medienbereich: KEK)'의 조사를 통해 인허가가 결정된다. 이 단체들은 상업방송사의 이종 매체 간 송출 허가도 함께 다루는데, 이는 독일 방송정책이 매체를 중심으로 하지 않아서 가능한 일이다. 그보다는 '내용(Inhalt)'에 대한 감독과 관리를 임무로 상정하고 있다. 그래서 라이선스 발급과는 별도로 공영방송사와 상업방송사 모두는 '청소년 미디어/텔레미디어 보호를 위한 주간협약'이나 미디어 집중(여론 집중), 광고 송출 등의 여건에 따라 제약·제재를 받게 된다.

독일에서 송출되는 전국 단위의 공영방송 중에서는 제1공영 채널 'das Erste'(첫 번째라는 뜻)와 제2공영 채널 'ZDF'(두 번째라는 뜻)가 대표적이다. das Erste는 지역의 공영방송들이 연합하여 프로그램을 제공하고 이를 전국 방송으로 송출하는 방식을 취함으로써 전국 연방의 지역성들을 다양하

표 2-4   독일 공영방송 채널

ARD		ZDF		ARD+ZDF		DRadio	
채널	특징	채널	특징	채널	특징	채널	특징
das Erste	제1채널/종합	ZDF	제2채널/종합	arte	예술 전문	Deutschland funk	종합
One	오락	ZDFneo	드라마	KiKA	어린이 방송	Deutschland radio Kultur	문화
Tagesschau24	뉴스	ZDFinfo	교양	PHOENIX	시사/다큐	Deutschland radio Wissen	다큐/과학
				Funk	청소년·청년 방송		
ARD-alpha	교육			3sat	독일어권 위성방송		
기타							
도이체벨레(Deutsche Welle)는 연방정부의 기금으로 운영되는 채널. 방송수신료는 운영기금에 지원되지 않음.							

주: 1) 독일어권 방송인 3sat는 독일 공영방송[ARD(35%), ZDF(35%)], 오스트리아 공영방송[ORF(10%)], 스위스 공영방송[SRG(10%)]의 공동 운영자금 출자를 통해 운영.
  2) arte는 프랑스의 France Télévisions과 공동 운영.
  3) EinsFestival은 2016년 9월 'One'으로 채널명 변경
  4) EinsPlus(ARD 운영), ZDFkultur(ZDF 운영)는 2016년 9월로 폐지.
  5) Funk 채널은 청소년·청년 대상 채널로서 2016년 10월 1일 개국. 최초의 온라인 전용 방송.

게 담아내는 것이 특징적이다. 이에 비해 ZDF는 단일 방송구조 형태를 띠기 때문에 das Erste보다 폭넓은 프로그램들을 담아내는 경향이 있다. 한편 das Erste를 운영하는 ARD(Arbeitsgemeinschaft der öffentlich-rechtlichen Rundfunkanstalten der Bundesrepublik Deutschland, 독일공영방송사연합)는 das Erste 외에도 독립적으로 오락 채널 'One', 뉴스 채널 'Tagesschau24', 교육 프로그램 'ARD-alpha' 등을 운용하고 있다. 채널 ZDF를 운영하는 동명의 공영방송사 ZDF(Zweites Deutsches Fernsehen, 제2텔레비전)는 ZDF 외에도 드라마 채널 'Zdfneo'와 교양 채널 'Zdfinfo' 등을 디지털방송 수신가구와 케이블방송 수신가구에 무료로 송출하고 있다.

운영 주체가 여럿인 공영 채널도 있는데, 주로 특정 분야에 관한 전문 채

널들이 이에 해당한다. ARD와 ZDF는 지상파를 통해 제공되는 어린이 전문 채널 'KiKA'와 시사·다큐 채널 'PHOENIX'를 공동으로 운영한다. 이 외에도 두 방송사는 국가 간 합작을 이루어 프랑스의 'France Télévisions'와는 예술 분야 전문 채널 'arte'를 함께 운영하고 있고, 독일어 문화권 국가들인 오스트리아와 스위스의 공영방송과는 문화 분야 전문의 위성 채널 '3sat'를 공동출자를 통해 운영하고 있다. 한편 ARD와 ZDF는 과거 운영했던 채널 하나씩을 폐지하고 조성한 기금으로 14~29세의 연령대를 목표 시청자로 삼은 'Funk'를 만들었는데, 온라인과 모바일을 주로 이용하는 청소년과 청년층의 요구를 충족시키기 위해 네트워크 기반의 공영방송 채널로 운영된다. 최초의 온라인 전용 방송인 'Funk'는 3년여의 준비 기간을 통해 2016년 10월 1일 개국했다. 독일의 해외방송으로 널리 알려진 도이체벨레는 방송수신료가 아닌 연방정부 세금(Steuermitteln des Bundes)으로 운영되기 때문에 공영방송의 개념으로 해석하기엔 무리가 있다. 연방정부는 매년 '연방예산회계법규(Haushaltsgesetz des Bundes)'에 따라 도이체벨레에 지급하며, 운영계획도 연방정부의 중기재정계획에 따라 결정된다. 이런 점에서 봤을 때 도이체벨레의 법적 지위는 공영방송의 의무를 수행하는 것이 아닌 해외 거주 독일인들을 위한 사업으로 분류된다.

2) 미디어 정책 변천의 중심, 방송과 텔레미디어에 관한 주간협약

1990년 동서독의 통일에 따라 독일 방송 시스템의 첫 번째 통합 작업이 시작되었다. 첫 번째 통합 작업에서 동독 정부는 1952년 폐지했던 지역 공영방송 시스템을 다시 채택했다. 이는 서독의 방송 시스템과 동일한 구조를 만들기 위함이었는데, 이 작업은 표면적으로 통일된 방송 시스템을 구축한 것으로 보였지만 내면적으로는 서독 중심의 방송 시스템으로 흡수되는 결과를 낳았다. 먼저 동독에서 국영방송으로 운영되었던 DEF1과 DEF2는 서독에서 이미 운영하고 있었던 공영방송 연합체인 ARD에 편입되기 위해 지역별 미디어청을 새로 만들게 되었다. 원래 동독 정부는 통일 이후 DEF1과 DEF2 중 한 개 채널을 골라 동독 지역을 송출권역으로 한 텔레비전 채널을 개국하려 했었다. 그러나 통일 독일 방송의 취지와 지역 공영방송 운영에 적합하지 않다고 지적한 서독 정부의 반발에 의해 무산되었고 결국 송출 권역을 세 곳으로 분할하게 되었다. 이후 방송 시스템 통합에 따른 법과 제도 정비도 병행하게 된다. 서독에서 1987년 발효되어 방송규칙으로 적용되었던 '개정 방송주간협약(Staatsvertrag zur Neuordnung des Rundfunkwesens der Länder)'을 대폭 개정하여 통독 정부에 대입시킨다. '방송에 대한 독일연방협약(Staatsvertrag über den Rundfunk im vereinten Deutschland)'으로 해당 규칙이 개정되었고, 이후 서독과 동독을 아우르는 방송정책으로 안정화를 꾀해왔다.

두 번째 통합 작업은 방송과 통신 융합 현상으로 인해 촉발되었다. '방송에 대한 독일연방협약'은 방송을 텔레비전이나 라디오 등과 같은 전파 미디어로 국한했기 때문에 한계가 클 수밖에 없었다. 이에 몇 년간의 논의를 거쳐 현재의 방송규칙이 된 '방송과 텔레미디어에 관한 주간협약'이 2007년 제정되었다. '방송과 텔레미디어에 관한 주간협약'은 기존의 방송규칙이 강조해왔던 이원방송구조를 보존하면서도 새로운 방식으로 텔레비전 또는 라디오와 같은 형식의 콘텐츠를 송출하는 매체들에 대한 규정을 마련하는 계기가 되었다. 첫 번째 통합이 1991년 통독에 의한 방송 시스템의 일원화를 위해 진행된 것이라면, 두 번째는 감독과 관리가 용이하도록 이종 매체 간 개념의 통합이 진행된 것이다.

'방송과 텔레미디어에 관한 주간협약'은 2016년까지 총 19차례의 개정을 거쳤다. 1994년부터 2007년까지 거쳤던 여덟 번의 개정은 독일의 통합 이후 나타난 방송 관련 현안들을 해결하여 방송운영 시스템을 안착시키기 위한 성격의 조치였다. 9차 개정인 2007년 개정은 앞서 언급했듯이 방송·통신 융합에 적응하고자 관련 분야들을 아우르는 방식으로 진행된 큰 규모의 개정이었다. 이로써 현재의 '방송과 텔레미디어'라는 대상이 규정되고 이것을 관리·감독하는 내용이 포함되었다. 2007년 이후부터 2016년 현재까지는 총 10차례 개정이 더 일어났는데, 여기에는 독일 방송정책의 변화에 관한 주요 내용들이 포함되어 있어 이를 살펴보면 독일 방송의 역사적 흐름을 가늠할 수 있다.

먼저 2008년 9월 발효된 '방송과 텔레미디어에 관한 주간협약'은 독일연방 전역을 송출 단위로 운영하는 상업방송의 허가와 추진에 관한 내용이다. 이는 방송·통신 융합 환경에서 나타난 새로운 방송 시스템의 도입 요구에 부응하기 위한 것이다. 10차 개정된 '방송과 텔레미디어에 관한 주간협약'에서는 상업방송사들에 대한 허가, 즉 방송 송출을 위한 주파수 할당에서 유연하게 대응할 수 있도록 만든 새로운 시스템을 도입하는 내용이 포함된다. 여기서 지칭하는 상업방송사는 지상파뿐만 아니라 케이블, 위성방송 및 IPTV 등을 모두 포괄하는 개념이다. 이 개정은 독일 방송 환경에서 상업방송 인허가에 대한 문제를 새롭게 규정하는 계기가 된다. 신설된 조항[§20(a)]에 따르면 지역 주를 송출권역으로 하는 상업방송에 대한 인허가는 기존과 동일하게 소속 주의 미디어청에서 관할하는 방식은 유지하고, 전국 단위를 송출하고자 하는 상업방송은 14개 미디어청의 이사나 대표들로 구성된 위원회의 허가를 받도록 명시했다. 과거 전국 단위 송출 상업방송이 전국방송으로 송출하기 위해서는 각 주별로 승인을 얻어야 했지만, 이제는 한 번의 단계만으로 승인이 가능해진 것이다. 10차 '방송과 텔레미디어에 관한 주간 협약'의 개정에 따라 '미디어청 연합'에 '방송허가 및 감독위원회(Kommission für Zulassung und Aufsicht)'를 설치하고 전국 송출 상업방송의 인허가를 담당하게 했다. 위원회의 역할은 상업방송사들에 대한 전송용량 할당, 지역 프로그램 송출규정, 오픈채널(자체 프로그램), 광고심의 등에 대한 감독과 관리를 담당하게 된다. 앞서 언급했던 것처럼 상업방송의 범주는 아날로그 와 온라인 채널을 포함하는 모든 방송의 유형이며, 모바일(UMTS) 방식은 제외된다.

'방송과 텔레미디어에 관한 주간협약'의 11차 개정은 2008년 7월에 합의, 2009년 1월 발효되었다. 11차 개정의 골자는 '방송수신료(Runfunkbeitrag)' 의 인상과 '청소년 미디어/텔레미디어 보호를 위한 주간협약'의 관련 단체 에 대한 지원 여부다. 독일의 방송수신료 책정은 방송재정수요조사위원회 (Kommission zur Ermittlung des Finanzbedarfs der Rundfunkanstalten: KEF)라는 독립단체에서 담당한다. 독일어로 방송수신료를 지칭하는 'Runfunkbeitrag' 을 직역하면 '방송분담금'이란 의미가 된다. 2012년 이 용어가 사용되기 전 에는 방송수신료의 징수를 담당했던 기관인 GEZ(Gebühreneinzugszentrale der öffentlich-rechtlichen Rundfunkanstalten, 공영방송수수료징수중앙사무소)의 명칭을 따서 'GEZ 수수료(GEZ-Gebühr)'로 불렸다. GEZ의 활동은 '방송과 텔레미디어에 관한 주간협약'의 부속 조항 4(Artikel 4)인 '방송수신료에 관한 주간협약(Gebühreneinzugszentrale der öffentlich-rechtlichen Rundfunkanstalten)' 에 근거하고 있었다. 공영방송 수수료를 납부하는 대상으로는 라디오와 텔레비전, 컴퓨터 등 방송수신이 가능한 기기를 소유한 가구로 제한되어 있었는데, GEZ 조사원이 가정방문을 통해 징수 여부를 판단하는 방식으로 납부가구를 확인하는 방식을 채택했었다. 11차 '방송과 텔레미디어에 관한 주간협약' 개정으로 '방송수신료에 관한 주간협약'에 근거해 방송수신료 납부를 관리하게 되었고, 방송재정수요조사위원회의 보고서가 이후 방송수신료 인상 또는 인하 여부를 결정하는 기준으로 활용되었다.

방송재정수요조사위원회는 공영방송사의 뉴미디어 사업 추진과 안정적인 운영자금 확보를 위해 미디어청 연합에 방송수신료 인상을 권고했고, 연방 주 미디어청장과 의회의 승인에 따라 개정 근거가 마련되었다. 11차 협약에 따라 개정된 방송수신료는 예술진흥기금으로 사용되는 기본수신료가 5.52유로에서 5.76유로로 인상되었고, 텔레비전 수신료는 11.51유로에서 12.22유로로 소폭 상승, 이를 2012년까지 적용되도록 합의되었다. 두 번째 개정 내용은 청소년 미디어 보호 사업의 일환으로 운영되었던 비영리단체에 대한 지원을 지속할지 여부에 대한 결정이다. 해당 단체인 'jugendschutz. net'은 1997년 설립해 온라인에서 어린이와 청소년 유해 정보를 차단하는 일을 주요 사업으로 해온 단체다. 청소년 미디어/텔레미디어 보호를 위한 주간협약이 제정된 2003년부터 청소년미디어보호위원회(Die Kommission für Jugendmedienschutz: KJM)의 권한을 일부 이양받아 그 활동을 감시와 관할 사업으로 확장하게 된다. 'jugendschutz.net'에 대한 독일 정부의 지원은 2003년부터 2012년까지 10년간 이뤄졌으며, 현재는 다시 비영리법인으로 운영되고 있다.

'방송과 텔레미디어에 관한 주간협약' 11차 개정 후 1년이 채 지나지 않아 2009년에 12차 개정이 진행된다. 12차 '방송과 텔레미디어에 관한 주간협약'은 공영방송사들의 온라인 서비스 및 온라인 사업에 큰 변화를 가져오는 계기가 된다. 그 배경은 2003년 '상업방송 및 텔레미디어 협회(Verband Privater Rundfunk und Telemedien e.V)'가 EU에 제소한 공영방송의 온라인 사업에서부터 시작된다. 2009년까지 독일의 공영방송사 ARD와 ZDF는 전체 예산의 0.75% 이내로 온라인 방송사업을 진행하고 있었다. 예산의 출처가 방송수신료이기 때문에 온라인을 통한 상업 활동은 전면적으로 금지되어 있었지만 상업방송사들은 공영방송의 온라인 사업을 경쟁 상대로 규정하고 있었다. 지상파방송과 마찬가지로 온라인에서도 콘텐츠라는 상품이 소비자에게 선택되는 시장이었고, 공영방송사의 콘텐츠는 무료로 제공되는 반면 상업방송사의 콘텐츠는 유료로 판매하는 형태로 온라인 사업이 진행되었기 때문이다. 이에 따라 상업방송사들의 이익단체인 '상업방송 및 텔레미디어 협회'는 EU의 공정경쟁위원회에 독일 공영방송사 ARD와 ZDF의 무료 온라인 사업이 자국 내의 온라인 경쟁 환경에 불공정시장을 형성하는 요인이라고 항의하기에 이른다.

2003년에 들어 '상업방송 및 텔레미디어 협회'는 본격적으로 EU 집행위원회에 ARD와 ZDF의 무료 인터넷 서비스에 투입되는 기금은 '불법적인 보조금'의 성격을 띠며, 이로 인해 독일 미디어 시장에 불공정 상황이 야기되고 있다고 제소하게 된다. '상업방송 및 텔레미디어 협회'가 제시한 또 다른 근거는 공영방송이 아닌 상업방송사들도 충분히 사회가치 공유 및 보호를 위해 담당할 수 있는 서비스들을 공영방송들이 방송수신료를 사용하여 집행한다는 주장이었다. 구체적으로 온라인을 통해 공영방송사들의 프로그램이 무료이자 무기한으로 제공되기 때문에 다양한 여론이 공존해야 하는 미디어 시장에서 공영방송사의 여론 주도 가능성이 높고, 콘텐츠를 무료로 제공하는 공영방송사 사업은 같은 시장 내의 사업자인 상업방송사들의 경쟁력을 저하시키는 요인으로 작용한다는 내용이 대표적이다.

'VPRT 소송'으로 불리는 이 사건은, EU가 공영방송 서비스는 각 국가의 성격에 맞게 운영할 수 있다고 판결한 기존 사례를 온라인으로까지 확대·해석이 가능한지 판단하는 계기가 되었기 때문에 세간의 관심을 받았다. 공영방송사인 ARD와 ZDF 측은 이 제소에 대해 온라인 사업은 자사의 공적 활동이라는 점을 강조하면서 반박에 나선다. 이들은 공영방송사가 운영하는 온라인 사업의 콘텐츠들이 이미 지상파방송(텔레비전, 라디오)를 통해 제공된 내용이며, 자사의 활동은 영리를 목적으로 하는 것이 아니라 민주사회 형성과 사회통합을 위한 과제들을 수행하는 공적 서비스라고 반론을 제기한다. 공영방송이 수행하는 공적 서비스의 일환으로서 온라인 사업이 갖는 특수성을 감안하지 않고 이에 대한 서비스를 제한할 경우 독일 헌법이 보장하고 있는 공영방송의 발전 방향과 공적 임무를 수행하는 역할도 제한적일 수밖에 없다는 의견이었다.

2007년 4월, EU의 공정경쟁위원회는 '상업방송 및 텔레미디어 협회'가 제소한 내용에 대해 공영방송을 운영하기 위한 기금인 방송수신료가 독일 내 상업방송사들에게 불이익을 초래한다는 의견의 근거가 확인되지 않았다고 발표하면서 소송 진행을 중지시킨다. 또한 공영방송사들이 온라인 사업을 추진하면서 투입되는 방송수신료의 성격이 불법적인 보조금 운용이라고 볼 수 있는 조건도 없다고 평가하면서 제소의 근거 자체를 기각시켜버린다. 이로써 독일 공영방송 서비스들이 추진하고 있던 온라인 사업에도 공영방송에 적용되는 규정과 가치가 동일하게 적용되는 계기가 마련되었다.

그러나 EU 측에서는 방송수신료가 일종의 보조금 성격을 띠는 것은 명확하므로 공영방송이 중심이 된 여론 형성의 여지가 충분히 남아 있다고 지적했다. 이를 해결하기 위해 공영방송의 온라인 사업에 관한 한 일정 부분 제한을 두는 권고안을 제시하게 된다. EU 권고안을 받아들인 ARD와 ZDF, '상업방송 및 텔레미디어 협회' 등의 방송사업자들은 여론 다양성 보장을 위한 법적 장치 마련과 디지털 방송 전환에 따른 디지털 주파수 할당, 공영방송의 사회적 역할 재규정 등의 내용을 포함시켜 EU의 방송과 통신협약에

준하는 조치를 취하기로 합의하게 된다.

12차 '방송과 텔레미디어에 관한 주간협약'의 개정에 따라 텔레미디어 서비스는 공영방송사들이 임무를 가진 부분이지만 방송편성 및 방송 접근을 위한 보완재로서만 기능해야 하며, 대체재의 기능은 하지 못하게 되었다. 또한 공영방송사들이 온라인을 통해 제공하는 텔레비전 콘텐츠의 시청 가능 기한을 결정하는 기준, 즉 독일의 공영방송에 부여된 공적 의무인 문화 창달과 정보 제공, 여가생활 함양 등과 관련한 콘텐츠에 대한 가치를 평가하여 이를 모든 제작물에 적용해야 하는 조항이 삽입된다. 공영방송 콘텐츠는 원칙적으로 7일까지만 온라인을 통해 제공이 가능하지만, 운영원칙을 통해 합의된 기준에 따라 분류된 콘텐츠들은 그 중요성에 따라 온라인 게재 기간을 결정한다는 내용이다. 결국 공영방송사의 온라인 사업이라는 주제의 오랜 논쟁을 거쳐 마련된 12차 '방송과 텔레미디어에 관한 주간협약'은 그동안 온라인을 통해서 거의 대부분 제공되었던 공영방송사들의 방송 프로그램의 접근을 제한하는 결과를 낳은 것이다. ARD와 ZDF의 프로그램들이 공개되는 온라인 게재 기간은 장르와 프로그램의 내용을 평가하는 '3단계 검사(Drei-Stufen-Test)'를 통해 검토하게 된다.

'상업방송 및 텔레미디어 협회'에서는 3단계 검사를 공영방송사 내부 절차에 포함시키지 말고 외부 단체에 위탁할 것을 요구했지만, 공영방송사들은 '공영성'이라는 가치를 훼손할 여지가 있다고 판단하여 내부 감독기관이 검토하는 방식을 우선으로 하고 추가로 외부 평가를 받도록 하는 방안을 채택하게 된다. 기존 콘텐츠에 대한 평가는 ARD와 ZDF, DRadio 등 세 개의 방송사에 걸쳐 진행되었고, 12차 '방송과 텔레미디어에 관한 주간협약'에 따라 2010년 8월 31일까지 완료되었으며, 전체 콘텐츠의 70% 이상이 온라인에서 접근 금지되었다. 한편 공영방송사들은 이전까지 온라인 사업을 통

ARD·ZDF의 온라인 게재 기간 결정을 위한 기준

일반조건(Allgemeinbedigungen)

① 일반 프로그램 7일

② 정치·시사 프로그램 1년

③ 국가 이벤트 및 축구 경기(국가대표 및 프로축구) 1일

④ 다큐멘터리 무기한

⑤ 교육 프로그램 최대 5년

⑥ 영화 및 구매 콘텐츠 제공 불가

3단계 검사(Drei Stufen Test)

· 1단계: 해당 콘텐츠가 독일 내에서 민주사회 형성, 문화 형성, 사회적 욕구 등에 어느 정도 부합하는가?

· 2단계: 해당 콘텐츠가 질적인 측면에서 저널리즘 환경에 어떤 경쟁 효과를 야기하는가?

· 3단계: 해당 콘텐츠를 보관 및 전송하는 데 필요한 예산은 어느 정도인가?

해 상업 활동이 불가능했지만, 12차 개정에서는 이를 일부 허용하는 방안이 승인되었다. ARD와 ZDF에서 운영하는 온라인 라디오 채널 중 500명 이상의 청취자가 있는 채널들에는 라디오 광고에 적용되었던 기준을 그대로 적용할 수 있도록 개정했다. 광고를 게재하기 위한 조건으로, 공영방송사들과 법적으로 독립성을 유지하고 있는 사업자들을 통해서만 가능하며 관할주의 미디어청 승인이 전제된 상태에서만 가능하도록 했다.

12차 '방송과 텔레미디어에 관한 주간협약'의 다른 안건은 공영방송사들의 예산 확보와 광고규정에 대한 개정이었다. 방송수신료 과세와 집행에 관련한 문제는 독일에서도 주요 이슈 중 하나이기 때문에 방송수신료 인상에 따른 사회적 책무도 강화되는 추세였다. 방송재정수요조사위원회의 감사

보고서는 이런 추세의 일환이었다. 12차 '방송과 텔레미디어에 관한 주간협약' 이전 방송수신료 집행과 관련한 연방헌법재판소의 판결이 여러 차례 있었는데, 그중 큰 사건들은 두 사례로 정리된다. 첫 번째 판결은 1994년 2월에 내려졌다. 독일의 연방헌법재판소는 방송수신료 부과가 공영방송의 재원 조달과 존속과 발전, 새로운 방송기술의 적용 등을 위해 필요한 방식이라는 점을 확인하며 방송수신료에 대한 원칙을 세운다. 제1차 방송수신료 판결로 불리는 1994년 연방헌법재판소의 결정에 따라 방송수신료의 이용 원칙과 집행을 위한 독립성을 보장하게 되었다. 두 번째는 2007년 9월 내려진 사례로 주정부와 공영방송사 간의 갈등에 따른 판결이었다.

1994년 방송수신료 판결에 따라 공영방송사의 재원은 정치적으로 독립성을 갖게 되어 세 가지 과정을 거쳐 방송수신료를 확정하고 이에 따른 예산을 할당받았다. 공영방송사들은 방송재정수요조사위원회에 자신들의 활동에 필요한 재원을 신고하고, 그 신고액에 따라 방송재정수요조사위원회는 사업의 지속성과 타당성, 예산 운용의 적합성 등의 기준들을 검토하고 방송수신료를 분배하게 된다. 만약 타당성 검토를 통해 산정한 공영방송사들의 운영기금이 예상되는 방송수신료 수입보다 높을 경우 방송수신료 인상을 제안하게 되고, 반대의 경우에는 인하를 제안하게 된다. 방송수신료 운영에 대한 최종 결정 단계는 16개 주정부의 의회와 수상들의 의결로서 방송재정수요조사위원회가 제안한 금액을 기준으로 인상 또는 인하 여부를 결정하게 된다. 방송수신료는 4년마다 인상·인하를 결정하게 되는데, 이 과정에서 방송정책 입안자부터 재정 담당 특별기관, 공영방송사가 유기적으로 움직이며 특정한 입장을 취하는 방식이 되었다.

2004년 16개 주 수상과 의회는 방송재정수요조사위원회가 제안한 방송수신료 인상안의 일부만 받아들여 낮은 금액을 책정하게 된다. 2005년부터

2008년까지 적용된 이 금액에 따라 공영방송사들은 필요예산보다 적은 수준으로 예산을 배정받게 된 것이다. 이에 따라 공영방송사들은 정치적 판단에 의해 자신들의 필요예산을 삭감할 수 없도록 해야 한다며 연방헌법재판소에 이 문제를 제기했다. 그 결과, 연방헌법재판소는 정치적으로 독립적인 방송재정수요조사위원회가 판단한 방송수신료 필요금액을 정치적 이해관계를 가진 주의회와 주 수상들이 일방적으로 삭감할 수 없다는 판결을 내린다. 이 결과를 시작으로 방송재정수요조사위원회의 방송수신료 인상·인하안에 대한 의결은 정치권과 해당 단체의 협상으로 변화되는 경향이 나타난다.

이런 배경하에서 12차 '방송과 텔레미디어에 관한 주간협약'에 따라 방송재정수요조사위원회는 방송수신료 분배와 집행을 적절하게 하고 있는지를 확인하기 위해 관련 보고서를 관할 관청들과 법원, 정치권 등에 먼저 배포하도록 결정하게 된다. 또한 11차 '방송과 텔레미디어에 관한 주간협약' 개정으로 상승한 방송수신료 수입이 실제로 공영방송사들이 필요로 하는 예산보다 상회하는 이익을 거둘 것으로 예상되었기 때문에 방송수신료 인상의 타당성을 널리 공유하기 위한 방안이기도 했다. 결론적으로 12차 '방송과 텔레미디어에 관한 주간협약' 개정을 통해 방송재정수요조사위원회의 독립성은 더욱 강화되었고, 공영방송사들을 감시하는 기구이자 평가하는 단체로서 위상도 높아지는 계기가 되었다.

13차 '방송과 텔레미디어에 관한 주간협약' 개정은 2009년 10월 결정, 2010년 4월 발효되었다. 13차 '방송과 텔레미디어에 관한 주간협약'의 주요 내용은 간접광고(Produktplatzierung) 집행의 부분 허용이다. 기존의 방송법에서는 간접광고가 영화나 시리즈물, 스포츠 프로그램 등에서 방송의 제작이나 진행에 필요한 소품을 무상으로 제공할 때만 가능했다. 특정 상품을 프로그램 내에서 사용한다는 점에서 간접광고에 속하지만 상표 노출이나 한 사업자의 상품 독점 사용 금지, 방송사의 상업적 이익 회수 금지 등의 기준이 적용되었기에 협찬에 더 가까운 형태였다.

13차 '방송과 텔레미디어에 관한 주간협약'은 공영방송과 상업방송 일부에서 간접광고를 허용하지만, 역시 엄격한 기준을 적용시킨다. 먼저 간접광고로 인해 시청자의 시청권을 침해하는 행위와 간접광고를 프로그램에 적용시킬 때 잠재적 기술(은밀한 배치, 타 상품과의 비교)을 사용하는 것을 금지시킨다. 또한 간접광고로 인해 편집의 독립성을 저해해서는 안 되고, 제품 배치를 할 경우 명확한 표시를 통해 간접광고임을 표현해야 하며, 방송 프로그램의 앞뒤에 간접광고가 포함되어 있음을 고지해야 한다. 콘텐츠 내에서도 규정이 적용된다. 간접광고 상품을 적용시킬 때 특별한 시각·청각·조명·광학 장치들을 사용할 수 없으며, 프로그램의 내용에 영향을 미치지 않는 공간에 별도로 배치해야 한다. 장르에 따른 규정으로는 종교방송, 어린이 프로그램, 뉴스 등에 적용이 금지된다(§7 명시). 이 외에 간접광고 노출 시간은 광고 총량제에 포함시키며, 주류와 음료의 경우 노출방식에서 다른 상품군에 비해 빈도가 높을 수 있고 영향력 역시 높다고 판단하여 적절한 수준으로만 적용하도록 제한했다.

14차 '방송과 텔레미디어에 관한 주간협약'은 연방총리의 발의로 상정되었으나 일부 내용에 대한 주(州)정부의 반대로 기각된 개정안이다. 2010년 3차 '청소년 미디어/텔레미디어 보호를 위한 주간협약' 개정안에 따르면 온라인상에서 청소년의 유해 콘텐츠 접속 제한을 제안했다. 그 방식으로 연령 분류를 통해 콘텐츠 접근을 제한하고 청소년 가정은 콘텐츠 접속 제한을 위한 소프트웨어를 필수적으로 설치하도록 제안했다. 이 개정안을 연방총리 권한으로 제안했지만 주(州)정부는 규제의 실효성, 청소년의 정보 접근 제약, 콘텐츠 규제 대상 선정기준의 모호성, 경범죄자 양산, 자국 외 사업자에 대한 규제 불가, 특정 사업자의 일방적 이익 발생 가능성(콘텐츠 접속 제한 소프트웨어 개발사업자) 등의 문제를 들어 주(州)의회에서 투표를 거부했다.

이때 만약 연방정부가 추진한 '청소년 미디어/텔레미디어 보호를 위한 주간협약' 개정안이 통과되었다면 '방송과 텔레미디어에 관한 주간협약'에서 규정하는 텔레미디어의 범주와 콘텐츠 규정 등이 동시에 개정되어야 했으나, 해당 안의 기각에 따라 '방송과 텔레미디어에 관한 주간협약'도 자연스럽게 부결되었다. 정확하게는 3차 '청소년 미디어/텔레미디어 보호를 위한 주간협약' 개정안과 14차 '방송과 텔레미디어에 관한 주간협약'의 개정은 계류 중이다. 이후 각 개정 법안에 대해 연방정부와 주(州)정부의 검토 및 협상이 이뤄졌으며, 2015년을 기한으로 검토한 결과 최종적으로는 개정하지 않는 것으로 결정되었다.

15차 '방송과 텔레미디어에 관한 주간협약'은 2010년도 14차 개정이 기각됨에 따라 동년도 다른 현안들에 대한 수정안으로 통과되었으며 2013년 1월 1일 발효되었다. 15차 '방송과 텔레미디어에 관한 주간협약'은 방송수신료 징수 대상에 대한 변경 내용으로 사회적 논쟁을 불러일으켰다. 기존 방송수신료 징수 대상은 텔레비전·라디오·온라인 등의 방식을 통해 방송 콘텐츠를 접할 수 있는 대상으로 국한되었다. 하지만 15차 개정을 통해 방송수신기 소유 여부가 아닌 모든 가정을 기준으로 징수하게 함으로써 그 범주가 확대되었다. 방송수신료 징수 대상 변경과 동시에 기존의 방송수신료 운영협약이었던 '방송수신료에 관한 주간협약'을 폐기하고 '방송분담금에 관한 주간협약'으로 대체시킨다. 개정된 내용은 이전 협약 내용과 방송수신료의 방식과 의무, 면제 대상 등에서 유사하지만 징수 대상이 전체 가구로 확대되면서 발생 가능한 오류들을 최소화하기 위한 내용들로 해석된다.

15차 '방송과 텔레미디어에 관한 주간협약' 개정은 개인정보 유출에 대한 사회적 비판을 야기했다. 가구별 징수를 위해선 실제 거주자에 대한 정보가 필요했기 때문이다. 이전에도 방송수신료 징수를 위해 개인정보를 이용하는 것에 대한 문제 제기는 있어왔다. 11차 '방송과 텔레미디어에 관한 주간협약' 개정에서 방송수신료를 인상하는 동시에 라디오 청취자를 기준으로 징수 대상을 확보하기 위해 거주정보를 주(州)정부에서 제공받았고, 일부는 직접 방문을 통해 데이터를 수집하고 징수 판단 여부를 결정했다. 15차 '방송과 텔레미디어에 관한 주간협약'의 발효로 직접 방문은 사라졌지만 거주정보가 더욱 중요해졌다는 점에서 비판 여론이 강하게 일어났다. 이 외에도 수수료 면제 대상 가구가 축소되었고 다가구·숙박업소·기업 등에 과도한 수신료 징수가 집행되어 사회적으로 이에 대한 반발이 거셌던 사례다.

16차 '방송과 텔레미디어에 관한 주간협약' 개정은 2014년 7월에 통과되어 2015년부터 일부 발효되었다. 16차 개정안의 주요 내용은 수신료 인하안 적용과 재정 균등화의 법칙에 따른 수신료 분배 변경이다. 당시 발행된 방송재정수요조사위원회의 보고서에 따르면 2013년부터 2016년까지 방송수신료 수익이 318억 1400만 유로로 예측되어 실제 공영방송 운영의 필요 자금을 상회할 것으로 평가했다. 즉, 11차 개정 이후 적용된 방송수신료를 유지할 경우 ARD는 51억 4500만 유로, ZDF는 8320만 유로에 달하는 초과 매출이 발생한다는 예측이었다. 이에 따라 방송재정수요조사위원회는 방송수신료에 대해 73센트 인하를 제안했지만 연방정부와 미디어청 연합은 이를 일부만 받아들여 48센트를 인하해 17.50유로로 새로운 방송수신료를 결정, 2020년까지 유지되도록 합의된다.

수신료 분배와 관련된 안건은 ARD와 ZDF, DRadio의 운영자금을 결정하는 중요한 사안이다. 16차 '방송과 텔레미디어에 관한 주간협약' 개정에 따르면 ARD 회원사들은 72.0454%(기존 72.6295%), ZDF가 25.1813%(기존

24.7579%), DRadio는 2.7733%(2.6126%)로 분배 비율이 조정되었다. 문화예술 채널 arte는 ARD와 ZDF의 운영자금 일부가 기부금 형태로 운영되는데 1억 6371만 유로에서 1억 7111만 유로로 예산이 증가되었다. 방송수신료 분배는 재정조정(Funanzausgleich) 원칙에 따라 ARD 회원사 중 재정 분배가 적은 지역에서 더 많은 기금을 지원하는 방식으로 진행된다. 자를란트(Saarländischer)와 브레멘(Radio Bremen)이 그 대상이며 각각 재정조정 책정 기금 중 50.92%, 49.08%가 분배된다. 16차 개정안은 2015년 2월부터 2017년 1월 1일까지 항목에 따라 차등적으로 적용될 예정이지만, 이를 위해 일부 항목은 2015년 3월 31일까지 주(州)의회의 승인을 거치도록 하여 실제 발효까지는 상당한 시간이 소요되었다.

2015년은 '방송과 텔레미디어에 관한 주간협약'의 부분 개정이 여러 차례 진행된 시기다. 큰 틀에선 공영방송과 상업방송의 경쟁 상황에서 제기된 공정경쟁의 문제부터 청소년 미디어 보호를 위한 과정으로 정리된다. 먼저 18차 '방송과 텔레미디어에 관한 주간협약' 개정에선 전국방송의 지역광고 금지 조항이 삽입된다. 그 배경은 2013년 9월 베를린 행정법원이 공영 채널들이 운영하고 있는 전국방송(das Erste, ZDF)에서 지역을 블록으로 설정하여 송출하는 광고 판매를 금지한다는 판결이다. 공영 채널들에 부여된 방송 라이선스는 편집·제작된 내용물(redaktionelle Inhalte)에만 해당하며, 광고(Werbung)는 포함되지 않는다는 내용이었다. 이 판결은 공영방송의 상업 행위를 규제하는 독일의 특성이 반영된 결과로 볼 수 있지만, 분쟁은 유사한 판결이 상업방송에서도 적용되었다는 데서 발생했다.

2014년 12월 라이프치히 연방행정법원은 상업 미디어 그룹 ProSiebenSat.1에서 운영하고 있는 전국 채널에서 지역광고(regionalisierte Werbung)를 불허해야 한다는 판결을 내린다. TV는 물론 지역신문, 라디오 등의 광고시장에 혼란을 일으킬 것으로 분석된 해당 판결의 쟁점은 채널에 대한 송출권과 광고의 송출권에 대한 차이였다. 연방행정법원은 주(州)정부에서 상업 채널 송출허가가 '프로그램'에 대한 송출권이며, 광고를 송출하는 권리를 포함하는 것이 아니라고 해석한 것이다. 베를린과 라이프치히 행정법원들의 판결은 지역방송과 라디오, 지역신문 등에겐 광고를 확보할 길을 마련해준 반면 전국 송출 채널로 기능하던 일부 방송사들의 채널들에겐 광고시장 위축이라는 악재를 가져다준 결정이었다.

'방송과 텔레미디어에 관한 주간협약'의 18차 개정 판결에 따라 연방의 전국방송 채널들에 대한 지역광고 금지 조항이 포함되었고, 2016년 1월 1일 발효되었다. 개정된 조항은 공급과 의견 다양성(Angebots- und Meinungsvielfalt)의 원칙이다. 하지만 관련 조항은 광고 역시 방송 프로그램의 일부라는 주장이 제기되면서 논쟁이 진행되고 있으며, 예외 범주가 넓다는 점에서 실효성에 대한 의문도 제기되었다. 실제로 라디오의 경우 해당 조항에서 제외되고 있는바, 매체 간 비대칭 규제가 적용되었다. 게다가 유료 TV와 디지털방송 등에 적용할 것인지에 대한 여부가 빠져 있어 향후의 관련 개정도 필요한 것으로 지적되었다. 또한 기업 간 경쟁 상황에 개입하지 않았던 행정부에서 지역 미디어들에만 긍정적인 성과가 나타날 것으로 보이는 규제를 적용함으로써 불공정을 조장한 것이라는 비판도 제기된 논쟁점이 많은 개정 중 하나였다.

2015년 12월 3일 최종 승인된 '방송과 텔레미디어에 관한 주간협약' 19차 개정은 독일 방송계에서 가장 큰 이슈들에 대한 두 가지 내용이 담겨 있다. 첫째는 동년도 5월 제출된 청소년미디어보호연방협약(Jugendmedienschutz-Staatsvertrag: JMstV) 개정안 관련 내용으로, 2010년 14차 '방송과 텔레미디어에 관한 주간협약'의 부결 사안이 새로 개정되어 적용된 조항이다. '청소년

미디어/텔레미디어 보호를 위한 주간협약'에서는 인터넷 등급제와 자율규제기관들의 활동 및 권한 등을 협의하여 새로 제출했고, 2015년 12월까지 논의 과정에서 방송·텔레미디어에 해당하는 조항들을 수정함으로써 새로운 청소년 미디어/텔레미디어 보호를 위한 주간협약의 제정 초석을 다졌다. 둘째는 14~29세의 청소년 및 청년층을 대상으로 하는 온라인 전용방송 JuKa의 신설을 위한 조항으로, ARD가 운영하던 EinsPlus 채널과 ZDF의 ZDFkultur 채널 통합의 승인이다.

먼저 19차 '방송과 텔레미디어에 관한 주간협약'에서는 '청소년 미디어/텔레미디어 보호를 위한 주간협약'을 발효하기 위한 콘텐츠·플랫폼 사업자들의 자율규제기구 권한 및 역할 강화, 컨버전스 미디어들에 대한 규제 적용 방안이 포함되었다. 이로써 기존에는 플랫폼별 자율규제기관들이 자신들의 사업 영역에 국한된 자율규제를 실시했지만, 새로운 법이 발효되는 2016년 10월부터 플랫폼에 구애받지 않고 상호 간 자율규제가 가능해졌다. 이 조항으로 인해 각 주(州)별로 설치되어 있는 청소년 보호 법령들도 2016년에 개정되었다. 다음으로 ARD와 ZDF는 JuKa 사업을 추진할 근거로서 온라인 사업 진출 승인을 받았다. 매년도 4500만 유로가 투입되는 온라인 전용 공영 채널 운영사업에 대해 찬반 논란이 있었지만, 공영방송사들은 자신들의 사업을 일부 축소하는 조건으로 지상파와 케이블, 위성방송 외에 온라인 채널을 개국하는 성과를 얻었다. 하지만 JuKa의 개국 시기를 2016년 1월에서 4월 사이로 계획했던 것과는 달리 사업 추진을 위한 검토 시간을 갖고 콘텐츠에 대한 콘셉트를 명확하기 위해 19차 '방송과 텔레미디어에 관한 주간협약'이 발효되는 시기로 연기했다. JuKa는 후일 Funk로 이름을 바꿔 개국했다.

'방송과 텔레미디어에 관한 주간협약' 19차 개정에서 추가로 논의된 규정은 방송분담금에 관한 주간협약, 공영방송감사제도, 프로그램 공동제작(외주-내부) 확대 등이다. 과거 15차 '방송과 텔레미디어에 관한 주간협약' 개정에 따라 신설된 방송분담금에 관한 주간협약에서 방송수신료 징수를 과거 '방송 시청이 가능한 기기를 가진 가구'에서 전체 가구로 확대한 바 있는데, 이는 공영방송사들의 재원이 급증하는 결과를 낳았다. 이 새로운 수신료 징수방식은 대형 사업체와 공동시설에 대한 징수 비율이 높았기 때문에 많은 비판을 받았다. 그 징수방식을 보면 다음과 같다. 사업자 또는 공동시설의 이용자가 8명 이하일 경우에는 약 6유로, 9~19명일 경우에는 기본수신료 17.5유로를 징수한다. 하지만 대규모 시설은 상주 인원(이용자)에 따라 수신료를 부과하는데, 1000명 사업자는 700유로로, 1만 명 사업자는 2200유로로, 5만 명 사업자는 3155유로 등이 된다. 이는 전국 체인을 운영하고 있는 회사들에게 과거에 비해 매년 4~5배 이상의 수신료를 징수하는 결과로 나타났다. 과도한 징수라는 비판을 받게 되었으며 상업시설뿐 아니라 비영리시설 또는 공동시설도 인원에 따라 납부금액이 급증하게 되어 반발이 일어났다. 19차 '방송과 텔레미디어에 관한 주간협약'의 개정에는 일반사업자에 대한 징수 변경은 포함되어 있지 않지만, 소재지와 시설 및 사회적 역할 등을 고려하여 공공시설의 수신료 지출 부담을 일부 경감하기로 결정했다.

'방송과 텔레미디어에 관한 주간협약'의 19차 개정에서는 공영방송 운영 투명성 강화 원칙도 포함되었다. 감사국의 역할과 조직을 통합하고, 미디어청 연합 차원에서 공영방송사들의 방송 투자 및 서비스 제공에 대한 평가를 강화하기로 결정했다. 감사 결과는 각 주(州)의회와 주정부에 제출하여 공개평가를 거치도록 조정되었다. 2015년도 '방송과 텔레미디어에 관한 주간협약' 개정은 세 차례나 이뤄졌지만 그 내용상에서는 이미 다양한 법들과 엮여 큰 변화는 없었다. 하지만 각각의 규정들과 관련된 법들이 통과되고,

새로운 규정들이 적용되는 2016년에는 그동안 공영방송사들이 준비해왔던 사업과 상업방송에 대한 규제 완화 및 강화가 결정됨에 따라 당시 업계에서는 방송 분야의 변화가 더욱 가속화할 것으로 예측하기도 했다.

2015년 10월 12일에 독일연방 소속 주(州)정부 수상들의 연간 정기회의에서 통과된 19차 '방송과 텔레미디어에 관한 주간협약'은 2016년 10월 1일자로 발효되었다. 19차 '방송과 텔레미디어에 관한 주간협약'의 주요 내용은 ARD 연합과 ZDF가 공동으로 준비해온 온라인 전용 청소년 채널 'Funk' 운영과 관련되어 있어 해당 채널의 공식 개국일과 동시에 발효된다.

2014년 10월 주정부 수상들의 연간 정기회의를 통해 청소년과 청년을 대상으로 한 사업을 결정한 이후 독일 방송계에서는 공영방송이 온라인 전용으로 채널을 제공한다는 점에서 많은 논쟁이 있었다. 대표적인 사례로는 '상업방송 및 텔레미디어 협회'가 공영방송사들이 온라인 채널을 개국할 경우 세금의 일종인 방송수신료를 이용하여 시장 질서를 어지럽힐 것이라고 반발한 내용이다. 이런 의견을 반영하여 ARD와 ZDF의 대표자들은 상업방송사업자들과 여러 차례 토론회를 개최하고, 42개 쟁점들을 정리하고, 시장조사와 예측 및 시청자 의견들을 제3의 기관을 통해 수집 및 분석했다. 연구 결과 공영방송의 온라인 사업은 이들에게 부여된 사회적 책무 중 하나라는 입장이 확인되었고, 관련 내용들을 포함한 개정안을 마련하게 된다. 여기에 14~29세를 대상으로 한 콘텐츠가 온라인으로 제공되기 때문에 청소년 미디어 보호(Jugendmedienschutz)와 관련된 내용도 일부 개정·추가된다.

2016년 19차 '방송과 텔레미디어에 관한 주간협약'의 개정 내용을 담은 '19차 개정 내용'[1]이 설명하는 개정 내용은 다음과 같다. 첫째, ARD와 ZDF

1　Neunzehnter Staatsvertrag zur änderung rundfunkrechtlicher Staatsverträge

가 텔레비전 전문 채널 운영 과정에서 필요한 편집과 편성에 대한 권한 부여에 대한 내용을 포함시키기 위해 해당 채널을 주간협약에 포함시켰다. 청소년 방송의 개국에 따라 공영방송사들이 운영하고 있던 'ZDFkulturkanal'과 'EinsPlus'의 채널이 폐지되었기 때문에 해당 항목들은 삭제된다(RStV 11b, Fernsehprogramme). 둘째, 기존의 방송과 텔레미디어에 관한 주간협약엔 청소년 채널을 운영하기 위한 원칙이 포함되지 않았기 때문에 해당 조항들을 신설하는 작업이 병행되었다. 셋째, 방송과 텔레미디어에 관한 주간협약의 §11(g)에 신설된 '청소년 방송'[11(g). Jugendangebots]으로서 여섯 개의 하부 조항으로 구성되어 있으며, 청소년 방송의 의무와 운영방식, 역할 등에 대해 명시되어 있다.

방송과 텔레미디어에 관한 주간협약 §11(g) 청소년 프로그램(Jugendangebot)

(1) ARD 회원사와 ZDF는 공동으로 방송과 텔레미디어에 적합한 청소년 프로그램을 제공한다. 청소년 프로그램의 내용은 대상 그룹인 청소년들의 생활과 흥미에 중점을 두고 이를 통해 공영방송 본연의 의무(§11)를 충족시킬 수 있도록 해야 한다. 이 목적은 ARD와 ZDF가 특별한 오디오·비주얼 콘텐츠를 생산하거나 특별한 이용방식을 구축함으로써 성취하도록 한다. 청소년 방송은 저널리즘 편집원칙과 편성에 근거하여 상호작용적 방식으로 내용을 구성하고 제공하며, 이용자들이 스스로 이용할 수 있도록 한다.

(2) 대상 그룹의 인구통계학적·사회적·문화적 허용은 청소년 채널 내용(inhaltlich)과 기술적 다양성(technisch dynamisch)과 편성 및 전송방식의 개발(entwicklungsoffen zu gestalten und zu verbreiten) 등을 포괄한다. 이것들은 대상 그룹이 상호작용적 의사소통에 참여할 가능성에 기여해야 한다.

(3) ARD와 ZDF가 제공하는 다른 형식의 프로그램들은 내용과 기술 면에서 온라인에 포함되어야 한다. 청소년 프로그램을 ARD 회원사나 ZDF 등에서 사용하는 경우에는 텔레미디어에서 제공되는 프로그램임을 명시해야 한다.

(4) 청소년 프로그램의 온라인 게재 기간(Verweildauer)은 ARD와 ZDF가 청소년들의 생활과 흥미를 묘사하고 그 세대의 민주적·사회적·문화적 수요를 충족시키는지에 따라 결정하게 된다. 기준은 ARD와 ZDF의 온라인 게재 기간 결정방식에 근거한다. 구매한 영화와 구매한 텔레비전 드라마(외주제작 프로그램 제외) 등은 시간제한을 둔다.

(5) 광고와 협찬, 지역광고 등은 청소년 프로그램에 허용되지 않는다.

(6) ARD와 ZDF는 청소년 방송 운영에 대한 보고서를 발간한다. ① 공영방송 의무 수행 과정에서 청소년 프로그램이 기여하는 정도, ② 목표 그룹에 대한 도달 정도, 목표 그룹과의 의사소통 정도(참여 정도, 참여 가능성의 확대 정도), ③ 프로그램 온라인 게재 기간, ④ 온라인 포털의 이용량, ⑤ 독일 또는 유럽 내에서의 이용량, ⑥ 자체제작, 외주제작, 영화, 구매 콘텐츠 등의 양과 같은 내용을 포함한다.

'방송과 텔레미디어에 관한 주간협약'의 §11(g)에 신설된 내용에 따라 청소년 방송 Funk는 ARD나 ZDF와는 다른 유형의 플랫폼으로 규정되었으며, 공영방송은 공적 의무를 수행하기 위해 다양한 플랫폼 유형을 사용할 수 있다는 근거가 마련된다. 또한 지난 '방송과 텔레미디어에 관한 주간협약' 12차 개정에 따라 공영방송의 온라인 콘텐츠 게재 기간을 결정하기 위해 적용하는 '3단계 검사(Drei Stufen Test)'의 기준에서 청소년 방송을 별도의 항목으로 결정함으로써 처음으로 예외 사안이 만들어지게 되었다. 다만 청소년 방송의 온라인 콘텐츠가 상업방송의 이익 활동에 영향을 미치거나 의견 다양성에 저해한다고 판단될 경우에는 콘텐츠 게재 기간을 단축시킨다는 내용은 원칙적으로 합의했다.

청소년 방송을 온라인으로만 제한하여 상업방송사들이 제기했던 시장 집중의 문제를 불식시켰으나 제3의 플랫폼, 즉 자사의 홈페이지를 제외한 유튜브나 페이스북 등의 소셜 미디어 플랫폼뿐만 아니라 앞으로 개발될 모든 유형의 온라인 플랫폼을 이용하는 방식은 허가했다. 청소년 방송의 1년 예산은 최대 4500만 유로로 제한되었는데, 이 비용은 온라인 콘텐츠 저장 비용 및 플랫폼 운영비용까지 포함되어 상업방송들이 우려하는 만큼의 시장 독점은 없을 것으로 평가되고 있다.

Funk 운영 중 콘텐츠와 관련한 내용은 '방송과 텔레미디어에 관한 주간 협약'의 부속 조항인 청소년 미디어/텔레미디어 보호를 위한 주간협약의 개정으로 보강되었다. 프로그램 등급은 6세, 12세, 16세, 18세 등 네 분류로 명시하도록 했는데, 평가는 '자율조정기구(Einrichtungen der Freiwilligen Selbstkontrolle)'의 감독으로 연령 등급이 분류되어 청소년미디어보호위원회가 승인하는 방식으로 진행된다. 연령 등급의 기준은 청소년보호법의 연령 분류에 따라서 결정되었다. 이전에 이 기준은 미디어 콘텐츠와 전자방식을 이용한 모든 매체를 이용한 광고 전송에 대한 기준에만 적용되었지만 이제는 전체 콘텐츠로 확장되었다. 여기에 청소년 미디어/텔레미디어 보호를 위한 주간협약에서 사용되었던 '최소 연령(Minderjährige)'이라는 개념을 '어린이 또는 청소년(Kinder oder Jugendliche)'으로 대체하여 명칭의 모호성을 최소화했다. 청소년 미디어/텔레미디어 보호를 위한 주간협약 §11에 명시된 '청소년 보호 프로그램(Jugendschutzprogramme)'은 연령 등급제에 대한 기본 조건으로서 해당 항목들을 요약하면 다음과 같다.

청소년 미디어/텔레미디어 보호를 위한 주간협약 §11:

청소년 보호 프로그램(Jugendschutzprogramme)

(1) 청소년 보호 프로그램은 연령 등급 표시를 명시하거나 공급물을 인식할 수 있도록 하는 소프트웨어 프로그램으로, 어린이 및 청소년의 성장에 영향을 미칠 수 있는 것들을 식별하는 프로그램이다. 청소년 보호 프로그램은 적합성을 평가하기 위해 자율조정기구에서 평가방식을 검증받아야 한다. 사용자 친화적이고 사용자가 내용을 자율적으로 구성할 수 있어야 한다.

(2) 프로그램의 적합성을 평가하기 위해서 단일 연령대의 프로그램을 위해 설계되거나 폐쇄적인 시스템을 구성하고 있는 텔레미디어 서비스에 접근할 수 있어야 한다.

(3) 청소년미디어보호위원회는 자율조정기구와 함께 청소년 보호 프로그램에 대한 적합성 요구를 위한 기준을 정할 수 있다.

(4) 자율조정기구에 의해 개발된 청소년 보호 프로그램은 최소 3년마다 작동 여부와 적합성을 평가받아야 한다. 평가에 대한 결과는 적절한 채널을 통해 신속하게 공개되어야 한다.

(5) 청소년 보호 프로그램은 과도한 비용 없이 합리적으로 사용되도록 제공되어야 한다.

(6) 자율조정기구는 청소년미디어보호위원회와 협의하여 기술적 검토를 위한 프로젝트를 수행할 수 있으며, 이때 연령 분류 시스템은 자율조정기구에서 제공하는 기준을 적용할 수 있다.

자율규제라는 측면에서 이 규정을 따르지 않는 사업자들이 등장할 수 있기 때문에 청소년 미디어/텔레미디어 보호를 위한 주간협약의 §12의 '(연령)

표시 보호' 조항을 두어 온라인에서 제공되는 모든 영화, 콘텐츠, 게임, 이미지 등에서 청소년 보호규정에 따르는 것이 사업자의 의무 조항으로 강화되었다. 청소년 보호 프로그램이라는 소프트웨어를 통해 자율적으로 온라인 제공물(Angebots)에 대한 접속을 제한하도록 운영하고 있는 독일의 청소년 미디어 보호방식은 정부에서 직접 개입하여 해당 항목들을 제한하는 우리나라의 방식과는 다르다. 자율조정기구와 연방협약, 연방기구인 청소년미디어보호위원회가 유기적으로 움직여야 하기 때문에 '자율조정기구'라는 단체에 대한 규정도 보완되었다. 청소년 미디어/텔레미디어 보호를 위한 주간협약 §19의 '자율조정기구' 항목에 '자율조정기구의 관할권과 절차'(19a), '자율조정기구에 대한 감독'(19b) 등의 개정이 그 내용이며, 이를 간략하게 정리하면 다음과 같다.

§19 자율조정기구의 설립(Einrichtungen der Freiwilligen Selbstkontrolle)

(4) 청소년미디어보호위원회는 인증받은 자율조정기구가 청소년 미디어/텔레미디어 보호를 위한 주간협약에서 명시한 내용과 일치하지 않거나 인증기간이 지났을 경우 그 권한을 부분적으로 또는 완전히 취소할 수 있다. 이 조치에 따른 금전적 손실에 대해서는 보상하지 않는다.

§19a 자율조정기구의 관할 부처와 운영(Zuständigkeit und Verfahren der Einrichtungen der Freiwilligen Selbstkontrolle)

(1) 인증받은 자율조정기구는 내부의 운영 규칙과 운영 범위, 청소년 미디어/텔레미디어 보호를 위한 주간협약의 준수 여부에 대한 감사를 받아야 한다. 자율조정기구에 대해 제휴 공급자들이 제기한 불만 사항들은 절차적 규칙에 따라 검토된다.

(2) 인증받은 자율조정기구는 청소년 보호 프로그램의 적합성을 확인해야 한다. 적합성 평가의 기준은 자신들이 개발한 등급 기준을 적용하게 되는데, 이 기준은 청소년미디어보호위원회에 서면으로 적합성에 대한 인증을 제출해야 한다.

§19b 자율조정기구 설립의 감독(Aufsicht über Einrichtungen der Freiwilligen Selbstkontrolle)

(1) 주 미디어청은 청소년미디어보호위원회를 통해서 인증받은 자율조정기구에 대한 불만과 재량에 대한 검토, 인증 취소 등을 요구할 수 있다. 만약 인증받은 자율조정기구가 주 미디어청이 청소년미디어보호위원회를 통해 제기한 문제들에 대해 소명하지 못했을 경우에는 인증이 취소된다. 이때 발생하는 금전적 손실에 대해서는 보상하지 않는다.

(2) 인증받은 자율조정기구는 불만과 재량에 대한 평가에 이의가 있을 때 3개월 이내에 그 평가를 설명하거나 청소년미디어보호위원회를 통해 온라인 사업자들에게 관련 내용을 제출할 수 있다.

(3) 인증받은 자율조정기구는 주 미디어청의 결정 과정에 참여할 수 있다.

청소년 미디어/텔레미디어 보호를 위한 주간협약의 개정을 통해 자율조정기구들은 온라인 사업자들에게 자료를 요청할 수 있는 권한을 부여받았고, 이를 분류하는 기준도 마련하는 권한을 부여받은 동시에 인증에 대한 절차와 불만처리의 의무도 추가되었다. 콘텐츠에 대한 평가를 객관적으로 수행하기 위해 모든 기관들이 유기적으로 상호작용하도록 시스템을 구축하게 했고, 미성년자에 대한 보호는 더욱 강화하는 방안이 도입되었다. 추가로 온라인 사업자에 대한 개념을 '제공물(Angebote)'과 '공급자(Anbieter)'로 구분하는 개정도 추진되는데, 이는 콘텐츠사업자와 유통사업자의 역할을 분할하기 위함이다. 여기에 청소년 미디어/텔레미디어 보호를 위한 주간협약의 대부분 조항들이 '방송'의 개념에 치중되어 있었기 때문에 관련 내용을 전면 개정하여 '방송'과 '텔레미디어'를 포괄하도록 했다. 참고로 범죄와 관련된 포르노, 폭력이나 수간을 포함한 포르노, 아동 포르노, 청소년 대상 포르노 등의 제작과 유포는 강력하게 금지되는 항목이다.

마지막으로 19차 '방송과 텔레미디어에 관한 주간협약'에 포함된 공영방송의 운영 투명성 강화와 관련된 내용들은 다음과 같다. 먼저 §11(e)의 '법령, 원칙, 보고 의무(Satzungen, Richtlinien, Berichtspflichten)'에 새로운 항목이 삽입되었다. §11(e)를 보면 ARD와 ZDF, DRadio 등의 공영방송들은 방송운영과 방송 채널 콘셉트를 결정할 때 내부위원회의 독립적 의사결정권을 보호하고 해당 내용들을 공식적으로 공고해야 하는 의무(1), 2004년부터 격년으로 제출하는 공영방송사들의 서비스 품질 및 운영기금 사용 내역을 보고할 의무(2)가 있었다. 이번 개정을 통해서는 외주제작사와 비독립 외주제작사(abhängigen und unabhängigen Produktionsunternehmen)의 제작 규모들을 공개하도록 추가했다. 인-하우스(In-Haus) 개념의 외주제작사들의 제작 규모를 정확하게 측정하기 위한 항목으로서 공영방송이 내부적으로 지출하는 비용을 검토하기 위한 것이다.

또한 개정을 통해 방송과 텔레미디어에 관한 주간협약의 §14인 '공영방송의 재정 수요(Finanzbedarf des öffentlich-rechtlichen Rundfunks)'에는 부속 항목인 §14a가 추가된다. 새로 삽입된 '회계감사의 보고(Berichterstattung der Rechnungshöfe)'로 명시된 조항에 따르면 지역 공영방송들과 ZDF, DRadio 등은 방송조직과 운영에 대한 보고 의무가 강화되어 주정부와 관할 법원, 방송재정수요조사위원회에 해당 보고서를 제출하도록 만들었다. 또한 제출된 보고서에 대해 관할 법원은 방송사가 지출한 모든 회계 내용에 접근할 수 있도록 권한이 강화되었다.

19차 방송과 텔레미디어에 관한 주간협약이 발효됨에 따라 청소년미디어보호위원회는 청소년 보호 프로그램을 운영하기 위해 'FSM(Freiwillige Selbstkontrolle Multimedia-Dienst, 멀티미디어 서비스 제공업체 자율조정기구)', 'FSF(Freiwillige Selbstkontrolle Fernsehen, 방송사업자 자율조정기구)', 'USK (Unterhaltungssoftware Selbstkontrolle, 엔터테인먼트 소프트웨어 분야의 자율조정기구)', 'FSK(Freiwillige Selbstkontrolle der Filmwirtschaft, 영화산업의 자율조정기구)' 등의 분야에서 자율조정기구를 인증하기 위한 절차에 착수했다. 청소년미디어보호위원회는 연령 등급 기준을 마련하기 위한 표준 내용들을 접수하기 시작했으며, 각 분야의 대표 협회들에서도 콘텐츠 연령 등급 기준을 마련하고자 조정 작업에 들어갔다. 자발적인 규제를 마련하는 데 있어 특정한 사업자나 산업 분야에 치중되지 않도록 상호 조정 중에 있으며 적합성 평가를 위한 기준을 마련하는 것도 공동 작업으로 진행되고 있다. FSM, FSF, USK, FSK 등의 분야별 자율조정기구들 역시 이번의 '방송과 텔레미디어에 관한 주간협약' 개정에 따라 적용될 기술 요구와 기준 마련이 청소년미디어 보호를 위한 적합한 조치라고 평가하면서 학계와 개발자, 사업체 등과 유기적인 협력을 강화할 것이라고 밝힌 상태다. 19차 '방송과 텔레미디어에 관한 주간협약' 개정은 ARD와 ZDF가 온라인 전용 채널을 개국하면서 시작되었지만 콘텐츠 산업 분야에서는 '청소년 미디어/텔레미디어 보호를 위한 주간협약', 즉 청소년 미디어 보호라는 이슈를 낳았다. 이는 방송과 온라인의 경계가 사라지고 있는 현재 미디어 환경에 적합하도록 이중 규제나 이종 매체로 규제하는 방식에서 벗어나 콘텐츠가 중심이 된 정책을 마련한 계기로 평가받는다.

3 장

주요 국가들의 공영방송
구조와 특징

1. 영국과 프랑스의 공영방송

1) 영국: 공공서비스로서의 공영방송

1922년 설립된 영국 공영방송 BBC는 체신부 관할 기업으로 시작했다. 당시 BBC는 방송사업에 참여하기를 원했던 400여 개의 라디오 제조업체들이 참여한 일종의 카르텔이었다. 정부는 2년 기한의 방송 라이선스를 판매하는 방식으로 당시의 BBC 카르텔 운영에 개입했다. 이는 당시 제한적으로만 운영이 가능했던 주파수를 관리해야 했기 때문이다. 이듬해인 1923년에는 방송운영과 관련하여 설립된 특별위원회인 사이크스 위원회(Sykes Committee)가 설립되면서 공영방송이라는 개념이 논의되기 시작했다. 원래 사이크스 위원회의 설립 목적은 BBC 운영을 위한 재정 문제를 해결하기 위함이었다. 초기 BBC는 상업방송의 형태를 띠었지만 광고 송출을 금지하는 대신 라디오를 청취하는 사람들에게 방송수신료를 징수하여 재정을 충당하는 사업 모델로 시장에 참여했다. 하지만 사람들이 수신료 납부를 피하기 위해 라디오를 직접 조립하기도 했고, 일반수신료 격인 전액수신료(full licence)가 아닌 저렴한 임시수신료인 실험용 수신료(experimental licence)를 납부하면서 충분한 재원이 확보되지 못했다(정용준, 2014). 이런 연유에서 사이크스 위원회의 역할은 BBC 운영을 위해 필요한 방송수신료를 어떻게 회수할 수 있을지에 대한 방안 모색이었다.

1923년 사이크스 위원회는 상업방송의 성격을 반영하여 시간당 5분 이하로 광고 송출을 허용하는 방안을 채택, 방송재정 확충 기반을 마련했다. 반면 다른 제안들은 상업방송보다는 공영방송의 기반을 제공하는 배경이 되었는데, 이 입장은 다음과 같이 세 가지로 정리된다. 첫째, 사이크스 위원회에서는 방송을 공공사업(public utility)로 정의하여 주파수가 가진 공공재의 원칙을 확립하며 특정 목적을 위해 주파수를 할당받은 사업자는 공익을 보호하기 위해 필요한 조치를 받아야 한다고 주장했다. 둘째, 방송이라는 서비스가 가진 영향력의 통제는 국가가 담당해야 하지만 직접적인 방식으로 개입하는 것은 금지되어야 한다고 보았다. 셋째, 방송은 중요한 국가적 서비스이기 때문에 상업 활동으로 남겨두어선 안 된다는 입장을 피력했다. 사이크스 위원회가 제안한 내용을 정리하면 방송을 공적 서비스로 포함시키되 직접 관리가 아닌 간접 통제를 통한 권고가 필요하다는 내용이었다 (김대호, 1995). 사이크스 위원회의 활동이 종료된 후 3년이 지난 1926년, 크로퍼드 위원회(Crawford Committee)가 설립되면서 현재의 BBC 모델이 만들어지는 계기가 마련된다. BBC의 방송 라이선스가 종료되는 1927년을 대비하여 이후의 방송운영 방식을 논의하는 것이 크로퍼드 위원회의 주요 임무였다.

크로퍼드 위원회는 미국식의 상업방송체계는 영국과 맞지 않는다고 주장하며 상업방송으로 운영되던 BBC를 공영방송 형태로 전환하고 위원회를 구성하여 이를 운영하는 방안을 제시했다. 공공기관 설립방식은 사이크스 위원회가 제안했던 것과 마찬가지로 국가의 위탁을 받은 공사의 형태를 띠고 서비스의 목적을 오락·정보·교육 제공으로 정할 것을 제안한다(김대호, 1995). 하지만 체신부는 크로퍼드 위원회의 제안을 거절하고 칙허장으로 불리는 정부 개입 모델을 채택한다. 당시 크로퍼드 위원회가 제안한 위원회(Commission)의 개념은 의회 소속으로 활동하는 의원들이 개입하는 것을 전제로 하기 때문에 BBC가 의회의 통제하에 놓이게 되는 형식이었다. 즉, 정치 활동에서 자유로울 수 없는 형태라는 것이 체신부가 거절한 이유였다. 또한 방송을 하나의 '회사'의 개념으로 설정할 경우 법률 내에서만 활동이 제한되는 반면, 칙허장(Royal Charter)으로 운영허가를 내릴 경우 금지되는 항목을 제외한 다른 활동들을 자유롭게 행할 수 있다는 점도 주요하게 작용한다(정용준, 2014). 그 결과 BBC는 영국방송공사(British Broadcasting Corporation)로 재탄생하게 되었고, 1927년에는 처음으로 칙허장으로 불리는 방송 라이선스를 10년 기한으로 발급받아 공영방송으로서 모습을 갖추게 되었다.

영국 방송시장에서 BBC로 대표되는 공영방송의 독점 유형은 상업방송이 도입된 1954년까지 유지되었다. 영국의 집권당이었던 보수당은 공영방송의 독점 형태에 반감을 가지고 있었으며, 1954년 개정된 텔레비전법(Television Act)을 통해 ITA(Independent Television Authority)를 설립하고 상업방송 운영허가를 규정하게 된다. 1980년에는 방송법(Broadcasting Act)을 통해 두 번째 상업 텔레비전 채널인 Channel 4의 설치 근거를 마련하게 된다. 1990년 들어 영국 정부는 탈규제원칙을 방송 분야에 적용함으로써 경쟁원리를 받아들이는 정책을 펼치기 위한 근거를 마련한다. 기존의 ITA를 폐지하고 새로운 규제기구인 ITC(Independent Television Commission)를 설립하여, 서비스 운영을 위한 허가권만 행사할 수 있는 역할을 부여한 것이다. 1996년 개정 방송법은 디지털 지상파방송의 경쟁구조를 만들고, 미디어 소유제한 개편을 통한 미디어 산업통합을 허용함으로써 방송에서의 경쟁 원리가 강화되기 시작했다(권건보, 2009).

영국에서 전통적으로 방송에 공익성을 부여했던 것은 경제성에 기반을 둔 개념으로서 '공공재(public goods)'의 하나로 정의되는 전파를 사용하기 때문에 그 서비스는 모든 사람들에게 보편적으로 제공해야 한다는 취지였다. 그린(Green, 2002)은 공익성을 공공재 개념에 기초하여 접근하게 되면 이를 이용하는 사람들은 경제적 지위에 영향을 받지 않도록 필요를 충족시키는 서비스나 재화로 정책 기조가 결정되어야 한다고 보기 때문에 공영방송은 하나의 보편적인 사회 시스템으로 정의된다고 언급했다. 이 맥락에서 쉬베르트센(Syvertsen, 1999; 강형철, 2004 재인용)은 공영방송을 우편이나 도로, 철도 등과 같은 공공서비스로 규정하고, 공영방송의 성과는 접근성의 확보 수준에 따라 결정해야 한다고 보았다. 공공서비스의 보편성에 대한 개념은 1985년에 발행된 영국 BRU(Broadcasting Research Unit)의 '공공서비스 이념(The Public Service Idea)'에 다음과 같이 여덟 가지 주요 원칙(major principles)으로 언급되어 있다(CSCC, 1987). BRU가 제시한 공공서비스에 대한 이념은 국가 주도로 방송기술과 관련 제반 산업이 시작된 영국 공영방송의 핵심 개념이다.

지역적 보편성(geographic universality)

방송은 모든 사람들이 사용할 수 있어야 한다. 우편과 마찬가지로 프로그램 시청을 원하는 사람들은 제약 없이 사용 가능하도록 구성되어야 한다.

비용의 보편성(universality of payment)

방송운영을 위한 기금은 이를 이용하는 사람들에게서 충당한다. 영국에서 텔레비전 수상기를 소유한 가구가 방송수신에 대한 라이선스 비용을 지불하는 것은 일종의 방송 시스템과 시청자 사이에 맺어진 계약이다.

프로그램 질 향상을 위한 경쟁 장려(encourage competition in good programming)

방송은 좋은 프로그램의 경쟁을 개수가 아닌 질로서 경쟁하도록 장려해야 한다.

표현의 보편성(universality of appeal)

방송 프로그램은 모든 관심사와 요구를 충족시켜야 한다. 공공서비스로서 방송은 많은 대중에게만 초점을 맞추거나 어떤 특정한 목표를 위해 상정한 시각들을 제공하지 말아야 한다. 또한 방송은 사회에서 배제된 소수자들을 위한 교육과 문화 향유 수단을 제공해야 한다.

장애인과 소수자에 대한 고려(minorities, especially disadvantaged minorities)

공공서비스로서 방송이 운영되기 위해서는 장애인들과 사회적 소수자들의 시각 및 요구에 맞는 프로그램을 제공해야 한다. 이 두 집단은 연령과 인종, 문화적 문제로 인해 사회에서 배제되고 있다.

국가 정체성과 공동체 의식 고려(sense of national identity and community)

공공서비스로서 방송은 시민들의 이슈를 공유할 수 있는 포럼을 제공하고, 국가적 사안이나 공동체의 문제들에 대한 의견 교환이 가능하도록 해야 한다.

이해집단과의 거리 유지(distance from all vested interest)

공공서비스로서 방송은 정부나 광고주들의 하부 조직이 아니다. 영국 공영방송 BBC의 운영을 위해 발급받은 칙허장(Royal Charter)은 이 방송국이 공공과 협력으로 방송이 설립되었음을 보여주는 상징적인 예로서 독립성을 의미한다. 상업 요소의 배제는 프로그램 제작에서도 적용되어야 한다.

제작자의 자율성 보호(liberation of programme makers)

공공서비스로서 방송은 제작자들의 자율성을 제약하기보다는 보장하는 방식으로 운영되어야 한다. 추가적으로 제작자들이 이해관계자들에게 영향을 받지 않고 자유롭게 프로그램을 개발하고 혁신할 수 있게 해야 한다. 이러한 제작자 보호의 원칙은 미디어를 이용한 작품 제작에 예술적·창의적 가능성을 가진 사람들이 참여하는 것을 장려하기 위함이다(CSCC, 1987: 2).

시간이 흐르면서 BRU가 제시한 여덟 가지 공공서비스에 대한 원칙은 이원방송을 정립하게 된 영국의 방송시장에서 공영방송이 추구해야 하는 기본원칙을 재규정하도록 촉구하는 계기가 된다. 공공서비스로서 방송의 역할은 상업매체와 경쟁하는 상황에서 보편적 서비스라는 가치만으로는 존립의 근거가 약해졌기 때문이다. 이와 같은 요구를 반영한 BBC의 운영 개혁방안은 1996년의 개정 방송법에서부터 시작된 방송운영과 관련한 기관들을 개편하고 새롭게 조직하면서부터 구체화되었다.

현재 영국 공영방송과 관련하여 운영되고 있는 주무 부처는 문화·미디어·스포츠부로서 기본적인 정책 결정권은 문화부 장관에게 있다. 하지만 BBC의 경우 칙허장을 발급받아야 운영 근거를 확립하기 때문에 다른 국가들에 비해 상대적으로 정부와 의회로부터 독립적인 조직으로 운영된다. 즉, 정책 결정권은 문화부 장관이 갖고 있지만 실제 운영과 관련해서는 2007년 설립된 BBC 규제기구인 BBC 트러스트(BBC Trust)와 기타 공공서비스를 수행하는 방송국들을 규제하기 위해 2003년 설립된 오프컴(Office of Commu-nications: Ofcom) 등의 두 단체가 이원적으로 결정한다. 두 기관의 역할은 다음과 같다(정준희, 2008).

BBC 트러스트(BBC Trust)

BBC 트러스트의 위원장 및 모든 위원들[트러스티스(trustees)]은 주무 부처인 문화부의 장관 추천으로 국왕이 선임한다. 위원 임기는 5년이며, 연장은 1회가능하다. BBC 트러스트의 위원장은 공직자 선임원칙에 따라 BBC 사장을 선임할 수 있으며, 위원회는 BBC 채널 면허 및 방송 관련 불만처리 담당 기관으로 활동한다. 독립단체로서 활동하는 것이 원칙이다.

오프컴(Office of Communication: Ofcom)

BBC를 제외한 방송 관련 정책, 진흥방안, 주파수, 방송면허, 내용규제 등을 관장하는 합의제로 운영되는 독립위원회다. 정부와 의회로부터 자유로운 활동이 보장되며, 연례보고로 의회에 참석해야 한다. 문화부 장관은 오프컴의 운영과 관련하여 답변해야 하는 의무를 지니기 때문에 위원회에서 결정하는 내용들에 대해 간접적으로 보고해야 하는 체계다. 2003년 설립된 오프컴은 주파수 활용, 고품질의 방송 서비스, 방송 공급의 다수성 유지, 유해물 및 사생활 보호, 불공정거래 등의 시청자 보호 등에 대한 결정권을 갖고 있다.

BBC 트러스트와 오프컴은 기관 설치 이후 변화하는 미디어 환경에 대응하기 위한 공영방송과 공공서비스의 책무와 기능에 대해 지속적으로 정책개발에 앞서왔다. 오프컴은 2004년 공공서비스의 평가를 위해 기본 개념, 사회적 가치와 품질 기준, 범위와 균형의 기준, 다양성의 원칙 등을 제시한다. 1년이 지난 2005년에는 '오프컴의 공공서비스 텔레비전방송 평가보고서: 3단계 – 품질을 위한 경쟁(Ofcom review of public service television broadcasting: Phase 3 – Competition for quality)'을 통해 공공서비스로서의 공영방송의 새로운 기능을 재정의했다. 그 내용에 따르면, ① 전 세계 수준의 정보 제공을 통해 현안과 관련 주제에 대한 이해를 높임으로써 시청자들이 세계를 이해할 수 있는 정보 제공 역할을 담당하고, ② 예술·과학·역사 및 기타 주제들에 대해 관심을 높임으로써 다양한 분야에 대한 지식 정보를 전달하며, ③ 영국의 국가 정체성과 지역 수준에서의 정체성을 반영하고 강화함으로써 시청자들에게 경험과 지식을 공유하고, ④ 영국 안팎에 존재하는 사람들 및 공동체들의 서로 다른 삶의 방식들을 반영하는 프로그램을 통해 다른 문화들과 대안적 시각들을 인식하도록 해야 한다는 방침 등이 포함되어 있다(Ofcom, 2005).

오프컴이 2005년에 제안한 공공서비스로서의 새로운 가치들은 2008년 BBC가 수립한 '시민들의 삶을 풍요롭게 장려하기 위한 정보와 교육, 오락 프로그램 및 서비스 제공(to enrich peoples lives with programmes and services that inform, educate and entertain)'이라는 목표 아래 구체화되었다(강형철, 2009). 2008년에 제출된 보고서에는 ① 시민성·시민사회 유지(sustaining citizenship and civil society), ② 교육·학습 증진(promoting education and learning), ③ 창의성·문화 우수성 촉진(stimulating creativity and cultural excellence), ④ 영국·지역·공동체의 정체성 반영(reflecting the UK's nations, regions and communities), ⑤ 영국을 세계적으로 알리고 세계를 영국에 소개함(bringing the UK to the world and the world to the UK), ⑥ 새로운 커뮤니케이션 기술·서비스 혜택을 국민에게 제공(delivering to the public the benefit of emerging communications technologies and services) 등 6개 카테고리로 정리, 제안되었다.

2) 프랑스: 정권에 따라 표류하는 공영방송

프랑스는 '관용(Tolerance)'를 중시하는 문화적 배경을 갖고 있는 것으로 유명한데, 이 가치는 공영방송의 책무 중에서 다양성 확보 및 다양한 프로그램 제공의 의무로 연결된다. 즉, 문화의 일환으로서 다양성을 제공하는 일차적 책임이 공영방송에 부여되었으며, 공영방송도 하나의 문화적 도구이기 때문에 다양성 제공을 위해 사회에 기여해야 하므로 다양한 공영방송사들이 필요하다는 근거로 성문화되어 하나의 기준으로 작용하게 된다. 프랑스 방송은 방송의 산업적 특성뿐만 아니라 문화적 가치로서 다양성을 인정하면서 방송과 문화 간의 시너지 효과를 추구한다. 요컨대 프랑스 정부의 방송정책은 공영과 상업방송 부문, 제작과 배급, 영상산업 등이 밀접하게 연계되어 전체적으로 역할과 임무를 조율하고 궁극적으로 동반성장을 위한 경제적 자율성과 문화적 다양성 확보 및 보호에 초점을 맞춘다는 점에서 특이점이 발견된다.

프랑스의 방송산업은 유럽에서도 보호주의적 색채가 강한 사례에 속한다. 프랑스의 공영 텔레비전방송은 국가의 독점 형태로 시작되었다. 이는 프랑스 정부가 전신과 전화, 라디오 등의 새로운 정보통신매체를 관장해왔던 역할이 반영된 결과이며, 제2차 세계대전을 통해 방송의 영향력을 경험했기 때문에 민간보다는 정부 산하의 기관으로 운영하기 위함이었다. 1945년 프랑스 정부는 방송을 국유화하면서 정보부(Ministère de l'Information)가 공영방송을 감독하도록 했고, 제4공화국 말기부터는 국가비서실이 정보 분야를 관장하면서 역시 방송을 관할로 담당하게 된다. 공영 텔레비전방송이 행정부에 소속된 하나의 공공기관 격으로 운영되면서 점차 방송이 프랑스의 공공 이익을 대변하는 것이 아니라 정권 수호나 체제 안녕을 유지하기 위한 도구로 전락되었다.

1980년대 들어 프랑스에서는 방송 자유화라는 이슈가 사회적으로 부각되었다. 1982년에 들어서야 프랑스 정부는 방송의 자유화를 선언하고 독립 규제기관으로서 HACA(Haute autorité de la communication audiovisuelle)을 설립, 방송 규제 권한을 부여하여 정부가 공영방송을 직접적으로 통제하는 방식이 공식적으로 종결된다. 하지만 정부 개입이 가능한 조건들은 여전히 남겨놓았다. 정부에서는 문화커뮤니케이션부를 통해 방송주파수 분배와 광고규정, 채널 사업자의 의무, 세금, 방송수신료 관련 업무, 공영방송사의 경영위원회 위원 선임 및 규제기구의 권한과 임무 등의 업무를 수행하도록 하여 간접적인 방식으로 개입하게 된 것이다. 그나마 정부의 간접 개입에서 상대적으로 자유롭게 된 현재의 프랑스 공영방송체계를 구축하게 된 것은 2000년에 설립된 공영방송사 France Télévisions의 등장과 관련 법들을 정비하면서부터다.

프랑스 공영방송은 France Télévisions, Radio France, RFI, arte-France 등에서 송출하고 있다. 이 중 텔레비전방송국 France Télévisions이 100% 지분을 가지는 채널은 지상파방송 France 2, France 3, France 4, France 5 와 국제방송 France Ô(IPTV, 위성, 케이블 송출) 등 다섯 개이며, 해외 네트워크 송출을 담당하는 방송국 Réseau Outre-Mer 1re와 지역방송국 France 3 Régions 등 두 개의 자회사를 소유하고 있다. France 2는 전국 대상 송출 공영 채널로서 24시간 방송이며, France 3는 프랑스의 지역방송과 과거 해외 점유지 및 부속 국가 등을 권역으로 하는 지역 텔레비전 및 라디오 채널이다. France 4는 청소년과 청년을 대상으로 하는 오락 프로그램으로서 청소년 프로그램은 낮에, 청년 대상 프로그램은 저녁에 송출된다. 청소년·청년을 대상으로 하는 채널인 만큼 다채널을 지원하는 France 4는 위성과 케이블 및 IPTV, 온라인으로도 콘텐츠가 제공된다. 마지막으로 France 5는 지식과 과학 네트워크를 표방하는 교육 채널로서 지식과 정보, 교육, 직업 등을 전문으로 다루는 채널이다. 2002년 1월까지는 La Cinquième라는 채널명으로 송출되었지만 France Télévisions에 통합되면서 현재의 채널명으로 개편되었다.

이 외에도 France Télévisions은 다른 국가들과의 협력 및 과거 프랑스 소속 아프리카 지역 대상 채널 등 합작 채널로 여섯 개의 채널을 운영하고 있다. 합작 채널을 살펴보면 프랑스·벨기에·스위스·캐나다 퀘벡 지역 등에 송출하는 TV5MONDE(49% France Télévisions, 12.64% France Médias Monde, 기타 6개의 투자회사), arte-France(45% France Télévisions, 25% État français, 15% Radio France, 15% INA), Euronews/Africanews/Mezzo(53% Media Globe Networks, 10.73% France Télévisions + 23개의 투자회사), Planète + Justice/Planète + CI(66% Groupe Canal + 34% France Télévisions) 등이다.

프랑스 상업방송은 지상파 채널과 유료 채널로 구분되는데 지상파 상업방송의 영향력이 큰 시장 형태다. 주요 방송사로는 일반 채널인 TF1과 M6, 그리고 유료 채널인 Canal+로 구성되어 있으며, 이 채널들은 모두 전국을 권역으로 운영되고 있다. 이 중 TF1은 프랑스에서 가장 높은 시청률을 기록하는 상업방송사이며, M6는 청소년과 가족 단위 시청자를 대상으로 운영되는 채널로서 특징을 가진다. 또한 Canal+은 유료 채널로 운영되고 있지만 매일 45분 동안 스크램블이 해제된 프로그램을 제공해야 하는 의무가 적용되고 있다.

프랑스에서 방송정책과 방송규제가 이원화되기 시작한 시기는 2000년부터다. 2000년 프랑스 정부는 국무총리 산하 DDM(Direction du Développement des médias)를 설립하여 방송 및 미디어 산업에 대한 연구정책을 담당하도록 했다. 또한 그동안 정부가 우회적으로 방송규제에 간여할 수 있는 부처였던 문화커뮤니케이션부는 방송 프로그램 진흥정책을 담당하는 것으로 전환시킨다. 2010년에 들어 DDM은 문화커뮤니케이션부 산하 부서로 흡수되면서 DGMIC(Direction générale des Média et des Industrues culturelles)로 명칭을 변경하게 된다. 방송규제는 1989년 설립된 CSA에서 담당하는 것으로 정책이 변화되는데, 이는 현재까지의 프랑스 공영방송 구조를 형성하는 기반이 된다.

프랑스에서 방송정책과 규제가 이원화되면서 정부는 공영방송 진흥과 규제에 관한 정책 및 법 제도에 관여하는 역할로만 제한되었지만, 2009년 공영방송 개혁을 통해 대통령이 사장 선임에 대한 권리를 CSA로부터 가져올수 있도록 변화되어 개입 여지를 다시 만들게 된다. 하지만 이 역시 오래가지 못하고 2012년 새 정부가 수립되면서 사장 선임권을 CSA에 돌려주게 된다. 여기에 CSA 위원 구성에 대한 정부 권한을 축소했고 의회의 결정을 강화시켜 그동안 상대적으로 정부에 비해 약한 권한을 갖고 있던 의회가 주요 단체로 부상하게 된다. 프랑스 공영방송사인 France Télévisions은 2000년 개정에 따라 공영방송지주회사로 설립된다. 이후 2008년 추진된 공영방송 개혁에 따라 조직 개편이 단행되었고, 그 체계는 지금까지 이어지고 있다.

프랑스의 공영방송 운영은 France Télévisions과 CSA(Conseil supérieur de l'audiovisuel), 경영위원회(Conseil d'administration)가 유기적으로 엮여 이루어진다. 각 기관의 특징과 시기별 변화 양상을 소개하면 다음과 같다. 첫째, CSA는 1986년 CNCU(Commission nationale de la communication et des libertés)가 개편되면서 조직된 단체로서 방송 자유를 보장하기 위한 독립위원회다. CSA는 전통적 행정조직과 다르게 상부 기관인 정부의 통제로부터 자유롭다. CSA 위원으로 선출되기 위해선 정치적으로 자유로운 위치에 있어야 한다. 이는 공영방송의 독립성에 영향을 미치지 않아야 한다는 전제가 반영된 것이다. 2013년까지 적용된 CSA 위원 선출방식은 헌법위원회의 위원 선임방식과 유사했다. 대통령 3인, 상원의장 3인, 하원의장 3인 등 총 9명의 위원이 각각 선임되어, 대통령령으로 임명되었다. 임기는 6년이며, 대통령과 상·하원이 임명한 인사들은 각각 1명씩 2년의 시차를 두고 퇴임하

표 3-1 프랑스의 CSA 조직 구성방식

구분	개정 전(2013년 이전)	개정 후(2013년 이후)
구성	위원 9명(대통령, 상·하원의장 각각 3명 지명)	위원 7명(대통령: 위원장 1명, 상·하원의장 각각 3명 추천: 의회 소속 문화위원회 3/5 이상 동의 시 선출), 남녀동등 비율
임기	6년, 2년마다 1/3 교체	6년, 2년마다 1/3 교체
비고	공영방송사 사장 선임권 폐지(2009년)	공영방송사 사장 선임권 재부여 공영방송사 사장 연임 제한권 부여 독립상임보고책임자의 조사를 통해 방송사 제재 가능

게 된다. CSA의 재임은 불가능하며, 나이 제한에 의한 임무 중단도 허용되지 않는다. CSA 위원으로 활동하는 인사는 선거를 통해 선출되는 공직이나 다른 공직을 맡아서도 안 되고 미디어 관련 분야의 사업자들로부터 수입을 받지 못한다. CSA 위원의 선출과 재임 기간의 보장, 2년 단위로 1/3의 인사가 교체되는 방식은 정권의 변화가 CSA에 미치는 영향을 최소화하는 방식이다. 2013년 수립된 좌파 정권은 CSA의 조직 개편을 통해 대통령의 권한을 축소시킨다. 2013년 11월 15일, '공영방송 독립성에 관한 법'을 제정하여 위원 수를 7명으로 축소한다. 위원 구성에서 대통령이 추천할 수 있었던 3인을 1인으로 축소하고 나머지 6인은 각각 3인씩 상·하원의장이 지명하도록 했는데, 이때 추천받은 인사는 소속 문화위원회의 3/5 이상 동의를 받아야 한다. 한편 대통령이 추천한 인사 1인은 위원장으로 활동하게 된다.

CSA는 커뮤니케이션 자유법(Loi relative à la liberté de communication)에서 명시된 바에 따라 공영과 상업 방송사업자들에게 '주의' 조치를 취할 수 있는데, 해당 조치를 내리게 되는 기준은 내용의 균형성, 공공서비스의 독립성과 공정성, 청소년 보호, 인간 존중 등이다. CSA의 주의조치 외에도 프로그램 중단, 벌금 부과, 사과방송, 방송허가 단축 및 취소 등의 제재를 가

표 3-2 프랑스 공영방송사 사장 선임방식 변화

구분	2009년 개정	2013년 개정
임기	5년	5년
임명 주체	대통령	CSA
조건	CSA와 상·하원 문화위원회의 동의	지원자의 자격과 경력, 전략계획서 평가 후 CSA의 다수결로 결정
해임 조건	대통령이 해임 조항을 삽입하고자 했지만 헌법재판소에 의해 제재	CSA는 사장 연임에 대한 제한 가능
결정 시기	취임 전	취임 3~4개월 전
업무 평가		취임 2개월 이내 운영보고서를 상·하원의회 의장과 소속 문화위원회에 제출. 취임 4년 후 전략계획서를 기준으로 CSA의 평가를 받게 되며, 이 보고서는 상·하원 문화위원회에 제출됨.

자료: 이원(2014: 360). 원저작자의 모든 권리가 보호됨.

할 수 있는 감독기관으로서 활동한다. CSA가 공영방송사에 부과하는 규칙은 커뮤니케이션 자유법에 별도로 명시되어 있다. 한편 공영방송은 의무규정집을 별도로 운영하고 있는데, CSA는 이 의무규정집에 명시된 원칙에 따라 이행사항에 대한 평가보고서를 매년 정부와 상·하원의 문화위원회에 제출해야 한다.

둘째는 공영방송사 사장이다. 프랑스에서 공영방송사 사장은 국가 독점 체계가 오랫동안 유지되어왔기 때문에 정부에서 임명하는 방식이 원칙이었다. 하지만 정부가 방송의 자유화를 선언하고 1982년 설립된 독립 규제 기관인 HACA가 운영됨에 따라 2009년까지 독립기구인 CSA에서 사장을 선임해왔다. 2009년까지 공영방송사들이 별도의 단체로 운영되었기 때문에 각각의 기관들은 별도로 사장을 선임했다. 2008년 우파 정권이 수립되면서 공영방송사의 사장을 임명하는 권한 주체를 CSA에서 대통령으로 변경하게 된다. 이는 공영방송의 독립성보다는 공영방송사의 대주주로서 정부 역할을 강조한 결과로서, 당시 큰 변화이자 정부가 직접적으로 방송에 개입할 수 있는 여지를 만든 사건이었다. 2012년까지 4년 동안 이어졌던 대통령의 공영방송사 사장 선임 권한은 좌파 정권이 등장하면서 CSA에 사장 선임권을 돌려주기 위한 작업에 착수, 2013년 '공영방송의 독립성에 대한 법'을 통해 최종 결정된다.

공영방송사 사장 후보자는 공영방송 운영과 관련한 전략계획서를 CSA에 제출해 평가를 받으며, 이를 토대로 선임 여부가 결정된다. 또한 사장으로 선임된 인사는 2개월 이내 공영방송사 운영에 대한 보고서를 상원과 하원의 의장과 상·하원의회 소속 문화위원회에 제출하여 의회와의 연계 활동을 위한 기반을 마련하게 된다. 이 전략계획서는 사장 임기가 끝나가는 4년 차에 실적평가 기준으로 적용되는데, 심의는 CSA에서 담당한다. 심의 결과는 보고서로 작성되어 역시 상원과 하원의 문화위원회에 제출하게 된다. 이러한 공영방송 사장 선임방식과 역할에서 나타나듯이 프랑스의 공영방송 운영은 상·하원의회와 밀접한 협력으로 진행된다고 추론할 수 있다.

공영방송 운영과 관련한 주요 기관 중 셋째는 내부 감독기구인 경영위원회(Conseil d'administration)다. 1964년 경영위원회는 당시 공영방송사였던 ORTF(Office de racliodiffusion-télévision frarnçaise)에서 처음으로 설치되었다. 하지만 당시 프랑스의 공영방송은 정부에 의해 운영되는 시스템이었기 때문에 엄격한 통제하에 있었고, 경영위원회 역시 별다른 역할을 부여받지 못했다. 1982년 공영방송 독립에 따라 경영위원회의 위상도 바뀌기 시작했지만, 위원 구성에서 정치인들의 개입이 강한 편이다. 경영위원회 구성을 France Télévisions의 사례를 통해 살펴본다.

France Télévisions의 경영위원회 위원장은 방송사 사장이며, 14명의 비상근위원이 5년의 임기로 활동한다. France Télévisions 경영위원회의 2인은 공영방송의 예산에 대한 청문회 심사위원으로 할당되는데, 이는 재정법에 의해 매년도 방송수신료를 통한 공영방송 재정 지원이 결정되기 때문이다. 정부 측에서는 방송과 문화정책, 회계기관 등에서 5명의 인사를 선임하며, CSA에서는 5명을 추천하게 되는데, 이 중에는 방송과 영화 제작, 창작 분야 출신 인사 1인을 포함시켜야 하는 조항이 있다. 나머지 의석은 France Télévisions의 직원 대표 2명에게 할당된다. 공영방송사 내부 감독기구인 경영위원회는 중장기 발전계획과 관련한 계약서를 승인하고, 공영방송이 이 계획과 계약에 맞게 운영되는지를 검토·심의한다. 신임 사장은 취임과 동시에 수립한 전략 목표를 제출하게 되어 있으므로, 이 사업에 필요한 예산에 대한 내용은 경영위원회의 검토에 따라 추진되는 방식이다. 프랑스의 공영방송체계는 오랜 기간 정권 변화에 따라 혼란을 겪으면서 현재까지 이어져 왔다. 현재의 방송체계는 어느 정도 방송구조가 정권에서 자유롭게 되었지만 역시 정권이 바뀔 경우 그 체계가 흔들릴 여지는 충분히 남아 있다.

　프랑스의 공영방송에 부여된 공적 책무는, 공익 추구 목적에 따른 공공 서비스의 임무를 수행하는 단체로서 다양성과 다원성, 혁신, 인권 및 민주주의 원칙을 존중하는 것이다. 커뮤니케이션 자유법 제43-11조에는 프랑스 공영방송사의 공통 임무, 그리고 동법 제44조에는 France Télévisions의 임무가 명시되어 있다. 이 외에도 공영방송사와 공영 채널들은 자체 의무규정집과 전략에 따른 계약서를 통해 구체적인 임무를 제시하게 된다. 여기서 계약서는 '목표-수단 계약서'로 불리는데, 이는 국가와 공영방송사 간에 체결된 계약으로서 커뮤니케이션 자유법에 명시된 공영방송의 의무 준수에 대한 내용이 포함되어 있다.

　커뮤니케이션 자유법 제43-11조에 명시된 내용은 다음과 같다. 먼저 공영방송사는 사회 구성원들에게 다양하고 질적으로 보장된, 민주주의 원칙

표 3-3 공영방송사의 공통 임무(커뮤니케이션 자유법 제43-11조)

공영방송사는 공익 추구라는 목적에 따른 공공서비스 임무를 수행해야 한다.

- 공중(사회의 모든 구성원들)에게 다양하고, 다원적이며, 질적으로 보장되고, 혁신적이며, 인권을 존중하고, 헌법에 규정되어 있는 민주주의 원칙을 존중하는 프로그램과 서비스를 공급해야 한다.
- 정보, 문화, 지식, 오락, 스포츠 등 다양한 분야의 프로그램을 아날로그와 디지털 방식 모두를 이용하여 공급하며, 민주주의적 토론, 서로 다른 사람들끼리의 의견 교환, 사회통합, 시민성 등이 더 쉽게 이루어지도록 한다.
- 또한 사회통합, 문화다양성, 차별 반대 등을 위한 행동을 벌이며, 프랑스 사회의 다양성을 반영하는 프로그램을 편성한다.
- 프랑스어를 증진하고, 필요한 경우 지방어도 증진하며, 프랑스의 다양한 문화적·언어적 유산을 더욱 가치 있게 만든다.
- 지적·예술적 창작물, 시민·경제·사회·과학·기술 지식의 발전과 전달, 그리고 영상·미디어에 대한 교육을 위해서도 노력한다.
- 또한 외국어 습득이 더 쉽게 이루어지도록 하며, 환경 및 지속가능한 발전에 대한 교육에도 참여한다.
- 적당한 장치를 이용하여 청각장애인의 방송 프로그램 접근권이 더 쉽게 이루어지도록 한다.
- 정보의 정직성, 독립성, 다원성, 다양한 의견·사상의 표현을 보장하며, CSA의 권고와 동등 대우 원칙을 존중한다.
- 공공 영상 커뮤니케이션 분야의 기관들은 그들의 임무를 수행하는 데 국가의 대외 영상정책, 프랑스어권 국가의 발전, 프랑스어와 문화의 국제 전파에 기여한다.
- 기존 프로그램의 공급을 보완하고, 더 풍부하게 할 수 있는 신규 서비스, 예를 들면 영상 커뮤니케이션 프로그램·서비스의 제작·전달과 관련한 신규 기술의 발전에 노력한다.

자료: Loi n° 86-1067 du 30 septembre 1986 relative à la liberté de communication(2016년 개정).

표 3-4 France Télévisions의 임무(커뮤니케이션 자유법 제44조)

France Télévisions은 전국, 지역의 성격에 맞는 프로그램을 기획·편성한다.

- 주문형 영상 미디어 서비스를 포함, 다양한 영상 커뮤니케이션 서비스를 만들고 전달하되, 커뮤니케이션 자유법 제43-11조와 의무규정집에 나와 있는 공공서비스 임무를 수행한다.
- 채널 각각의 의무는 의무규정집(시행령에서 채널별로 규정)에 구체적으로 명시되어 있다. 자체제작도 하지만 직간접적으로 100%의 지분을 보유한 자회사를 통해서도 이 서비스를 만들 수 있다.
- 또한 France Télévisions은 자사의 프로그램을 모든 사람들이 접근할 수 있도록 디지털 기술을 개발해야 한다는 의무를 수행한다.
- 자사 서비스의 개별적인 편집 방향의 정체성을 존중하는 선에서, 영화·영상물·프로그램의 구매와 편성에서 창작·제작의 다양성이 지켜질 수 있도록 감시한다.
- 편성에서 프랑스 사회의 다양성을 반영하고, 프로그램 내에서 이러한 다양성이 더 증진될 수 있도록 적절한 행동을 취하는지 감시한다.
- 뉴스 프로그램을 송출하는 경우 각각의 독립된 편집권을 가진다.
- 지방어 표현을 널리 알리는 데 기여하는 프로그램을 기획·송출하며, 이들 프로그램은 지방 방송 시간을 통해 송출(프라임 시간대 포함)하며, 전국으로 재송신될 수 있다.
- 이들 프로그램은 지방의 경제, 사회, 문화 다양성을 반영하며 근거리 정보를 제공한다.

자료: Loi n° 86-1067 du 30 septembre 1986 relative à la liberté de communication(2016년 개정).

과 인권 존중 등의 원칙을 담고 있는 프로그램을 제작·송출해 민주적 토론과 의견 교환, 사회통합, 시민성 고양 등을 촉진해야 한다. 또한 공영방송은 프랑스 사회의 다양성을 반영하는 프로그램을 편성해야 하고, 프랑스어 증진과 방언 증진을 위한 역할도 수행해야 한다. 이 외에도 외국어 습득 장려, 청각장애인 방송접근권 보장, 예술과 문화 부문 발전 및 미디어 관련 교육에 대한 기여 등의 내용이 포함되어 있다. 이어지는 44조에는 프랑스 공영방송사 중 대표 기관인 France Télévisions의 임무가 구체적으로 제시된다.

커뮤니케이션 자유법 제44조에 따르면 France Télévisions은 채널에 따라 전국 또는 지역의 성격에 맞는 프로그램을 기획하고 편성하는 역할을 수행해야 한다. France Télévisions 다섯 개의 채널은 목표 시청자에 따라 프로그램을 제작하고 서비스를 제공해야 하며, 자사의 모든 프로그램들에 접근할 수 있는 디지털 기술을 개발하도록 명시되어 있다. 또한 프로그램 편성과 구매 과정에서 창작과 제작의 다양성을 보호해야 하며, 편성 시에는 프랑스 사회의 다양성을 반영하고 이 다양성을 증진할 수 있도록 기여하는 역할을 수행하게 되어 있다. 해당 내용들은 앞서 언급했듯이 방송사의 의무 규정집에 별도로 명시되어 있다.

지난 2015년 신임 사장이 선출되면서 France Télévisions의 공적 역할에 대해 재확인된 사례가 있다. France Télévisions의 신임 사장은 선출 이후 2개월 이내 전략계획서를 제출하게 되는데, 이 계획서의 평가를 담당한 문화부에서 이를 검토하고 관련 부처 장관들이 하나의 보고서를 발표하게 된다. 2015년 발간된 '프랑스 텔레비지옹의 임무와 쟁점(Les enjeux et missions de France Télévisions)'에서는 공영방송 운영의 독립, 차이의 인정, 윤리적 측면에서의 의무규정, 공적 자금 운용에 따른 책무 등이 포함되어 있어 이를 소개한다.

'프랑스 텔레비지옹의 임무와 쟁점'(2015)에 명시된 공영방송사의 추구 가치

· 독립(Indépendance): France Télévisions은 조사와 감사 등의 역할을 수행할 때 독립성을 유지하면서 진행해야 한다. 공영방송사의 역할과 임무 확인.

· 특이(Singularité): France Télévisions은 공용 자원을 운용하기 때문에, 그 역할은 차이에서 시작되어야 한다. 이 특이성(차이의 보존)은 공영방송사의 자유이고 의무로서 창조적이며 시청률에 구애받지 않아야 한다.

· 모범(Exemplarité): France Télévisions은 프랑스 사회의 윤리적이고 모범적인 모습을 보여주어야 한다. 이는 투명성을 강화하고, 공영방송사가 추구해야 하는 가치를 해칠 수 있는 모든 종류의 이해 상충을 방지해야 한다.

· 공익(Intérêt général): France Télévisions의 전략적 활동은 국민의 세금으로 진행되기 때문에 공적 자금의 적절한 관리를 통해 사용되어야 한다(Les enjeux et missions de France Télévisions, 2015).

2. 독일 공영방송사 설립 근거와 구조

1) 법적 근거와 공영방송 유형

독일 공영방송에 대한 공적 책무는 방송과 텔레미디어에 관한 주간협약과 그 부속 조항들에 명시되어 있다. 대표적으로 방송과 텔레미디어에 관한 주간협약의 §11 '의무(Auftrag)'는 공영방송의 임무를 여섯 가지로 세분화해 제시하고 있다. (a) 제공물(Angebote), (b) 텔레비전 채널(Fernsehprogramme), (c) 라디오 채널(Hörfunkprogramme), (d) 텔레미디어(Telemedien), (e) 규정, 원칙, 보고 의무(Satzungen, Richtlinien, Berichtspflichten), (f) 텔레미디어 또는 이를 변형한 방식의 운영 콘셉트(Telemedienkonzepte sowie neue oder veränderte Telemedien), (g) 청소년 채널(Jugendangebot)이 그 세부 항목이다. 여기에 더해 방송과 텔레미디어에 관한 주간협약을 모법으로 하는 부속 조항인 '아티켈(Artikel)'이 ARD와 ZDF, DRadio 각각에 대해 따로 존재한다. 'ARD 운영에 관한 주간협약'과 'ZDF 운영에 관한 주간협약', 'DRadio 운영에 관한 주간협약', 이 세 아티켈에도 공영방송의 기본 의무가 명기되어 있다. 이상의 법 조항들에 기재되어 있는 기본원칙을 소개하면 다음과 같다.

방송과 텔레미디어에 관한 주간협약 §11 의무(Auftrag)

(1) 공영방송은 프로그램(제공물: Angebote) 생산과 전파를 통해 자유로운 개인과 여론 형성 요소의 매개체(Medium)로서 기능하고, 이를 통해 민주적·사회적·문화적 수요를 충족할 사명을 지닌다. 이를 위해서 공영방송은 삶의 모든 분야(Lebensbereichen)에 관한 통찰(Überblick)을 제공해야 하며, 독일연방과 유럽연합에 대한 국제 이해를 높이고 사회통합을 촉진할 임무도 부여받는다. 공영방송의 프로그램(공급품)은 교육과 정보, 생활정보(조언), 오락 등을 제공해야 한다. 그중 문화에 대한 부분은 특별히 고려되어야 한다. 또한 오락은 공공성에 관한 프로그램 내용에 부합해야 한다.

(2) 공영방송은 보도의 객관성(Objektivität)과 공정성(Unparteilichkeit), 의견 다양성(Meinungsvielfalt)을 충족하기 위해 프로그램의 균형을 지켜야 한다.

(3) 공영방송은 그들의 의무를 수행하기 위해 공동(공공원칙에 근거한 법적 계약을 통해서)으로 활동 가능하다.

ZDF 운영에 관한 주간협약 §5의 (3) / DRadio 운영에 관한 주간협약 §6의 (3)

방송 프로그램은 인간을 존중하고 보호를 지향해야 한다. 삶에 대한 존중, 자유와 신체의 보전에 대한 서로 다른 신념의 표현과 주장 강화에 기여할 의무가 있다. 국민의 도덕과 종교상의 확신도 보호되어야 한다. 방송 프로그램은 독일연방의 공동체 사회를 촉진하기 위해 이민 사회의 자유와 행복과 차별 철폐에 대한 이해를 제공해야 한다.

이상의 두 항목에서 나타나듯 독일의 공영방송은 여론 형성과 사회통합에 대한 원칙을 준수해야 함을 운영 목적에서부터 천명하고 있다. 이를 위해서 보도의 객관성과 공정성, 의견 다양성을 추구해야 하고 방송 프로그램의 장르적 다양성 및 콘텐츠의 적합성을 확보하도록 법으로 규정하고 있다. 이를 통해 알 수 있는 독일 공영방송의 첫 번째 책무는 당연하게도 공공성과 사회에 대한 기여를 달성하는 것이다.

독일 공영방송의 두 번째 책무는 채널 다양성에 대한 내용이다. 먼저 기본적으로 정립되어 있는 규정으로 방송과 텔레미디어에 관한 주간협약의 §11(b)[1]에 공영방송사들이 운영하는 채널들에 대한 내용이 있다. ARD, ZDF가 각각 운영하는 채널들 목록과 두 방송사가 공동으로 운영하는 방송까지 분류되어 제시된다. 이와는 별도로 ARD나 DRadio가 운영하는 라디오 채널들에 대한 내용이 방송과 텔레미디어에 관한 주간협약의 §11(c)에 포함되어 있다. 텔레비전과 라디오라는 전파매체들의 운영원칙과 의무들에 대해 명시된 내용을 요약하면 다음과 같다.

---

1   공영방송의 제공물에 대해 규정하는 방송과 텔레미디어에 관한 주간협약의 §11(a) 내용은 다음과 같다. (1) 공영방송들이 제작하는 모든 유형의 프로그램은 주간협약(Staatsvertrag)과 각각의 주정부 규정(jeweiligen landesrechtlichen Regelungen)에 따라 비율을 정한다. 공영방송들은 채널 외에도 프로그램과 관련해 인쇄방식으로 방송 내용을 담은 생산물을 제공할 수 있다. (2) 하나의 프로그램을 동시에 널리 전달하기 위해 여러 가지 전송수단(unterschiedliche Übertragungswege)들을 한 번에 사용하더라도 하나의 프로그램으로 간주된다.

방송과 텔레미디어에 관한 주간협약 §11(b) 방송 채널(Fernsehprogramme)

(1) ARD 회원사 지역방송사들은 공동으로 다음 채널을 운영한다. 1. 종합편성 채널 'das Erste'. 2. 추가로 부가적인 콘셉트를 명시한 조항에 따라 두 개의 채널을 운영한다. a) 'Tagesschau24', b) 'EinsFestival'(2016년 9월 One으로 변경).

(2) ARD 회원사는 해당 주의 법에 따라 단일 또는 공동으로 다음 채널을 운영한다. 1. 지역적으로 분리된 제3텔레비전 채널(die Dritten Fernsehprogramme). a) des Bayerischen Rundfunks(BR), b) des Hessischen Rundfunks(hr), c) des Mitteldeutschen Rundfunks(MDR), d) des Norddeutschen Rundfunks (NDR), e) von Radio Bremen(RB), f) vom Rundfunk Berlin-Brandenburg (rbb), g) des Südwestrundfunks(SWR), h) des Saarländischen Rundfunks (SR), i) des Westdeutschen Rundfunks(WDR). 2. 교육 전문 채널 'ARD-alpha'(바이에른 방송 주관).

(3) ZDF는 다음 채널을 주관하여 운영한다. 1. 종합편성 채널 'ZDF'. 2. 추가로 부가적인 콘셉트를 명시한 조항에 따라 두 개의 채널을 운영한다. a) 'ZDFinfo', b) 'ZDFneo'.

(4) ARD 회원사와 ZDF는 다음 채널을 주관하여 운영한다. 1. 유럽 공영방송사들과 함께 문화 관련 종합편성 채널 '3sat'. 2. 유럽 공영방송사들과 함께 유럽 문화 관련 케이블 채널 'arte-Der Europäische Kulturkanal'. 3. 시사와 다큐멘터리 전문 채널 'PHOENIX-Der Ereignis- und Dokumentationskanal'. 4. 어린이 전문 채널 'KiKA-Der Kinderkanal'.

(5) 지금까지 독점적으로 디지털로 전송되던 채널을 아날로그로 전환하는 것은 허용되지 않는다.

방송과 텔레미디어에 관한 주간협약 §11(c) 라디오 채널(Hörfunkprogramme)

(1) ARD 회원사는 지역을 송출권역으로 하는 한 개 또는 여러 개의 라디오 채널을 주법에 의거하여 운영한다(전국 송출 프로그램으로 대체할 수 없다). 인터넷을 이용한 라디오 채널 운영은 §11(f)에 의거하여 허가된다.

(2) ARD 회원사는 2004년 4월 1일을 기준으로 허용된 지상파 라디오 채널의 수를 초과해 운영할 수 없다. 각 주의 법에 따라 방송국들은 지역을 권역으로 디지털 지상파 라디오 채널을 여러 개 설립할 수 있다. (이때) 각 주의 법에 따라 운영비용이 증가하지 않는 경우나 아날로그 지상파 라디오 채널 수를 증가시키지 않고 기존의 채널을 교체하지 않는 한에서 가능하다. 협력 라디오 채널은 하나의 라디오 채널로 상계된다. 디지털 방식으로 송출되던 채널을 아날로그로 전환하는 것은 허용되지 않는다.

(3) DRadio는 정보와 교육, 문화를 중점적으로 다루는 채널을 운영한다. 1. 라디오 채널 'Deutschlandfunk'. 2. 라디오 채널 'Deutschlandradio Kultur'. 3. ARD 연합과 디지털 라디오 채널 'DRadio Wissen'을 공동 운영한다. 인터넷을 이용한 라디오 채널은 §11(f)에 의거하여 운영이 허가된다.

(4) ARD와 DRadio는 2010년 1월 1일을 기점으로 매년 운영하고 있는 라디오 채널에 대한 운영보고서를 작성해 공동으로 공식 발표한다.

이 조항들에 따라 독일 공영방송들은 운영 가능한 방식들을 모두 이용하여 공영방송 프로그램을 제공하도록 되어 있다. 독일 공영방송들은 지상파와 케이블, 라디오 등을 활용해 다양한 채널들을 운용함으로써 시청자들의 인구통계학적 특성과 취향에 따라 매체와 채널을 선택할 수 있는 기회를 제공하고 있다. 독일 공영방송의 근간인 지역 공영방송사들은 방송과 텔레미디어에 관한 주간협약 §11(b)의 (2)에 따라 지역 공영 텔레비전 채널을 의무적으로 운영하고 있으며, 여기에 동법 §11의 (c)에 따라 지역 공영 라디오 채널도 제공하도록 되어 있어 지역성이 강한 공영방송체계를 구축하고 있다 하겠다. 한편 지역 공영 채널들의 경우 2017년부터 상용화된 디지털 송출방식인 DVB-T2가 적용됨에 따라 방송 송출 권역에 구애받지 않고 대부분의 지역에서 모든 채널 시청이 가능해졌다. 또한 공영방송사들은 온라인을 통한 공영방송 콘텐츠 송출을 확대하기 위한 법 개정, 플랫폼 개발 등의 노력도 병행했다.

독일 공영방송사들이 온라인 활동에 박차를 가하는 것은 방송과 텔레미디어에 관한 주간협약에 명시된 공영방송의 역할이기 때문이다. 이와 관련된 조항은 크게 두 가지다. 먼저 방송과 텔레미디어에 관한 주간협약 §11(d)에는 ARD와 ZDF가 자사의 프로그램들을 온라인상에서 운영할 때 준수해야 할 프로그램 게재 기간 결정(2), 시민들에게 정보를 제공하는 창구의 다양성 확보 의무(3), ARD와 ZDF의 온라인 포털 운영 근거(4) 등과 온라인에서의 상업 활동을 금지하는 항목(5)이 제시되어 있다. 여기에 §11(f) '텔레미디어 또는 이를 변형한 방식의 운영 콘셉트'를 통해 텔레미디어 운영원칙(1), 텔레미디어 운영을 위한 재정 감사(2), 목표 대상에 도달하기 위한 운영 방향 수립 및 전략적 결정에 대한 법적 근거(3) 등이 포함되어 있었다. 방송과 텔레미디어에 관한 주간협약 19차 개정 이전까지 공영방송의 온라인 활동을 전파방송 중심의 사업 추진과 병행하는 경우의 온라인 사업으로 제한했다는 점에서 이 규정들은 개정 후에 추가된 항목과 차이가 난다.

19차 방송과 텔레미디어에 관한 주간협약 개정은 청소년(청년)이 온라인과 모바일 미디어를 통해 콘텐츠를 소비하는 시간은 늘어난 반면 전파 미디어를 소비하는 비율이 낮아짐에 따라 공영방송 시청자 집단으로부터 이탈하는 현상을 타개하기 위한 방안으로 마련된 것이다. §11(f)의 가장 큰 특징은 온라인 전용 콘텐츠의 운용과 청소년(청년)을 위한 온라인 공영방송의 운영 근거를 마련한 것이다. 이러한 개정을 통해 2016년 10월 1일 자로 온라인 전용 채널 'Funk'[2]가 개국하게 된다.

독일에서 공영방송과 상업방송의 차이는 재원에서 분명하게 드러난다. 전국 송출 공영 텔레비전방송인 das Erste와 ZDF는 일부 허용된 광고기준(1일 기준 20분 이내, 1시간 기준 20% 초과 금지)과 콘텐츠 판매 및 부가사업을 통한 수익 활동으로 일부 재원을 충당하지만 그 비율은 현저히 낮다. 주요 재원은 역시 '방송수신료(Rundfunkbeitrag)'이며, 공영방송 의무의 원천은 이러한 재정 조달방식에 있다.

공영방송은 방송수신료 격인 기금을 이용하기 때문에 그에 따라 ① 광고주와 상업기업, 정치적 단체로부터의 독립성(unabhängig)을 획득한다. ② 현안에 대한 시사 정보 제공과 비판(aktuell und kritisch) 기능을 가질 수 있고, ③ 공영 채널 수와 프로그램 장르의 다양성(vielfältig)을 확보하며, ④ 어린이에게 적합한(kindgerecht) 프로그램을 제작할 수 있다. 더불어 ⑤ 스포츠 중계권 확보(sportlich aktiv)를 통해 공공서비스 기능을 수행하고, ⑥ 지역 및 국제 활동(weltweit tätig)을 진행하며, ⑦ 온라인 서비스(online aktiv)와 ⑧ 장애인을 위한 서비스(barrierefrei)도 운영한다. ⑨ 방송분담금 운용 감사 시스템(seinen Preis wert)을 따로 두고 있으며, ⑩ 민주적인 공공서비스 운영(demokratisch)에 힘쓸 수 있다. 이상의 내용은 방송분담금에 관한 소개 페이지에 있는 것으로서 방송수신료 징수의 정당성을 주장하는 근거로 활용된다. 실제 방송수신료의 활용에 관해서는 방송재정수요조사위원회라는 독립된 전문기관을 두어 감사와 분배를 맡기고 있다.

---

2   https://www.funk.net/

방송재정수요조사위원회 소개

방송재정수요조사위원회 개괄

1975년 공영방송의 재정 현황과 방송수신료 운영에 대한 조언을 위해서 설립된 기관이다. 1994년 연방헌법재판소의 판결에 따라 독립기관이자 정치 압력으로 부터 자유로운 전문기관(unabhängiges und von politischen Weisungen freies Expertengremium)으로서 운영되고 있다. 방송재정수요조사위원회의 조직과 임무, 운영원칙에 관한 내용은 '방송과 텔레미디어에 관한 주간협약'의 부속 조항인 '방송재원에 관한 주간협약'(2014년 최종 개정)에 의거한다.

방송재정수요조사위원회 조직 구성

방송재정수요조사위원회의 조직은 '방송재원에 관한 주간협약'의 §4(4)에 따라서 ① 감사(Wirtschaftsprüfung) 및 사업 컨설팅(Unternehmensberatung) 전문가 3인, ② 사업관리 전문가 2인[인사관리(Personalfragen) 또는 투자(Inverstitionen)/경영합리화(Rationalisierung) 분야], ③ 방송 법률 분야의 특별한 경험(besondere Erfahrungen auf dem Gebiet des Rundfunkrechts verfügen)을 지니고 판사직(Richteramt)이 가능한 전문가 2인, ④ 미디어 경제(Medienwirtschaft) 분야와 미디어 응용 분야(Medienwissenschaft) 전문가 3인, ⑤ 방송기술 분야(Rundfunktechnik) 전문가 1인, ⑥ 주(州) 회계 감사기관(Landesrechnungshöfen) 전문가 5인 등 16명으로 구성되어 있다. 방송계 또는 정치계와 연결이 있는 인사는 임용이 불가능하며, 각 위원들은 16개 주정부에서 각 1인씩 추천하게 된다.

방송재정수요조사위원회 보고서

방송재원에 관한 주간협약의 §3에 따라 방송재정수요조사위원회의 임무와 역할이 보호된다.

(1) 공영방송사의 방송 재정 상태가 '채널의 자율성(Programmautonomie)'을 확보하고 있는지 평가해야 한다. 채널 운영의 효율성과 경제성의 원칙, 공영성의 원칙 등 공공서비스로서의 가치를 중심으로 재정평가를 내리게 된다. 예산 중 미집행 예산에 대해서는 방송재정수요조사위원회가 회수하게 되고, 공영방송사들의 적자는 허용되지 않는다.

(2) 공영방송사의 운영 상태를 평가하기 위해 공영방송사들의 투자 및 지역사회 활동 등과 관련된 모든 정보에 접근할 수 있다.

(3) 평가를 위해 방송재정수요조사위원회는 외부 전문가 집단에게 조언을 구할 수 있다.

(4) 최소한 2년에 1회 이상 공영방송의 재정 상태를 보고해야 한다. 방송재원에 관한 주간협약의 §5에 따라 방송재정수요조사위원회가 최종 보고서를 발간하기 이전, 주정부의 방송위원회와 공영방송사들에 해당 내용을 전달하고 평가에 대한 내용 및 방송재정수요조사위원회가 제안한 방송수신료와 관련한 의견을 듣고 이를 최종 보고서에 포함한다.

방송재정수요조사위원회에서 방송수신료를 산정하는 절차는 공영방송사(ARD 회원사, ZDF, DRadio, arte)의 분기별 사업평가 및 분담금 신청서를 제출하는 것으로 시작된다. 산정 절차를 세 단계로 요약하면 다음과 같다. 첫 번째 단계는 공영방송사들이 방송사 프로그램 제작 및 운영, 아카이브 구축 등을 위한 예산을 계산하고 새로운 프로그램 개발계획을 별도로 산정하여 방송재정수요조사위원회에 보고서를 제출하는 과정이다. 첫째 단계에 공영방송사의 연간 프로그램 개발계획이 포함되어 있기 때문에 유연한 프로그램 개발이 불가능하다는 비판도 받고 있지만, 아직까지는 이런 방식이 유지되고 있다. 두 번째 단계는 방송재정수요조사위원회의 심사다. 방송재정수요조사위원회는 4년마다 공영방송사들이 요청한 분담금에 대해 타당성을 검증하는데, 이때 방송수신료 수입이 필요한 예산보다 낮으면 수신료를 인상하고 그 반대면 인하하게 된다. 분담금 요청 과정에서 적자는 보존시키는 원칙이 준수되며, 필요예산의 검토와 심의는 방송재정수요조사위원회에서 적용하는 분석기준을 적용하여 '고도의 객관화 가능성(ein hoher Grad der Objektivierbarkeit)'을 추구한다. 마지막 세 번째 단계에서는

독일 방송수신료 책정 과정

방송재정수요조사위원회의 4년 주기 보고서를 바탕으로 공영방송사들의 예산 집행과 신규 예산 승인이 허가됨에 따라 공영방송의 필요예산 역시 4년마다 집계가 가능하다. 보고서는 신규 분기(4년)의 공영방송사 예산을 승인하고, 예산수요(Finanzbedarf)를 산출한 결과를 담고 있다. 이때 승인된 예산이 방송수신료로 확보 가능한 예산과 공영방송사들의 기타 활동 수입의 합보다 많거나 적을 경우 방송재정수요조사위원회는 16개 주에 방송수신료의 인상 또는 인하를 제안한다. 방송재정수요조사위원회의 방송수신료 책정 과정은 크게 세 가지 단계를 거친다.

1단계: 공영방송사는 텔레비전 채널, 라디오 채널 및 온라인 서비스 등을 이용한 경영비용(Bedarfs)을 산출한다. 한 분기는 4년이다. 방송재정수요조사위원회는 산업 특성과 비용 절감의 가능성을 바탕으로 제출받은 금액을 검토한다. 비용평가는 공적 자료를 바탕으로 진행된다. 방송재정수요조사위원회는 비용평가 이후 방송사와 연방 주에 보고서 초안을 제출하게 되고, 방송사는 이 결과에 대해 방송재정수요조사위원회와 '정상회담(Spitzengespräch)'으로 불리는 자리에서 마지막으로 경영비용 책정에 대한 근거를 설명할 수 있다. 주정부(Rundfunkpolitiker der Länder)의 방송 분야 정치인들도 방송재정수요조사위원회와 함께 논의할 기회가 부여된다(방송재원에 관한 주간협약의 §5).

2단계: 방송재정수요조사위원회는 주정부에 최종 보고서를 제출한다. 최종 보고서에는 방송재원에 관한 주간협약 §5의 (2)에 따라 방송사와 주정부에서 제시한 의견을 포함해야 한다. 이번 방송재정수요조사위원회 20차 보고서에서는 방송수신료를 인하하는 방안이 제시되었다. 최종 보고서에 대해 ARD와 ZDF, DRadio는 서면을 통해 평가와 제안들에 대해 의견을 제시할 수 있다.

3단계: 방송재정수요조사위원회의 최종 보고서는 주정부(Landesregierungen)와 주의회(Landesparlamente)에서 검토되며, 이는 방송재정수요조사위원회의 제안에 대해 범위를 좁혀 기준을 적용한다. 최종적으로 16개 주의 동의를 통해 방송수신료 인상 또는 인하에 대한 결정을 내리게 된다.

방송재정수요조사위원회의 보고서(KEF Bericht)가 발행된다. 각 주정부에 제출한 이 보고서에 만약 방송수신료에 대한 변경 내용이 포함되어 있다면 16개 주정부 의회의 승인을 통해 결정된다. 의회 승인이 통과된다면 '방송과 텔레미디어에 관한 주간협약'의 §14(5)에 따라 주간협약으로 체결되어야 한다.

독일은 독립된 기관을 두어 방송수신료의 운용을 심사함으로써 공영방송 운영에 투명성과 공정성을 확보하고 지역 간 격차를 줄이기 위한 노력을 병행하고 있음을 알 수 있다. 그럼에도 수신료 납부에 대해서는 우리나라와 마찬가지로 반발하는 여론이 크다. 공영방송사의 재원을 확보한다는 명목으로 금액이 계속 인상되어왔기 때문이다. 단 한 번, 2014년 7월 통과되고 2015년 일부 발효된 16차 개정에 따른 기본 분담금(Grundgebühr)과 텔레비전 분담금(Fernsehgebühr) 항목이 통합되어 '방송분담금'이라는 명칭이 확정되었을 때 17.98유로에서 17.5유로로 48센트 인하되었을 뿐이다. 게다가 방송수신기 소유자로 징수 대상을 국한했던 것이 2013년 1월 이후로 등록된(anmeldung) 모든 가구로 확대되어 더욱 반발을 사게 된다. 일례로 바덴뷔르템베르크에서 진행된 방송수신료 징수 확대와 관련한 위헌 소송에서는 방송수신료가 '세금(Steuer)'이 아닌 일반 사업체나 민간단체와 상업단체가 담당하지 못하는 사회사업이나 공공 이익을 위한 사업의 성격인 분담금(Beitrag)을 의미하기 때문에 모든 사람들이 동등하게 분담해야 한다는 판결을 내린다. 다시 말해 2013년의 방송수신료 징수 대상 확대는 생산소득과 분배소득, 지출소득을 고려한 '등가원칙(Äquivalenzprinzip)'에 따른 결과이므로 합당한 조치라는 것이다. 이와 같은 일축에도 불구하고 방송수신료에 대한 논쟁은 끊이지 않고 있다. 2017년 현재까지도 여러 주의 행정법원에서 소송이 제기되고 있는데, 2016년 3월 라이프치히 행정법원에서도 모든 가구가 방송수신료를 납부하는 것이 적법한 조치라는 판결이 나왔다. 공익 활동을 수행하고 방송 취약계층을 없애가는 '동등한 대우(Gleichbehandlungsgebot)'의 원칙이 적용된 기본 분담금이자 등가원칙이라는 점을 재확인한 것이다.

지금까지 독일 공영방송의 운영원칙에 관한 규정들을 간략하게 살펴보았다. 해당 규정들에서 발견되는 특징을 정리하면 다음과 같다. 첫째, 독일 공영방송은 사회적·문화적으로 통합의 가치를 추구할 의무를 부여받았다. 이를 달성하기 위해 공영방송은 시민들의 생활상을 전달해야 하며, 보도 과정에선 객관성과 공정성, 의견 다양성을 보장해야 한다. 해당 내용들은 앞에서 소개한 §11 외에도 ARD·ZDF·DRadio 운영에 관한 주간협약 등을 통해서도 추구하도록 되어 있다. 나아가 공영방송의 모든 활동에는 방송과 텔레미디어에 관한 주간협약 §11에 명시된 '공영방송의 의무를 충족시키기 위하여(Erfüllung des öffentlich-rechtlichen Auftrags nach §11 leisten)'라는 단서조항이 표시된다. 둘째, 독일 공영방송들은 다양한 매체를 동원해 콘텐츠와 정보를 전달해야 하는 의무를 갖고 있다. §11(b)와 §11(c)를 통해 제시된 공영 텔레비전 방송 채널 운영의 임무뿐 아니라 §11(f)를 통해 2016년 처음으로 도입된 온라인 방송까지 그 영역은 다양하다. 이 외에도 독일 사회에서 공영방송에 부여하는 의미와 역할은 다양하겠지만 '방송과 텔레미디어에 관한 주간협약'을 통해 추론이 가능한 특징은 이상의 두 가지로 요약된다.

독일의 공영방송체계는 비록 방송수신료 징수에 대한 쟁점이 남아 있고 광고 송출 허용에 따른 사회적·정치적 비판을 받고 있지만 운영방식에 대해서는 대체로 긍정적인 평가를 받고 있다. 방송수신료 문제는 익히 알려진 것처럼 금액의 정당성과 징수 대상 선정의 당위성에 대한 문제이고, 광고 송출은 국민의 준과세로 운영되는 공적 기능의 단체에서 상업행위를 한다는 것에 대한 비판이기에 장기적 관점으로 다뤄질 문제라 판단된다. 공영방송 프로그램이 질적으로 우수하다는 점, 공적 시스템으로서 사회적 다양성을 보호하고 있다는 점, 민주적인 운영 시스템을 형성하고 있다는 점은 과연 참고할 만한 장점이라 사료된다.

2) 전국 송출 공영방송 채널 운영기관 ARD 연합과 ZDF

(1) 제1공영방송사 ARD 연합

ARD는 전국 송출 방송 das Erste를 운영하는 연합기구다. 연합기구로 지칭되는 것은 14개 미디어청(미디어청장은 16인)의 분담으로 방송국을 운영하기 때문이다. 이러한 특성이 반영되어 das Erste라는 제1공영 채널도 9개의 지역 공영방송사의 할당 비율에 의해 프로그램이 구성된다. 할당 비율은 1959년 서독 공영방송 시절부터 적용된 개념인데, 9개의 공영방송사가 의무적으로 das Erste에 프로그램을 납품하는 비율을 규정한 내용으로서 방송 기여도 분담(Fernsehvertragsschlüssel)으로 불린다.

방송 기여도 분담은 일종의 편성 기여도이며, 9개 공영방송권역의 지역 인구 및 수신료 할당량 등을 고려하여 산출된 기준이다. 이 기준이 적용됨에 따라 9개의 지역 공영방송사가 프로그램 편성(Programmgestaltung)[3]과 제작에 관여함으로써 공영방송사가 운영될 때 하나의 조직으로 구성되어

---

3 국내 문헌에서는 편성을 'Redaktion'이란 용어로 사용하는 사례가 있다. Redaktion은 '편집'이란 뜻을 가진 용어로서 편성의 일부에 포함되는 것은 맞지만 엄밀한 의미에서 전체의 의미는 아니다. ARD나 ZDF 등에서 발간한 문서들에서는 채널을 의미하는 'Programm'과 형태를 의미하는 'Gestaltung'이라는 단어를 합성한 'Programmgestaltung'을 편성의 뜻으로 사용하고 있다. 편성 결과 또는 프로그램 장르 편성 내역을 지칭하는 단어로는 'Profile'이 사용된다.

표 3-5 ARD 9개 회원사들의 방송 기여도(Fernsehvertragsschlüssel) 분담 비율

	방송 기여도 분담 비율	
	~2014년	2015년~이후
br(바이에른방송)	15.90%	16.45%
hr(헤센방송)	7.40%	7.40%
MDR(중부독일방송)	10.85%	10.60%
NDR(북부독일방송)	17.60%	17.65%
RB(라디오브레멘)	0.75%	0.75%
rbb(베를린-브란덴부르크방송)	6.60%	6.60%
SR(자를란트방송)	1.25%	1.52%
SWR(남부독일방송)	18.20%	18.20%
WDR(서부독일방송)	21.40%	21.10%

자료: ARD, Fernsehvertragsschlüssel(gültig ab 2015). 원저작자의 모든 권리가 보호됨.

발생할 수 있는 편향성을 어느 정도 방지하는 장치가 된다. 또한 16개의 주가 독립된 정부를 갖고 있는 독일의 환경적 특성에서 발생할 수 있는 지역 격차 및 편중 현상을 여러 방송사가 공동으로 운영하는 공영방송을 통해 줄여나간다. 이것은 주요 임무인 사회통합(gesellschaftlichen Zusammenhalt)의 기능을 수행하는 근간으로 작용하게 된다.

ARD 소속 9개 공영방송의 주요 송출 채널은 das Erste가 아니라 실제로는 주(州) 허가권역에 해당하는 제3텔레비전 채널(drittes Fernsehprogramm)과 공영 라디오 채널(öffentlich-rechtlichen Hörfunk Programm)이다. 제3텔레비전 채널은 9개 방송권역으로 송출되지만, 뉴스 및 시사 프로그램의 경우 16개 주를 권역으로 분리해 송출된다는 특징이 있다. 예를 들어 독일 중부에 위치한 작센, 작센안할트, 튀링겐 등 세 개 주를 권역으로 운영하는 MDR(중부독일방송)는 오락, 드라마, 시리즈, 공연물 등 모든 주에 송출되는 일반 프로그램을 내보내지만 19시에는 지역 뉴스 프로그램인 Laendermagazine

표 3-6 제3텔레비전 채널의 송출 지역과 운영 채널

회원사	송출 지역	운영 채널
BR	바이에른	바이에른 텔레비전, ARD 알파(2014년 명칭 변경, 케이블 및 디지털 채널)
hr	헤센	헤센 텔레비전
MDR	작센, 작센안할트, 튀링겐	MDR 텔레비전(작센, 작센안할트, 튀링겐 지역 프로그램 별도 제작·송출)
NDR/br	브레멘, 함부르크, 메클렌부르크포어포메른, 니더작센, 슐레스비히홀슈타인	NDR 텔레비전(함부르크, 북부 독일, 슐레스비히홀슈타인, 니더작센 지역 프로그램 별도 제작·송출)
rbb	베를린, 브란덴부르크	rbb 텔레비전
SR/SWR	바덴뷔르템베르크, 라인란트팔츠, 자를란트	SWR 텔레비전(바덴뷔르템베르크, 라인란트팔츠 지역 프로그램 별도 제작·송출)
WDR	노르트라인베스트팔렌	WDR 텔레비전

을 별도로 송출한다.

SWR(남부독일방송) 텔레비전은 16시~20시, 21시 45분~22시에 바덴뷔르템베르크, 라인란트팔츠, 자를란트의 프로그램을 편성하고 있고, NDR(북부독일방송)와 RB(라디오브레멘) 역시 송출지역을 함부르크, 북부 독일 지역, 니더작센, 슐레스비히홀슈타인으로 분류하여 17시 30분부터 20시까지 별도로 지역정보 프로그램을 제공한다. 요약하면 독일 16개 주는 9개의 공영방송사(ARD 회원사)로 운영되는 시스템이며, 9개의 공영방송사는 다시 7개의 권역에서 제3채널을 제공하는 방식이다. 통합 채널로 운영되지만 주(州)별로 따로 편성된 프로그램들이 경영의 효율성뿐만 아니라 지역적 대표성까지 확보하는 전략이다.

한편 엄밀한 의미에서 제3텔레비전 채널에 포함되지는 않지만 지역 공영방송 채널 중 특별한 예가 있다. 1998년부터 2014년까지 바이에른에서 송출한 'BR 알파(BR-alpha)' 채널이다. 교육 전문 채널로 운영된 BR 알파는 인근 지역인 라인란트팔츠, 프랑켄(Franken), 슈바벤(Schwaben) 지역 등에 방송되는 디지털 방송으로서 위성을 통해 송출된다. 자체 운용상의 특성과 ARD 연합의 정책적 특성 등을 고려하여 BR 알파는 2014년 7월부터 ARD 연합의 운영 채널로 귀속되어 전국방송으로 변경되었는데, 지역방송의 콘텐츠나 운영이 연방정부와 사회에 긍정적으로 평가된 결과다. 그 사례를 간략하게 살펴본다.

사례: 바이에른의 지역 공영방송, BR-alpha

2014년 6월까지 바이에른은 제3텔레비전 채널인 바이에른 텔레비전과 더불어 전문 교육 채널인 BR 알파 등 두 개의 지역 공영 채널을 자체적으로 운영해왔다. 1998년 1월 개국한 BR 알파는 아스트라(Astra) 위성(1B채널)으로 송출을 시작했다. 2000년 바이에른의 미디어 협약에 정식으로 표기됨으로써 공식적인 공영 채널로 운영되기 시작하여 아날로그 방식의 송출을 채택, 바이에른과 그 인근 지역으로 권역을 넓혔다.[4] BR 알파는 '적어도 하나의 텔레비전 채널은 운영 가치가 있다'라는 취지로 개국되었고, '사람들을 위한 교육, 전문가들을 위한 교육'이라는 모토를 기반으로 프로그램을 제작하면서 전문 교육 채널로 자리매김한다.

BR 알파의 주요 콘텐츠는 원격교육 및 캠퍼스 TV(방송대학)와 관련된 프로그램이었다. 지역 주민의 평생교육 프로그램과 언어교육 프로그램 및 인근 대학들과의 협력을 통해 시행한 대학 강의와 특강 등의 내용으로 채널을 운용했으며 관련 자료들도 온라인에 공개하여 교육 채널로서의 역할을

---

4 바이에른 미디어 협약(Bayerisches Rundfunkgesetz–BayRG): Art 2(역할: Aufgabe) (2): 바이에른 방송국인 '바이에른 텔레비전'과 교육 전문 프로그램 'BR 알파'는 ARD 운영에 관한 주간 협약에 의거하여 채널을 운용한다.

표 3-7 바이에른 지역의 'BR 알파' 채널 추정 시청자 수 및 시청률(2013~2014년)

	2013년		2014년	
	추정 시청자 수	시청률	추정 시청자 수	시청률
무료시청	193,000명	1.0%	212,000명	2.0%
유료시청	83,000명	1.8%	97,000명	2.2%

자료: BLM(2014: 26~27). 원저작자의 모든 권리가 보호됨.

강화했다. BR 알파의 평균 시청률은 평일 기준 2.2%[무료시청 2.3%, 유료시청 (케이블/위성) 2.0%], 지속적 시청(채널 재시청) 비율은 15.5%[무료시청 17.0%, 유료시청(케이블/위성) 2.0%]으로 집계되어 교육방송 채널로는 비교적 안정된 시청률을 보였다. 50세 이상 시청자의 시청률이 가장 높아 4.0%를 기록했고, 지역으로는 슈바벤 지역의 시청률이 3.3%로 가장 높게 측정되었다.

BR 알파의 프로그램 편성은 교육과 관련된 프로그램이 81.9%(재방송 송출 비율 75.6%)로 절대적 우위를 보였고, 제3텔레비전 채널들의 주요 콘텐츠인 정치·사회 관련 프로그램은 7.4%에 그쳤다. 제작방식에 관한 통계는 발표되지 않았지만, 예외적으로 독일어 문화권으로 포함되는 오스트리아의 공영방송 ORF와 제작 및 송출협약을 맺어 22시 이후 방송되는 콘텐츠의 일부를 제공하고 있다. 바이에른의 BR 알파 채널 운영은 독일 사회 내에서도 예외적인 지역 공영방송 운영 사례로 평가받았다. 교육 전문 채널임에도 인지도를 확보한 프로그램들이 방영되었기 때문이다. 예를 들어 청소년 대상으로 제작된 '지식의 매력(Fazination Wissen, 과학)', '[W] 지식 방법([W] wie Wissen, 생활과학)', '자유공간(Freiraum, 창의성 교육)' 등의 프로그램은 일부 제1공영 채널 das Erste에 공급되면서 BR 알파의 인지도를 더욱 높였다.

BR 알파 채널의 콘셉트는 독일 연방정부에서 추진하는 교육 시스템 강화 정책과 맞물렸고, ARD 회원사들의 공익적 사업 목표에 비추어도 매력

표 3-8 'BR 알파' 채널의 프로그램 편성 비율(2013년)

	생방송		재방송		총계	
	시간(분)	백분율	시간(분)	백분율	시간(분)	백분율
정치·사회	5,475	7.4%	55,575	12.3%	61,057	11.6%
문화·과학	4,056	5.5%	13,884	3.1%	17,945	3.4%
종교	364	0.5%	2,756	0.6%	3,120	0.6%
스포츠	-	-	5,202	1.2%	5,202	1.0%
대담	-	-	1,560	0.3%	1,560	0.3%
음악	2,444	3.3%	9,256	2.0%	11,703	2.2%
가족	1,040	1.4%	21,900	4.8%	22,941	4.4%
교육·조언	60,631	81.9%	341,457	75.6%	402,170	76.5%

자료: ARD(2013: 7). 원저작자의 모든 권리가 보호됨.

적인 사례로 다뤄지기 시작했다. ARD 회원사들이 운영한 채널들은 오락과 뉴스 전문 프로그램에 편중되어 있어 교육과 관련한 사업을 찾고 있었기 때 문이다(DWDL, 2014). 이에 따라 ARD는 회원사 네트워크를 통해 BR 알파 채널을 송출하기로 결정, 2014년 6월 BR 알파 채널은 기존 채널명을 버리 고 7월 'ARD 알파(ARD-alpha)' 채널로 재개국하게 된다. ARD 알파는 '세계 의 이해(Die Welt verstehen)'를 슬로건으로 정하고 방송대학 과정을 개설하 는 등 과학, 문화, 역사, 종교 등으로 콘텐츠를 강화하는 사업을 펼친다. 여 기에 더해 다큐멘터리 및 교육용 텔레비전 영화를 제작·송출함으로써 콘텐 츠 다양화도 꾀한다. 방송대학 과정의 경우 관련 교재인 '캠퍼스 매거진'을 별도로 발행하고 있으며, 온라인을 통한 재시청 서비스도 제공하고 있다.

ARD 알파 채널의 출범은 지역 공영 채널이 전국 권역으로 확대된 이례적 인 사례였기에 이를 적용하기 위해선 여러 문제가 산재해 있었다. 공영 채 널의 확대에 따라 경쟁 사업자를 맞게 된 '상업방송 및 텔레미디어 협회'는 ARD 알파의 운영과 권역 변경에 대해 강하게 비판했다. 사회적 합의와 방송계의 합의가 부족했다는 이유에서였다. 이의 제기는 오래 지속되진 않았지만 다시금 발생할 불만들을 잠식시키기 위해 후속 조치들이 필요하게 되었는데 이 역시 난관에 봉착했다. 대표적으로 ARD 알파 채널 운영 주체에 대한 문제가 있었다. ARD 연합에서 운영하는 채널들은 어느 특정한 방송사가 운영하고 있는 방식이 아니며 프로그램은 협업을 통해 제공되기 때문에 ARD 알파 역시 동일한 수준을 제작방식을 확보해야 했다. 그러나 전신인 BR 알파 채널을 바이에른 미디어청에서 독립적으로 운영하고 있었기 때문에 이를 다른 채널 운용방식과 동일하게 적용하기 위한 사회적 합의가 필요했다. 두 번째로는 ARD 알파 채널을 운영하기 위한 기금들을 어떻게 확보할 것인가에 대한 논쟁이 있었다. BR 알파 채널은 바이에른 미디어청에 할당된 방송수신료 기금으로 운영되어왔지만, 이를 독일 전역으로 확대할 경우 운영 주체에게 어떻게 기금을 지원할 것인지를 결정해야 했다. 첫 번째와 두 번째 문제는 운영 주체 결정과 기금 지원방식 논의라는 점에서 쉽게 결정할 수 없는 문제들이었다. 셋째로는 BR 알파를 어떤 방식으로 전국에 송출할 것인가에 대한 사안이 남아 있었다. 공적 서비스 강화를 위해 BR 알파를 ARD 알파로 전환시켰지만, 전국 권역으로 송출하기 위해서는 주파수를 할당하거나 케이블 및 위성 등과 같은 유료 채널을 통한 전송방식이 필요했기 때문이다.

최종적으로는 BR 알파를 운영했던 바이에른에서 주도적으로 ARD 알파 채널을 관리하는 방안이 채택되었다. 운영 주체의 변경 없이 송출권역만 확대한 사례가 된 것이다. 그러나 채널 운영을 바이에른 미디어청에 일임함으로써 채널 운용을 위한 기금 역시 바이에른에서 부담하게 되어 ARD 알파 출범 당시 제시한 콘텐츠 강화 사업들에 대한 의문이 제기되었다. 또한 ARD 알파를 케이블을 통해 일종의 의무전송 채널(Must Carry)로 선정하여 전국에 송출하는 방식을 택함으로써 유료방송에 가입한 가구만 시청이 가능했고, 그 외의 지역은 온라인으로만 콘텐츠를 접하는 제한적 서비스였다. ARD 알파는 2017년의 DVB-T2 방식 도입에 따라 디지털 지상파로 제공되기 시작하여 전국 지상파방송이 되었다.

ARD 내부 조직을 다루기에 앞서 이해를 위해 독일 공영방송 구조 내에서 운영되는 조직들을 설명하면 다음과 같다. 독일 공영방송에선 기본적으로 방송위원회(Rundfunkrat)[5]와 운영위원회(Verwaltungsrat), 대표이사(또는 총재, Intendant)가 조직되어 운영을 결정한다(ARD 운영에 관한 주간협약 §6~§7, ZDF 운영에 관한 주간협약 §19, DRadio 운영에 관한 주간협약 §19). 이 중 국내에서 통상 활용되는 용어로 보면 대표이사가 가장 많은 권한과 결정권을 갖고 있을 것으로 판단될 여지가 있지만, 실제 독일의 공영방송체계에서는 직책의 권한보다 역할이 중시되기 때문에 대표이사는 공영방송사를 대외적·대내적으로 대표하는 역할이 우선이다. 대표이사는 공영방송사에서 추진해야 하는 사업과 운영계획, 발전 방향이 포함된 장기 전략 등을 구상하고 수

---

5 방송위원회(Rundfunkrat)는 ARD 회원사들에 설치되어 있는 기구로서 시민단체·이익단체·종교단체 등의 인사들이 참석하는 조직이다. 'Rundfunk'는 '방송'을 의미하는 용어이기 때문에 '방송위원회' 또는 '방송평의회'라는 명칭으로 해석되어야 하며, 관할 분야는 텔레비전 채널과 라디오 채널이다. ARD 회원사들은 관할 지역에서 공영 텔레비전방송(제3텔레비전 채널)과 라디오방송을 운영하기 때문에 이를 통칭하는 '방송위원회'로 명명되어 있다. 반면에 ZDF의 경우 라디오 채널을 운영하고 있지 않아 '텔레비전위원회(Fernsehrat)' 또는 '텔레비전방송평의회'로 해석되는 편이 옳다. 용어상에서도 텔레비전(Fernseher)을 의미하는 'Fernseh'가 포함되어 있다. 반면 공영 라디오방송인 DRadio는 텔레비전 채널을 운영하지 않고 라디오만 운영하기 때문에 'Hörfunkrat'이라는 '라디오위원회'로 명명된다. 독일 매체이용 행태조사 결과를 보면 텔레비전 시청률에 이어 라디오 청취율이 높기 때문에 두 용어의 구분이 필요하다. 한 가지 첨언하자면 일부 문헌에서는 채널과 프로그램의 개념을 잘못 인용해 사용하고 있다. 독일에서 'Programm'은 방송 채널을 의미하며 방송 내 개별 프로그램은 'Sendung' 또는 'Angebot'이라는 용어로 표현된다.

립하며, 공영방송사의 예산 결산안을 작성하여 운영위원회와 방송위원회에 제출하는 역할도 수행해야 한다. 이런 특성을 감안하면 대표이사는 한 공영방송사 조직 내에서 단일 결정 주체로서 역할은 크지만 독단적인 사업 추진이나 사업 구상, 조직 개편 등의 결정을 행하는 권한은 적다.[6] 대표이사와는 다르게 사회 각층의 인사들로 구성된 방송위원회의 결정 권한은 다른 내부 조직들과 비교했을 때 가장 큰 편에 속한다. 방송위원회는 공영방송사들의 사업이나 대표인사 인선, 프로그램 모니터링 결과 보고, 사업평가 및 미래전략 수집, 대표이사가 제출한 사업과 운영계획, 발전 방향들에 대한 심사와 의결 기능을 담당하여 공영방송사 내부의 실질적인 최고 의결기관이자 감독기관으로서 활동하기 때문이다. 마지막으로 운영위원회는 방송위원회에 이은 제2의 감독기관으로 기능하는 단체로서 공영방송사의 계약과 법률, 분쟁 등과 관련한 문제를 담당하는 단체다. 예산 활동과 관련해서는 방송사의 운영규칙에 따라 대표이사가 제출한 예산서를 1차로 검수하고 방송위원회에 제출하여 최종 의결을 요청하는 일을 수행한다. 이 외에도 공영방송사들의 대표이사의 활동을 감사·평가하는 작업과 방송위원회와 공동으로 대표이사 후보를 추천하는 역할도 담당한다. 운영위원회는 방송위원회에 대표이사에 대한 해임을 제안할 수도 있다. 이상의 내용으로 봤을 때 방송위원회와 운영위원회는 대표이사의 역할을 감시하는 동시에 임명과 해임 권한을 분할하여 갖고 있는 단체로 요약된다. 업무나 전략 측면에선 방송위원회의 역할이 강하고, 행정 면에선 운영위원회가 담당하는 방식이라는

---

6 'Intendant'라는 직책은 영어와 동일하게 독일어에서도 감독관, 총재, 관리자 등의 뜻으로 사용되기 때문에 선임방식 또는 역할에 따라 번역된다. 공영방송사의 'Intendant'는 방송/텔레비전/라디오위원회와 행정위원회의 결의를 통해서만 취임하기 때문에 '대표이사', 즉 이사회나 주주 총회를 통해 선임되는 직책으로 번역하는 것이 매끄럽다고 판단한다.

정리도 가능하다. 독일 공영방송 내부 조직에 대한 내용을 전제로 먼저 ARD의 사례를 살펴보면 다음과 같다.

　연합체로 운영되고 있는 전국 송출 채널 das Erste를 담당하는 ARD는 대표이사라는 직책이 없다. 그 대신 대표이사 격으로 선출되는 직책은 채널 관리자(또는 채널이사, Programmdirektor)라는 명칭으로 불린다. 채널관리자는 ARD 운영에 관한 주간협약의 §5 채널관리자(Programmdirektor) 항에 따라 ARD 회원사 9개의 채널관리자 중에서 1인을 최소 2년 임기로 임명하게 되는데, 이를 위해서는 ARD 회원사의 2/3 이상의 동의가 필요하다. 채널관리자는 상설로 설치된 채널 회의(Ständigen Programmkonferenz)의 대표자로서 지역 공영방송사들이 das Erste에 참여하도록 배정된 방송 기여도의 원칙에 따라 총괄한다. ARD 채널관리자와 지역방송사 간의 협상은 ARD 운영에 관한 주간협약 §6에 명시된 방식으로 진행된다. 항목에 따르면 채널관리자는 ARD 회원사의 대표이사들이 참석한 정기회의에서 대표이사 또는 그들이 편성책임으로 위임한 대리자들(ihren Beauftragten)과 함께 공동으로 프로그램을 편성하는 das Erste 송출을 위한 구성방식을 논의하게 된다. 만약 회의에서 하나의 협의가 도출되지 않는다면 채널관리자는 ARD 운영에 관한 주간협약 §2 협정(Vereinbarung)[7]에 의거하여 지역 공영방송사에 생산량(Auflage)을 부과할 수 있다. 정기 회의 또는 채널관리자의 결정에 따라 결정된 할당량을 지정된 공영방송사가 이행하지 않을 경우, 이에 합당한 추가비용(einer angemessenen Ersatzleistung)을 지불하도록 요구할 수 있다(ARD 운영에 관한 주간협약 §6).

7　ARD 협약의 §2에 따르면, ARD 회원사는 그들의 참여도(기여도, Beteiligung)에 따라 공동 채널(das Erste)의 1일 분량(dauer)의 장르(요소, Art)와 용량(Umfang)에 대해 협의해야 한다.

ARD는 조직의 특성에 따라 방송위원회도 연합의 형태로 구성한다. 채널고문단(또는 채널고문위원회, Programmbeirat)으로 불리는 이 단체는 9개 지역 공영방송사(ARD 회원)의 방송위원회나 행정위원회의 대표자(Vertreter)로 구성된다. 채널고문단은 일반적으로 상업조합, 종교단체, 정당, 여성단체, 청소년협회 등의 출신으로 선정된다. ARD 채널고문단의 대표단 구성원들의 소속을 고려하는 이유는 이들이 운영하는 방송 채널 das Erste에 사회적 다양성과 프로그램 공급 다양성을 확보하기 위함이다. 채널고문단은 das Erste에 대한 평가 및 감사뿐만 아니라 3sat(독일어권 방송, 스위스·오스트리아·독일 공동 운영), KiKA(어린이 전문 채널) 및 PHOENIX(시사 전문 채널)에 대한 감사도 병행한다. 채널고문단은 2년 주기로 단체의 대표(Stellvertretung)를 선출하게 되는데, 단체의 대표는 ARD 회원사들의 위원회 총회(Gremienvorsitzendenkonferenz: GVK)에 고정 인사(ständiger Gast)의 자격, ARD의 중앙회의엔 초대위원으로 참석하게 된다. 이 두 회의에서 채널고문단의 대표는 das Erste 및 ARD 운영과 관련한 평가보고서를 발표하도록 되어 있다.

독일의 지역 공영방송 사례에서 발견되는 시사점들은 공영방송에 대한 정책적 차원, 사회적 약속 및 운영방침 등에서 차이가 있기 때문에 국내의 정서와 부합되지 않는 부분이 많다. 국내에 바로 적용하기에는 무리가 따를 것이다. 그럼에도 불구하고 크게 두 가지 차원에서 의의를 정리해보면 다음과 같다. 첫째로 독일의 공영방송체계는 지역과 주(州) 중심으로 운영되고 있고, 각 미디어청들과 지역방송국들이 협력과 독립이라는 상호 배타적 차원에서 제1공영 채널과 제3텔레비전 채널을 운영하고 있다는 점이다. 제3텔레비전 채널은 지역 내 정보 제공자로서 역할을 담당하고 있으며, 표면적인 성과에서는 전국 단위의 공영 채널들과 비교했을 때 높은 인지도를 보이고 있다. 시청률을 성과로 간주할 경우 긍정적인 평가가 가능하지만 내부의 운영방식, 즉 프로그램 제작이나 편성의 차원에서는 문제점들이 발견된다. 전체 송출 시간의 절반이 넘는 재방송 송출 비율과 특정 장르에 치우친 방송 프로그램 편성 비율, 저조한 프로그램 자체제작 비율 등이 그것이다. 또한 프로그램 제작비용에 관한 지역 간의 격차도 존재한다. 각 방송사별로 제3텔레비전 채널에 투입하는 비용을 정확하게 산출하는 것은 불가능하지만 예를 들면 다음과 같다. MDR(중부독일방송)는 2013년도 전체 예산 중 44.95%(3억 2910만 유로, 프로그램 제작 관련 비용 전체 총합)를 콘텐츠 제작에 투입했지만, rbb(베를린-브란덴부르크방송)는 18.72%인 7879만 유로(프로그램 구매·제작·유통비용)를 들여 프로그램을 만들었다(MDR, 2014; rbb, 2014). 앞으로는 콘텐츠 제작 측면에서 제3텔레비전 채널이 프로그램의 질적인 문제를 어떻게 해결하고 지역 간의 격차를 어떻게 해소해나갈지 관찰해볼 필요가 있다.

둘째로 지역의 공영방송 채널로 시작해 전국으로 권역이 확대된 BR 알파 채널처럼 종합편성 채널이 아니어도 지역에서 필요로 하는 차별화된 콘텐츠를 제공하여 공영방송의 기능을 충족할 수 있다는 점을 주목해야 한다. BR 알파 채널은 교육이라는 특정한 분야에 집중하여 공영방송의 사회적 책무를 성공적으로 수행했고, 다양한 콘텐츠를 제공하기보다 하나의 주제에 집중한 콘텐츠로 주민들의 호응을 얻음으로써 지역 공영방송의 역할을 세분화하는 것이 가능함을 증명했다. 사실 전문 콘텐츠 대부분이 유료 서비스를 통해 제공되는 상황에서 교육 분야의 전문 콘텐츠를 지역에 제공하여 입지를 굳힌 것이다. 국내의 방송체계는 중앙 중심으로 운영되고 있어 이러한 사례를 찾아볼 수 없는데, 국내의 지역 공영방송사들도 지역의 특성에 맞는 독자적인 콘텐츠를 만든다면 충분히 경쟁력을 갖출 수 있을 것이다.

한편 지역 공영방송이 연합하여 운영되고 있는 ARD의 조직은 통독 이전 서독에서 운영하고 있던 방송체계를 적용··발전시킨 결과다. 이는 개별 지역 공영방송사들의 비용 부담을 덜고 공동 채널의 운영을 통해 사회적 이해와 통합을 추진한다는 목표로 운영되어왔다. 지난 60여 년 동안 ARD의 구성방식, 역할 분담에 대한 개편도 여러 차례 있었지만 한 가지 특징만은 공통적으로 유지되어왔다. 바로 일반 사회단체의 대표들이 공영방송의 운영에 참여할 뿐 아니라 중요 사안을 결정하는 역할을 할 수 있도록 구조적으로 보장하고 있다는 점이다. 이는 문화적 다양성을 유지하며 사회통합을 이룩하기 위한 핵심 장치라 볼 수 있다.

(2) 제2공영방송사 ZDF

연합체인 ARD와 달리 ZDF는 독자적으로 운영되는 조직이다. ARD는 그 자체로 운영 과정에서 특정한 개인이나 단체에 권한이 집중되기 어려운 구조를 가졌지만, ZDF는 그렇지 못하기 때문에 조직 내부에 권한을 분할해놓고 있다. ZDF 운영에 관한 주간협약의 §2에 명시된 'ZDF의 조직(die Organe des ZDF)'에 따라 내부 조직으로 대표이사(Intendant), ZDF 텔레비전위원회(ZDF-Fernsehrat), 행정위원회(Verwaltungsrat) 등 세 단체가 주요한 결정을 내리게 되어 있다.

간략하게 설명하면 대표이사는 대외적으로 ZDF를 대표하는 직책이자 중역 중의 일원(Mitglieder der Geschäftsleitung)이다.[8] ZDF 텔레비전위원회

---

8 회사 조직의 일부로서 ZDF 중역은 7개 직책으로 나뉜다. 대표이사(Intendant/in), 행정관리자(Verwaltungsdirektor/in), 편집장(Chefredakteur/in), 채널관리자(Programmdirektor/in), 유럽위성방송관리자(Direktor/in Europäische Satellitenprogramme), 제작관리자(Produktionsdirektor/in), 법률고문(Justitiar/in) 등이다. ZDF 홈페이지에는 이들의 연봉도 공개되어 있다. 2015년

는 시청자들의 대리인(Anwalt des Zuschauers)이라 불리는 단체로서 연방정부와 16개 주정부 인사, 산업·사회·종교 등의 대표자(Vertreter), 주별로 지정된 분야별 대표자(Vertreter aus dem Bereich) 등 60명으로 구성되어 있다. 행정위원회는 대표이사의 활동을 감시하고 ZDF의 예산 관련 업무를 처리하는 단체로서 5년 임기의 14인으로 구성된다. ZDF 운영에 관한 주간협약 §19a에 따라 ZDF 텔레비전위원회와 행정위원회 위원을 겸임하는 것은 불가능하며, 각각이 독립된 조직으로 운영되어야 하기 때문에 외부에서 운영에 압력을 가하거나 소속 위원들이 개인적·경제적 이득을 추구하는 행위는 금지된다. 또한 유럽과 독일연방, 주정부 등의 의회 또는 관련 위원회 소속, 선거 관련 직책 공무원, 지방자치단체 소속 공무원, 정당인, ZDF 직원 또는 관련 분야의 협력자, 공영·상업방송 종사자, 지역 미디어청 또는 관련 기관 직원 등은 두 위원회의 위원이 될 수 없다. 만약 이 조항에 해당하는 인물이 두 위원회에 소속되려고 할 때에는 최소 18개월 전에 해당 직책에서 물러나야 한다. ZDF 내에서 운영되는 세 조직의 구성원칙과 선임방식, 역할 및 주요 업무 등과 관련한 내용은 모두 ZDF 운영에 관한 주간협약에 명시되어 있으며 그 내용은 다음과 같다.

먼저 대표이사에 관한 규정은 ZDF 운영에 관한 주간협약[9]의 §26, §27, §28 세 항목에 걸쳐 나와 있다. §26은 '대표이사의 선출과 임기 기간(Wahl und Amtszeit des Intendanten)'으로서 자격 요건에 관한 것이다. 대표이사 후보는 ① 독일연방의 영주권을 갖고 있거나 일반적으로 독일에서 거주하는

기준 대표이사는 32만 1860유로(약 4억 2000만 원), 중역들은 평균 22만 7293.33유로(약 2억 9000만 원)를 받는다.

9 ZDF-Staatsvertrag의 §26(Wahl und Amtszeit des Intendanten), §27(Der Intendant), §28 (Zustimmungspflichtige Rechtsgeschäfte des Intendanten).

인물이어야 한다. ② 법적 권한(법적 지위 자연인으로서 활동이 가능한) 행사에 대한 제약이 없어야 하고, ③ 형법상 처벌이 가능해야 한다. 대표이사의 성격은 ④ 공적 선출을 통해 권한을 얻은 공직(öffentliche Ämter)이며, 선출이사 역시 ⑤ 시민으로서의 기본권(Grundrechte)이 상실되지 않아야 추천된다. 대표이사는 텔레비전위원회의 비밀투표를 통해 3/5 이상의 찬성을 얻었을 때 선출되며 5년 임기로 활동하고 재임용도 가능하다. 임기 중 해임은 행정위원회의 건의에 따라 텔레비전위원회의 3/5 이상이 찬성하면 절차가 진행된다. 행정위원회는 해임 관련 투표가 결정되었을 때 대표이사에게 이를 알려야 하며, 투표 결과가 나오는 즉시 권한도 잃게 된다.

ZDF 운영에 관한 주간협약 §27은 '대표이사(Der Intendant)' 역할에 관한 규정이다. 대표이사는 ① 대외적·법률적으로 ZDF를 대표하는 인물이다. ② 행정위원회와 채널관리자(Programmdirektor), 편집장(Chefredakteur), 행정관리자(Verwaltungsdirektor) 등과 합의해 협상(Einvernehmen) 회의를 소집할 수 있는 권한을 가지고 있다. 만약 회사 중역이 공석이거나 회의에 참석하지 못하는 경우 대표이사는 그 역할을 대리하게 된다. ZDF의 채널관리자, 편집장, 행정관리자 등은 일종의 이사로서 활동하는 직책이며 대표이사와 함께 상호 협력을 통해 운영을 결정한다. 채널관리자는 영화·오락·드라마와 같은 일반 프로그램 분야, 편집장은 heute-journal 등의 뉴스 프로그램 및 스포츠 중계와 관련된 사안, 행정관리자는 인사 등과 관련된 내용을 담당하며 각 분야에 관해 대표이사에게 조언하고 결정을 내리는 역할을 한다.

ZDF 운영에 관한 주간협약의 §28은 '승인이 필요한 대표이사의 업무 (Zustimmungspflichtige Rechtsgeschäfte des Intendanten)'에 관한 것이다. 7개 항목으로 나뉘어 대표이사가 행정위원회의 승인을 얻어야 하는 사안들이 명시되어 있다. ① 부동산 저당의 취득 및 처분, ② 사업과 자회사의 취득 및 처분, ③ 채권 발행과 신용기금 사용, ④ 해외기금·보증금·담보 인계, ⑤ 단체교섭 체결, ⑥ 독점적 성격의 외부 인력 계약, ⑦ 프로그램 생산·전송·배포 외의 활동에서 25만 유로 이상의 이익이 발생할 경우 등이다. 이상의 항목에서 나타나듯이 선출과 해임 결정에서는 텔레비전위원회의 역할이 가장 크게 작용하고, 업무 활동과 관련해서는 행정위원회의 승인이 수반되어야 하기 때문에 대표이사의 역할은 상당히 제한적일 수밖에 없다. 대표이사가 독자적으로 사업을 추진하는 것을 원천적으로 방지하는 조직 구성이다.

다음으로 살펴볼 ZDF 텔레비전위원회는 공영방송사의 조직 중 가장 복잡한 인원 구성을 보인다. ZDF 운영에 관한 주간협약 §20에서 §22까지 세 항목에 ZDF 텔레비전위원회의 역할과 조직 구성, 운영 절차가 명시되어 있다. §20은 '텔레비전위원회의 임무(Aufgaben des Fernsehrates)'에 관한 것으로서 기본 역할을 규정한다. ① 텔레비전위원회는 채널 운영과 관련해 대표이사와 이사들(채널관리자, 편집장, 행정관리자)에게 조언하고 문제점들을 지적하며 '방송과 텔레미디어에 관한 주간협약'의 공영방송 운영과 관련된 항목(§5, §6, §8, §11, §15)을 바탕으로 모니터링을 행한다. ② 행정위원회가 제출한 규약개정, 규약개정 협약안 등에 대한 최종 결정(텔레비전위원회가 규약에 대한 개정을 결정할 경우 행정위원회에 미리 알려야 함)을 내린다. ③ 대표이사가 행정위원회에 제출한 연간 예산을 승인한다.

ZDF 텔레비전위원회의 역할은 상기한 세 가지 임무 외에 대표이사의 선임과 해임을 결정할 수 있는 권한이 부여된 것을 감안하면 ZDF 조직 내에서 가장 영향력이 큰 단체로 정의 가능하다. 이런 연유에서 ZDF 텔레비전위원회 구성은 법적으로 중요한 이슈가 되어왔다. 사회 구성원들을 대변할 뿐 아니라 정치적으로도 자유로운 단체의 대표들로 조직되어야 한다는 전제가 있기 때문이다.

ZDF 텔레비전위원회 구성 개정 배경

독일의 공영방송사에서는 내부의 방송위원회와 운영위원회의 역할이 막중하다. 이들이 정치적인 독립성을 갖춰야만 방송과 텔레미디어에 관한 주간협약에서 명시한 내용과 각 방송사의 운영협약 및 운영규정을 준수할 수 있다. 그래서 다소 복잡해 보이지만 ZDF 운영에 관한 주간협약은 텔레비전위원회와 운영위원회 위원을 구성하는 데 있어 사회적 다양성 및 정치적 독립성을 갖기 위해 세부 규정을 구체적으로 명시하고 있었다. 그런데도 점차 정치적 독립성이 훼손되는 위원 구성이 나타나기 시작했다. 이에 라인란트팔츠와 함부르크는 ZDF 운영에 관한 주간협약 중 위원 구성방식에 대한 오류를 독일 연방헌법재판소에 제소하게 되었고, 2013년 11월 공판이 시작되었다. 제소된 조항들은 앞서 위원 구성과 관련하여 소개한 ZDF 운영에 관한 주간협약 §21과 §24이다. 제소 이유는 당시 ZDF 텔레비전위원회와 ZDF 운영위원회의 구성방식에서 명백히 드러난다.

ZDF 텔레비전위원회 위원 중 연방국가 및 주(州)정부에 의한 선출이 전체의 45.4%를 차지하는데 여기에 분야별 전문가 집단의 추천 및 결의 인원 비율 20.8%를 더하면 전체 의석 중 66.2%에 달하게 된다. 상대적으로 정치적 독립성을 가질 수 있는 인사는 비영리 및 조합단체 추천 위원의 27.3%, 종교인 단체 인사로는 6.5%에 불과하다. ZDF 운영위원회 위원 구성도 동일한 문제로 소송에 포함되었다. ZDF 운영위원회 위원 14인 중 주정부 및 연방정부에 의한 선출이 44%였고, 나머지 56% 위원들은 ZDF 텔레비전 위원회의 투표로 선출되기 때문에 대다수의 운영위원회 인사를 정치인, 정당인, 정부 인사 등으로 구성할 수 있는 여지가 마련된다. 나아가 전직 정치인, 정당인, 정부 인사 출신의 위원들이 ZDF 텔레비전위원회나 ZDF 운영위원회 위원으로 활동할 때 비정부 인사로 분류되는 것도 문제점으로 지적되었다. 예를 들어 라인란트팔츠의 전(前) 총리와 노르트라인베스트팔렌의 전(前) 장관 출신 인사는 독일 사회민주당(SPD) 소속으로 활동했고, 연방경제부 국무장관 출신의 한 인사는 기독교민주당(CDU) 소속으로 활동한 이력이 있음에도 불구하고 현(現) 정치인, 정당인, 정부 인사가 아니라는 이유로 각기 별개 단체의 대표로서 ZDF 텔레비전위원회의 위원으로 활동했다.

헌법재판소는 ZDF 운영에 관한 주간협약이 지닌 오류에 초점을 맞추어 2014년 3월 ZDF 운영위원회, 4월 ZDF 텔레비전위원회 위원 구성과 관련한 조항에 위헌 판결을 내린다. ZDF 텔레비전위원회의 경우 현재 법에 따르면 현재 77인의 위원회 중 최대 52인까지 정치인, 정당인, 정부 인사가 참여하는 데 위배되지 않고, 전직 정당 대표나 정치인들이 참여하는 것도 허용된다는 판단에서다. ZDF 운영위원회 구성과 관련해서는 주정부와 연방정부 추천 인사 임명이 당시와 같이 44%에 이를 경우 안건 의결 과정에서 3/5를 충족하도록 명시된 조항을 감안할 때 소수 의견을 배제하는 효과가 있을 것이라고 보았다. 독일 연방헌법재판소는 ZDF 텔레비전위원회와 ZDF 운영위원회 구성에서 정치인, 정당인, 정부 인사의 위촉이 가능한 비율을 전체의 1/3로 제한하도록 판결했고, 이에 따라 ZDF 운영에 관한 주간협약은 2015년 6월 30일까지 해당 조항을 시정해야 했다.

헌법재판소의 판결에 따라 2015년 6월 18일 최종 승인된 '방송과 텔레미디어에 관한 주간협약'은 먼저 ZDF 텔레비전위원회를 종전의 77인에서 60인으로 축소시켰다. 구성 비율에 대한 개정에서 정치인, 정당인, 정부 인사는 가장 많은 의석을 잃어 34석에서 20석으로 줄었고, 이로써 헌법재판소에서 정한 최대 1/3 규정을 맞추게 되었다. 각 주에서 위촉하는 16석은 그대로 보장되었지만, 사회단체의 위촉은 24석으로 배정되어 기존의 27석에서 축소되었다.[10] 17차 개정에서는 운영위원회(Verwaltungsrat, ZDF-Gremien)의 인원 조정도 포함되어 기존 14인 구성이 12인으로 변경된다[일명 ZDF 판결(ZDF-Urteil)]. 구성 면에서는 주정부 인사(5석), 연방정부 인사(1석)가 6석에서 4석으로 감소되었고, 그 외 ZDF 텔레비전위원회 추천 인사 8석은 그대로 유지되었다. 한편 상위 법인 '방송과 텔레미디어에 관한 주간협약'의 개정에 따라 ZDF 운영에 관한 주간협약도 개정이 필요하게 되었고, 텔레비전위원회와 운영위원회 구성원 조정 내용은 2015년 12월 18일 최종적으로 승인되었다. 개정된 '방송과 텔레미디어에 관한 주간협약'은 2016년 1월 1일 발효되었다. 텔레비전위원회의 경우 당시 위원의 임기 종료 시한인 2016년 7월부터 조직 변경안이 시행되었으며, 운영위원회의 경우 2017년 7월부터 적용된다.

정치계 인사 혹은 정치계 출신 인물들이 운영에 영향을 미칠 여지를 없애기 위해 2015년에는 ZDF 운영에 관한 주간협약이 개정되어 2016년부터 발효되었다. 개정에 따라 77명이었던 위원 수가 60명으로 축소되었고, 각 주에서 선출해 파견하는 데 기준이 되었던 16개의 전문 분야(Vertreter aus dem Bereich) 역시 수정되었다. 개정된 ZDF 운영에 관한 주간협약 §21의 (1)에서 제시하고 있는 위원회 구성은 다음과 같다.

ZDF 운영에 관한 주간협약 §21: 텔레비전위원회 구성(Zusammensetzung des Fernsehrates)

(1) 텔레비전위원회는 다음의 직책이나 이와 유사한 인물 60명으로 구성한다. 16개 주 대표 각 1인, 연방 대표 2인, 군소도시협회(Deutschen Landkreistages) 대표와 도시협회(Deutschen Städtetages) 대표, 개신교(evangelischen Kirche) 대표 2인, 가톨릭(Katholischen Kirche) 대표 2인, 유대인 대표(Zentralrats der Juden), 노동조합(Gewerkschaftsbundes) 대표, 서비스업 종사자 노조(Dienstleistungsgewerkschaft) 대표, 공무원 노조(dbb Beamtenbundes und Tarifunion), 고용주협회(Arbeitgeberverbände), 상공업협회(Industrie- und Handelskammertags e. V.), 중앙농업협회(Landwirtschaft), 중앙수공업협회(Handwerks e. V.), 신문발행인협회(Zeitungsverleger), 언론인협회(Journalisten-Verbandes e. V.), 독립사회복지단체(Freien Wohlfahrtsverbände) 4인, 올림픽연합(Olympischen Sportbundes), 유럽연합의 독일 대표(Europa-Union Deutschland e. V.), 자연보호협회(Umwelt und Naturschutz Deutschland e. V.), 자연보호연합(Naturschutzbundes Deutschland e. V.), 전쟁피해자연합

---

10 고용인연합, 신문발행인연합, 서비스업노조 등이 각각 2석에서 1석으로 축소되었다.

(Vereinigte Landsmannschaften und Landesverbände e. V.), 스탈린주의피해자연합(Opfer des Stalinismus e. V.), 16개 주에서 선출된 분야별 대표자 [① 바덴뷔르템베르크 '소비자보호(Verbraucherschutz)', ② 바이에른 '디지털(Digitales)', ③ 베를린 '인터넷(Internet)', ④ 브란덴부르크 '노인, 가족, 여성과 청소년(Senioren, Familie, Frauen und Jugend)', ⑤ 브레멘 '학문과 연구(Wissenschaft und Forschung)', ⑥ 함부르크 '음악(Musik)', ⑦ 헤센 '이민(Migranten)', ⑧ 니더작센 '이슬람(Muslime)', ⑨ 메클렌부르크포어포메른 '시민참여(Bürgerschaftliches Engagemen)', ⑩ 노르트라인베스트팔렌 '미디어 산업과 영화(Medienwirtschaft und Film)', ⑪ 라인란트팔츠 '사회(Inklusive Gesellschaft)', ⑫ 자를란트 '예술과 문화(Kunst und Kultur)', ⑬ 작센 '자원봉사와 재난보호', ⑭ 작센안할트 '지역과 관습(Heimat und Brauchtum)', ⑮ 슐레스비히홀슈타인 '지역언어와 소수언어(Regional- und Minderheitensprachen)', ⑯ 튀링겐 '성소수자(LSBTTIQ)'[11]]: 총 60명.

덧붙여 ZDF 텔레비전위원회는 위원들의 소속뿐만 아니라 남녀 비율도 고려하여 조직을 구성하도록 되어 있다. 또한 연방 또는 주 정부, 기관 등에서 대표자를 파견하지 않았을 경우에는 공석으로 남겨둔다. 사임, 공직선거 출마, 민법 저촉, 사망, 지정기관 변동 등의 사유가 있을 경우 자격이 상실되며 해임이 요청되었을 경우에는 자격심사가 끝날 때까지 해당 위원은 업무에 참여할 수 없다. 위원회 구성원칙에 대해서는 두 번의 임기가 끝날 때마다 검토하게 되어 있는데, 현재 임기 기한이 4년이므로 8년마다 재검토하

---

11 Lesbische, Schwule, Bisexuelle, Transsexuelle, Transgender, Intersexuelle und Queere Menschen.

게 된다. 이상의 위원 외에도 ZDF 텔레비전위원회의 회의에는 최대 3명까지 ZDF의 직원위원회(Personalvertretung)[12] 회원이 참석 가능하며 이들에게는 채널 운영에 영향을 미치지 않는 수준에서 의견을 개진할 수 있는 기회가 제공된다.

ZDF 운영에 관한 주간협약 §22는 '텔레비전위원회의 운영(Verfahren des Fernsehrates)'에 관한 규칙이다. ① 텔레비전위원회의 회의 개최를 위해서는 절반 이상의 위원들이 참석해야 하며, 그중에서 과반 이상의 득표를 얻었을 경우에만 안건이 통과된다. ② 텔레비전위원회 의장은 비밀투표에 따라 1/3 이상의 반대표가 나오지 않을 경우 선출된다. ③ 최소 3개월에 1회 이상 회의를 진행해야 하며, 대표이사 또는 텔레비전위원회 소속 위원 1/5 이상의 요청이 있을 경우에도 열어야 한다. ④ 대표이사는 텔레비전위원회에 참석해야 한다. ⑤ 텔레비전위원회의 모든 회의는 공개적으로 진행되지만 인사 문제에 관한 것이나 개인정보 보호가 필요할 경우 또는 사업과 관련된 기밀 사안 등을 다룰 때는 비공개로 전환할 수 있다. ⑥ 회의 결과 일체에 관한 요약과 참석자에 대한 정보 등을 정리한 자료를 회의가 개최된 후 일주일 내로 제시해야 한다.

ZDF 텔레비전위원회는 명예직이기 때문에 임금이 아닌 활동비 명목의 보수를 받는다. 2015년 기준 위원에게는 월간 520유로(약 68만 원), 의장은 그 두 배인 1040유로(약 136만 원), 부의장 및 대리인은 1.5배인 880유로(약 115만 원)의 활동비가 지급된다. 이와 별도로 회의 참석비용이 1회당 150유

---

12 'ZDF 직원위원회(ZDF-Personalvertretung)'는 직원들의 인사 운영과 계약, 단체협약 등을 감시하는 단체다. 국내외 지역 ZDF 스튜디오에서 선출된 대표 22인으로 구성되어 있다. ZDF 텔레비전위원회 회의 또는 행정위원회의 회의에 참석하여 의견을 내는 것이 허용된다.

로(약 19만원)씩 책정되어 있다. 이들에게 지급된 금액의 전체분에 대해서는 세금을 징수하게 되어 있다. 2015년 ZDF 텔레비전위원회에 지급된 금액은 3만 3285.33유로(약 4326만 원)이다.

마지막으로 살펴볼 ZDF 내부 단체는 행정위원회이다. ZDF 운영에 관한 주간협약의 §23, §24, §25는 행정위원회 임무와 구성 및 운영을 명시하고 있다. 행정위원회는 §23의 '행정위원회의 역할(Aufgaben des Verwaltungsrates)'에 따라 ① 대표이사 선출에 따른 계약을 담당하고, ② 대표이사의 활동을 감시하며, ③ ZDF 운영규약 또는 내규에 관해 ZDF 텔레비전이사회에 제안하거나 개정을 요구할 수 있으며, ④ ZDF 운영기금에 대해 승인하는 일을 한다. ZDF 운영에 관한 주간협약 §24 행정위원회의 구성(Zusammensetzung des Verwaltungsrates)에 따라 주(州) 수상(Ministerpräsidenten)이 임명한 4명의 인사와 ZDF 텔레비전위원회가 3/5 이상의 동의로 선출한 8인이 모여 12명의 위원이 4년 임기로 활동한다. 2016년 개정 이전에 14명의 위원이 활동했던 것에 비해 개정 후에는 2인이 축소되었다. ZDF 텔레비전위원회와 마찬가지로 구성원의 남녀 성비를 고려해야 한다. 행정위원회의 의장은 위원들의 비밀투표를 통해 반대표가 1/3을 초과하지 않을 경우 선출된다.

ZDF 운영에 관한 주간협약의 §25 '행정위원회의 운영(Verfahren des Verwaltungsrates)'에 따르면 위원의 절반 이상이 참석했을 경우에만 회의를 열 수 있고 의결은 참석 인원의 과반수 찬성으로 통과되지만 대표이사 추천과 해임에 대한 사안은 최소 7인의 동의가 있어야 한다. 행정위원회 의장은 위원 3인의 요청이 있을 경우 임시회의를 개최할 수 있으며 정기회의는 연간 6회 개최된다. 그 외 행정위원회 위원은 언제든지 ZDF 텔레비전위원회의 회의에 참석할 수 있는 권리를 갖고 있다. 텔레비전위원회와 마찬가지로 모든 회의에는 최대 3인까지 ZDF 직원위원회 대표가 참석해 인사 문제 등에 관한 회의 내용을 현장에서 들을 수 있는데, 행정위원회의 회의는 원칙적으로 비공개이기 때문에 사실 ZDF의 내부인 외에는 참석이 불가능하다. 2016년 이후부터 행정위원회의 역할에는 정보보호와 관련된 활동도 포함되어 행정위원회 산하 정보보호책임자(Datenschutzvorschriften)를 독립적으로 고용했다. 이와 관련해 사무실 운영 및 인건비 등의 항목으로 2015년 기준 ZDF 행정위원회가 지출한 예산은 108만 7976유로(약 14억 원)이며, 2016년은 130만 7128유로(약 15억 원)를 책정했다.

ZDF 운영에 관한 주간협약은 ZDF가 공영방송사로서 기능하고 정치나 여타 외부 세력으로부터 독립적인 상태로 운영되기 위해 필요한 장치들을 명시하고 있는 주요 법이다. 여기에서는 대표이사, ZDF 텔레비전위원회, 행정위원회 등의 조직에 대한 항목만 떼어 소개하고 있지만 이 외에도 개인정보 보호, 예산 집행, 방송편성 원칙, 기사 편집규약 등에 관한 원칙들이 상세하게 포함되어 있다.

2016년 발효된 ZDF 운영에 관한 주간협약의 내용은 방송사 운영과 감독기구로서 주요 역할을 담당하는 ZDF 텔레비전위원회와 행정위원회가 정치계로부터 분리될 수 있도록 보장하고 있다. 이에 따라 전체는 아니지만 2016년 7월 8일 ZDF 텔레비전위원회의 인사가 대부분 교체되었고 의장도 새로 선출되었다. ZDF의 운영예산도 방송재정수요조사위원회의 평가를 통해 책정된다. ZDF의 예산 책정은 대표이사가 채널 운영과 관련하여 필요한 예산을 계산해 예산서를 작성하면서 산정 절차에 들어간다. 대표이사가 책정한 예산안은 행정위원회의 검토를 거쳐 텔레비전위원회에 최종 승인을 받게 되는데, 만약 행정위원회에서 예산안이 통과되지 않을 경우엔 대표이사가 다시 예산안을 꾸리게 된다. 이처럼 독일의 제2공영방송 ZDF의 운영구조는 주요 의사결정 과정을 1인의 개인이나 특정한 대상에게 부여하는 것이 아니라 협의체인 텔레비전위원회와 공동으로 결정하게 되어 있다는 점이 특징이다.

ARD와 ZDF의 주요 조직 구성방식에서 나타나듯이 다양한 출신의 인사가 운영에 참여 가능하도록 했다는 데서 여론 다양성을 보장하는 것처럼 보인다. 하지만 사회통합의 측면에선 다른 평가가 내려지고 있다. 왜냐하면 통일이라는 사회통합의 분위기에서 독일 방송은 사실 큰 역할을 수행하지 못했기 때문이다. 정확하게는 서독 지역의 상업방송이 동독 지역으로 유입되어 점유율을 높여가는 경향이 나타나 동독 방송이 일방적으로 흡수되는 성격이었다. 동독의 공영방송이었던 DFF1과 DFF2는 서독의 공영방송인 ARD와 ZDF로 병합되는 방식으로 해체되었으며, 지역별로 주(州)정부 성향에 영향을 받은 공영방송사들이 새로 설립되었다. 통일에 따른 방송구조 개편 작업은 동독의 상황을 고려한다거나 문화적 다양성을 보존하는 방향으로 진행되지 않고 서독에서 파생된 권력구조와 시스템을 동독에 그대로 적용하는 식으로 이뤄지게 된 것이다. 이 때문에 동독 지역의 주민들은 상대적으로 서독 문화에 편입되어야만 하는 상대적 박탈감에 공영방송이라는 시스템보다는 상업방송으로 시선을 옮기는 경향이 나타났고, 사회통합이라는 대전제를 해결하는 과정에서 과도기적 현상들이 표출되었다. 즉, 구성이나 방식에선 다양성을 표방했지만 내면적인 측면에선 서독이라는 지역 특성이 반영된 사업들이 주를 이룬 것이다. 이런 점에서 독일 공영방송은 조직 구성의 다양성을 추구하는 만큼의 사회통합 기능을 수행할 것을 요구받게 된다.

사회통합 과정에서 언론은 안건을 설정하고 이해관계를 조정하는 매개체로서 기능한다. 특히 지상파방송은 광범한 전달 범위와 그로 인한 파급효과를 감안해 공공의 이익이라는 가치를 실현해야 하는 추가적인 책무를 갖고 있다. 독일의 방송 역시 이러한 맥락에서 다문화사회 속의 사회통합의 가치를 국민들과 공유하고, 사회 각층의 의견을 공유하기 위한 여러 장치들을 두고 있다. 과거의 사회통합 과정에서의 실패를 반복하지 않고 현재의 이주사회·다문화사회에서는 본연의 역할을 수행하기 위한 조치다. 이를 위해 이주자의 미디어 이용 기회를 확대할 뿐만 아니라 그들을 대상으로 하는 각종 교육 프로그램을 운영하고 나아가 미디어 제작 인력으로 양성하는 시스템을 갖춰나가고 있다.

4장

다문화사회에서
미디어의 해석과 그 역할

1. 다문화사회와 미디어 정책의 관계 설정

1) 다문화에 대한 서로 다른 접근

　'문화'는 광범하고 모호한 개념이다. '사회' 역시 구체적으로 정의하기 어려운 어휘다. 이 두 단어의 조합만으로도 정의하기 어려운데 '다(多)'라는 접두어까지 넣으니 '다문화사회'는 맥락을 잡아 규정하기가 대단히 어려운 용어임에 틀림없다. 그럼에도 한국 사회에서는 '다문화사회'에 대해 비교적 구체적이고 단일한 이미지를 갖고 있다. '우리'라 지칭하며 '우리말(한국어)'을 사용하는 살구색 피부의 사람들과 그 외의 피부색과 언어를 지닌 외부인들이 한 공간에 모여 있는 상황을 공통적으로 떠올리는 것이다. 이때의 '다문화사회'는 '복수의(하나가 아닌) 문화가 공존하는 공동체' 정도로 정의할 수 있는데, 이런 의미의 바탕에는 '다수의 우리'와 '소수의 너희'라는 이분법적 인식이 숨어 있다. 헤게모니(Hegemonie) 또는 이데올로기(Ideologie)의 영향을 받아 주류와 비주류를 가르는, 불평등하고 비민주적인 문화관의 산물이다.

　다문화사회(multikulturelle Gesellschaft)는 사실 내포된 의미와 지향성에 따라 다차원적으로 규정할 수 있는 현상이다. 예를 들어 문화의 여러 가지 발현(Expressivität) 양식들을 인정하게 되면 지배-피지배, 고급-대중, 부르주아-노동자 구분 없이 삶의 방식으로서 하위문화(Subkultur)들을 규정할 수 있게 된다. 즉, '문화(Kultur)'에 중점을 두어 생각하면 다문화사회는 문화 다양성(Kulturelle Vielfalt)을 지닌 사회이다. 반면 '사회(Gesellschaft)' 중심의 관점을 적용하면 다문화사회는 다양한 사회 구성원(Gesellschaftsmitglieder)들이 모인 집합체가 된다. 단일한 공동체 출신이 형성한 사회는 단일 사회 혹은 단일 문화를 이루지만 여러 사회 출신의 사람들이 모인 경우에는 다문화사회가 된다는 생각이다. 실제 '다문화'라는 용어는 학술적으로나 대중적으로나 여러 의미와 혼용되어 쓰이고 있다. 국가나 사람, 분야, 학파 등에 따라 다르며 구체적으로 무엇을 의미하는지도 불명확하다. '문화'의 개념이 추상적이라는 데 혼란의 원인이 있다. 문화는 일반적으로 특정한 시대, 특정한 사회에서 공유된 생활양식을 일컫는 광의의 개념이며, 구조화된 사회적 관계 속에 그 구성원들이 조직되어 있다는 사실로 통일성이 유지된다고 할 수 있다(황우섭, 2014). 또한 문화는 하나의 정체성으로 고착화하지 않는 유동적인 것으로서 끊임없이 재규정되는 다른 정체성과의 차이, 역사적 결과에 따라 재정의된다(Hall, 1991: 15~16).

다문화에 대해 다양한 맥락의 논의가 가능하겠지만 독일 사회와 관련해 이를 해석하고자 할 때는 먼저 '다문화주의(multi-culturalism)'를 이해할 필요가 있다. 다문화주의는 다문화사회를 정의하며 그 자체로 이상적인 다문화사회의 상을 제시하는 실질적인 움직임이기 때문이다. 다문화주의는 한 사회가 다양한 요소로 이루어져 있다는 소극적 의미도 갖고 있지만 주류 집단 내에서 소수의 문화를 인정·공감하고 나아가 이민자들의 문화를 보호하며 그것을 향유할 권리까지 보장한다는 적극적 개념을 모두 포함하고 있다. 다문화주의는 민족마다 다른 여러 유형의 이질적 문화나 언어가 하나의 제도권 안에서 서로 승인·존중하며 공존하는 것을 목적으로 하는 태도나 그러한 입장을 함양한 사회의 모습이다. 따라서 이러한 다문화주의에 기초하여 한 국가 또는 사회 속에 여러 인종·민족·계급 등의 각기 다른 문화를 지닌 채 공존하는 사회가 바로 다문화사회라고 할 수 있다(윤인진·황정미, 2014).

다문화주의에 대한 논의는 탈근대주의에 대한 관심이 고조되었던 1960년부터 시작된 것으로 보는 시각이 일반적이다. 이 시기는 선진국의 저출산과 고령화로 인해 이주노동자의 유입이 증가하고 인권운동이 일어나 내국인과 소수인종 집단의 권리의식이 고양되면서 평등한 시민권에 대한 요구가 증대되기 시작했던 때이다. 또한 민주주의가 점차 확산되면서 소수 집단들의 공식적인 정치 참여가 활성화되고 냉전이 종식되어 지정학적인 안전을 확보하거나 소수민족을 탄압할 필요성이 감소했던 시기이기도 하다. 자유민주주의에 대한 합의와 지지에 따라 개인의 안전과 권리가 보장될 것이라는 안도감이 동시에 작용하면서 다문화주의에 대한 요구와 수용을 더 용이하게 만들 수 있는 사회적 분위기가 형성되었다(장미혜 외, 2008: 30). 그러나 다문화사회로의 지향이 처음부터 주류 문화와 비주류 문화 간의 평화로운 공존을 모색한 것은 아니었다. 다문화사회의 형성을 이해하기 위해서는 국가의 출범과 관련한 역사적 배경을 먼저 알아두어야 한다(정의철, 2013).

캐나다나 미국처럼 다양한 인종과 문화가 공존하는 이주국가로 시작한 경우도 있지만 우리나라와 일본, 독일의 경우는 비교적 동질적인 문화를 바탕으로 전통적인 국민국가를 유지해오다 급작스러운 변화를 맞았다. 자본과 노동의 세계화에 따라 이주노동자들의 유입이 증가하고 그들과 함께 새로운 종교가 들어오면서 본격적으로 다문화를 경험하게 된 것이다. 특히 우리나라는 이민의 역사가 짧고 소수민족 공동체가 매우 드물며, 단독 이민의 형태가 많기 때문에 독일의 '해외/이주노동자(Gastarbeiter)' 모델에 가깝다고 할 수 있다. 이에 대해서는 이어지는 내용에서 자세히 살펴볼 것이다.

건국 초기부터 다양한 인종과 문화로 구성되었는가, 혹은 그렇지 않은가의 차이는 개별 사회에서 다문화주의와 함께 문화다양성을 논의하는 양상에도 영향을 미친다(김이선 외, 2008). 캐나다, 미국 등의 세계적인 이주국가에서는 국가 형성 이전부터 일정한 지역 내에 독특한 문화와 언어를 공유하며 어느 정도 제도적 기반을 갖춘 역사를 가진 공동체가 존재하고 있었다. 이들 지역은 침략을 당해 식민지가 되는 식의 비자발적 과정을 통해 하나의 국가로 통합되었다. 주류 사회와 물리적으로 분리되는 등 권력으로부터 소외된 소수자 위치에 놓이게 되었지만, 국가 체계 내에서 자신들의 독특한 언어와 문화를 지킬 수 있었고 토지 사용권 등 정치적 권한 면에서 다소간의 자율성을 유지해왔다. 이러한 점에서 이들 국가는 특정 민족과의 본질적이고 전면적인 관계에 기초한 민족국가(nation-state)라기보다는 다양한 민족으로 구성된 다민족국가(multinational state)라고 규정하는 편이 옳다.

이에 반해 민족적 또는 문화적으로 단일성을 유지한 사회에서는 국가의 형성 자체가 단일성에 대한 신념을 구체화하고 재생산할 수 있는 여러 기제를 발달시키는 과정이었다. 그런 민족국가 내의 이주민 집단은 공식적 국가문화에 대해 자발적으로 적응하는 모습을 보여주거나 최소한 통합을 적극적으로 부인하지는 않는 특징을 보인다. 다만 문화적 단일성에 대한 도전이 제기된 경우 국가는 단일성에 대한 전제 자체를 세우기 어려운 상황에서 다종족사회로 진화한다. 다종족사회에서의 다문화 논의는 근원적으로 다양성의 존재 자체를 인정하는 것에서 출발해야 하며, 그 과정에서 소수자 간의 다양성보다는 다수자와 소수자 사이의 문제를 집중적으로 해결해야 한다.

단일 인종과 문화로 시작한 국가의 경우 다문화사회 초기에는 저임금 노동자의 이동이 주를 이루었고 그 규모도 작아서 주류 문화에 적응하는 것이 어렵지 않았기 때문에 주류 사회의 입장에서 동화주의가 다문화사회의 초기 이념으로 작용했다. 동화주의 모델은 이주민을 사회의 능동적 일원이 아닌 수동적 주체로 인식할 때 선호되는 것으로서 현재 다문화사회의 이념에 비추어 부적절한 부분이 많다. 이후 세계 각국에서 이주민의 수가 급격히 증가했고 이주민들의 의식 수준이 높아지면서 일반적인 동화를 요구할 수 없게 되자 통합주의가 등장했다. 하지만 통합주의 모델은 이주민들의 통합을 전제로 한 개별성을 존중하겠다는 틀을 유지했기 때문에 이주민들의 내면적 다양성을 인정하고 보존한다는 의미의 다문화사회 개념과는 차이가 있었다. 이주민을 바라보는 방식과 이들의 생활양식을 규정하는 인식적 변화의 흐름 속에 다문화주의가 등장하게 된 것이다(윤인진·황정미, 2014).

동화주의는 소수 문화가 주류 문화에 녹아드는 것으로, 소수 집단이 자신들의 문화를 포기한 채 일방적으로 다수 집단에 흡수되는 형태를 말한다. 즉, 비주류 문화가 주류 문화로 편입되는 식의 사회적 통합을 이루는 것이 동화주의의 목표다. 동화주의를 표방하는 유입국의 정책은 이민자들이 자신의 문화적 배경을 잊고 새로운 문화에 적응하도록 지원하는 데 중점을 두었다. 이러한 지원 속에서는 이주민들이 고유의 문화를 지켜나갈 수 없으므로 유입국이 이주민들로 하여금 동화를 강요하지 않아도 유입국에서의 생존을 위해 자연스럽게 동화되는 것이 특징이다. 그러나 이는 유입국의 우월주의가 반영된 다문화 형태라는 점에서 문화적 공존을 모색하는 방향은 아니었다. 통합주의는 동화주의에 비해 다소 개방적인 자세를 취하지만 이 역시 이주민들을 주류 사회의 일원으로 동등하게 인식하지 않고 주류 사회로 통합되어야 할 존재로 인식함으로써 비판을 받았다.

동화주의의 한계를 벗어나고자 등장한 통합주의는 사적 측면과 공적 측면에서 각기 다른 통합정책을 실시했다. 일례로 프랑스는 1789년 이래 공화국의 이념인 공화주의를 통해 모든 인간은 평등하다는 정신 아래 인권을 국가가 존중해야 할 최우선의 가치로 인식했다. 이러한 정신에 입각한 프랑스의 통합 모델은 이민자들이 철저하게 프랑스 사회에 동화되는 것을 전제로 하는 사회통합을 지향했다. 프랑스의 공화주의는 다문화주의가 다양한 언어와 문화를 단일의 언어와 문화로 동화시키지 않고 공존하도록 두는 것은 공동체주의(communautarisme)에 지나지 않는다고 배격하며 이민자들을 공화국의 시민으로 통합 또는 동화하려는 시도를 지속했다(문지영, 2009).

프랑스의 공화주의 모델은 사적 영역에서의 다양성은 인정하는 반면 공적 영역에서의 보편적인 원칙과 기준의 준수를 요구했다. 또한 인종차별에는 강력히 대응하면서도 다양성은 인정하지 않는 경향이 있었다(황우섭, 2014). 프랑스의 공화주의 기반 동화주의 모델은 후일 북아프리카 이주자들 및 이들의 2·3세대의 사회통합 문제로 큰 변화를 겪게 되었다(장미혜 외, 2008).

사실상 프랑스의 이주자 문제는 일상적인 부분에서부터 정치적 부분까지 매우 분열되어 있는 실정이며, 경제성장으로 노동력이 부족한 시기에는 사용자 외에 별다른 관심을 가지지 않다가 사회적·경제적 위기에는 정치적으로 민감한 이슈가 되기도 한다. 이러한 영향으로 프랑스의 다문화주의는 제한적인 노선을 추구하고 있으며, 강력한 방식으로 경제적 효용 범주에 따라 이주를 조절하고 있다. 즉, 프랑스의 이주정책은 전통적인 공화주의 이념을 가지고 경제적 측면에서 이주노동자들을 통제하려는 시도로 인해 상당한 혼란을 겪고 있는 것이다.

일본도 우리나라와 마찬가지로 다른 나라로부터의 대규모 이민을 경험하지 못했기 때문에 공식적인 이민정책 자체가 존재하지 않았고 이러한 폐쇄적 체제하에 다문화주의에 대한 심도 있는 논의를 진행하지 못해왔다(진창현, 2015). 일본은 경제적 성장이 두드러진 1980년 이후 외국인 거주자의 수가 지속적으로 증가했으며, 현재는 고령사회로 인해 이주노동자에 대한 의존도가 높은 상황이다. 정책적 측면에서 다문화 공생과 개방적 이민정책에 대한 관심이 증가했지만 여전히 단일민족 국가라는 인식이 지배적인 상태여서 현실적인 다문화정책이 부진한 상황이다. 아직까지도 일본은 외국인을 필요 노동력의 조달, 관리, 통제의 대상으로 보고 있으며, 제3차 출입국 관리 기본계획에서도 전문 기술 분야의 이주노동자나 고급 인력 도입을 촉진한다는 내용으로 일관하고 있다.

반면 건국 초기부터 다양한 인종으로 구성된 미국은 앞서 소개한 프랑스나 일본과는 다른 기조의 다문화정책을 표방하고 있다(진창현, 2015). 미국은 이주민들의 유입에 대해 그들의 자발적 선택임을 전제로 하며, 미국 사회에 적응하고 문화적으로 동화됨이 당연한 결과인 것으로 간주하는 경향이 있다. 따라서 동화주의 정책이나 통합주의 정책을 표방하는 이주민 정책보다 문화적 다원주의를 표방한다. 물론 미국도 흑인 인권운동이 활발하게 진행된 1960년대 이전에는 백인 문화가 지배하는 국가 정체성을 유지하고자 노력했다. 이는 미국이 단일 언어를 바탕으로 법, 경제, 정치 체계를 유지함으로써 상대적으로 사회통합력이 아주 높은 상태를 유지하고 있었기 때문에 가능한 기조였다. 또한 미국은 그들의 중심 가치가 흔들릴 때나 기존의 사회적·경제적 상황이 새로운 이민자들을 적절히 받아들이지 못하고 갈등 상황으로 발전하게 될 때 새로운 법률을 제정하는 등 법적 조치로 통제력을 유지해왔다. 그러나 강요된 동화주의 정책에 대한 이주자들의 불만과 시민 사회의 비판은 1960년대 이후 문화적 다원주의를 표방하는 계기가 되었다.

미국의 이주민정책의 근간인 문화적 다원주의는 한 국가 안에 다양한 집단들이 집단의 고유한 문화를 유지하면서 전체 사회에 참여하는 것으로, 이질적인 타 집단의 문화를 지배적 문화 집단에서도 보유할 가치가 있다고 인정하는 개념이다(진창현, 2015). 미국은 단일문화주의나 동화주의를 전면에 내세우진 않지만 이주자가 공적 영역에서 법규와 정책을 받아들이면서 미국 사회의 삶에 참여하는 한 사적인 영역에서 자신의 문화적 관심을 유지하는 것을 허용하는 정책을 유지해왔다. 또한 미국의 이민자 정책은 연방정부의 개입이 적은 '자유방임형'으로서 미국 사회로 통합하는 데 필요한 방법을 장려하면서도 이민자들이 먼저 요구하지 않는 한 사회 전반적으로 제한적인 도움만을 제공하고 있다. 미국의 이러한 다문화주의는 이민자들에게 최대한의 교육 기회는 제공하되 소수민족 언어나 문화, 이문화 교육 등은 적극적으로 실시하지 않는 등 전형적인 문화적 다원주의의 특징을 보여준다.

미국과 유사하게 다양한 인종이 이주해 이루어진 캐나다는 공식적으로 다문화주의를 천명하며 실제 정책에도 다원주의적 다문화 모델을 적용하는 대표적인 사례다. 캐나다의 다원주의적 다문화 모델은 여타 서구 국가들에 비해 주류 문화와 비주류 문화의 통합 과정이 순조로웠고 이주민 사이에서도 서로의 문화에 대한 이해와 수용 수준이 높다는 점에서 대표적인 다문화주의 국가로 평가받고 있다(조성은 외, 2012). 지금의 다문화주의가 정립되기 이전, 캐나다의 초기 이민정책에는 영국인과 프랑스인의 백인우월주의를 바탕으로 한 이주민에 대한 차별적 배제가 존재했다. 캐나다는 1·2차 세계대전 동안 연합군의 병참 기지 기능을 하면서 군수산업을 바탕으로 폭발적 경제성장을 이루면서 노동력이 필요했다. 이에 따라 이 시기에 캐나다 내부로 많은 이민자가 유입되었으나 차별적 이민 규제를 야기했고 폐쇄적 이민정책으로 이어졌다. 그러던 것이 1960년대 다시 맞은 경제성장기에 노동력 부족 현상을 겪게 되면서 재차 대규모로 이민자를 수용하기에 이른다.

이주민에 대한 정책 방향을 변경한 결과, 현재 캐나다는 경제적·사회적·문화적 통합을 바탕으로 이주민들이 캐나다 사회에 적극적으로 참여할 수 있도록 독려한다. 이와 같은 정책적 입장은 1982년 캐나다 권리와 자유 헌장(The Canadian Charter of Rights and Freedom) 15항과 27항에 인종·피부색·성별·연령·장애 등에 의한 차별을 금지한다고 명시하는 것으로부터 시작되었다. 1988년에는 캐나다 다문화주의 법률(Multicultural Act)을 제정함으로써 사회통합의 기조를 구체화했다. 이에 따라 다양한 다문화주의 프로그램이 국가정책 차원에서 기획되고 시행되어왔으며, 2002년에는 매년 6월 27일을 다문화주의 날(Canadian Muticultural Day)로 지정한 바 있다.

다문화주의를 성공적으로 구현했다고 평가받는 캐나다도 앞으로 해결해야 할 과제가 산재해 있다. 대표적으로 캐나다 건국 초기 자신들의 터전에서 밀려난 인디언 주민들과 그들의 후손에 대한 인권 및 지원 문제는 장기적으로 해결해야 할 숙제로 남아 있다. 또 다른 과제는 다문화에 대한 비판적 담론에 응수하는 것이다. 1971년 캐나다 다문화정책을 공식화하는 정책적 방향이 수립됨에 따라 이민자들과 소수자들의 통합을 증진하고 그들이 캐나다 사회에서 환영받는 느낌을 주어 강한 소속감을 갖게 하는 등 전반적으로 긍정적 효과를 지닌 것으로 평가받아왔다. 그러나 한편으론 소수민족의 분리와 게토(Ghetto)화를 촉진하고 캐나다 시민으로서의 정체성을 약화시키는 분할정치를 조장한다는 비판론 또한 지속적으로 제기되고 있다.

지금까지 살펴본 것처럼 세계 각국의 다문화사회는 동화주의와 다문화주의가 혼재되어 있는 양상이며 다문화주의를 채택하고 있는 국가들도 그 시작은 동화주의였던 것을 알 수 있다. 현재 동화주의를 표방하는 국가들역시 전 세계적인 저출산 현상으로 인해, 또는 경제 활성화 등을 이유로 해외에서 고급 노동력을 받아들이고 있는 것을 고려할 때 차츰 다문화주의 사회로 변화할 가능성이 높다. 하지만 다문화주의를 어떻게 해석하는가에 따라 정책은 상이한 방향으로 전개되기 때문에 가능성과 동시에 한계도 남게된다. 예를 들어 현재의 다문화주의를 비판하는 사람들(Raz, 1995)은 다문화주의가 개인보다는 출신국가나 인종을 기준으로 개인을 소규모 집단으로 규정하는 성향이 강해지면서 개인의 자유를 침해한다고 비판한다. 문화수준의 차이가 있다는 전제를 바탕으로 각 문화에 동등한 권리를 부여하는데 반감을 가지며, 나아가 다양한 문화를 인정하는 것은 사회의 통합을 저해하기 때문에 사회통합의 관점에서 공동의 문화가 필요하다고 주장한다.

이와는 반대로 다문화사회의 전개 과정을 긍정적으로 판단하는 사람들은 다민족국가의 형성은 단순히 통치의 확립과 제도적 통합에 의해 이루어진 것이 아니며 특정한 영토 내에 거주하는 특정 민족을 발견하고 본래 주권을 가진 정치 공동체로 상정하는 것으로부터 시작된다고 본다. 스스로를 공동체의 성원 또는 공동체 내에서 동일한 권리와 의무를 갖는 존재로 규정하여 공동체의 다른 성원들과 동료로서의 연대감 또는 민족 정체성을 형성하는 과정이 바로 다문화주의의 발현인 것이다(김이선 외, 2008).

다문화와 함께 논의되는 개념인 '문화다양성(Cultural Diversity, Kulturelle Vielfalt)'에 대한 이해도 필요하다. 문화다양성은 언어, 종교, 관습, 라이프스타일, 정체성 등에서 서로 다른 문화적 차이들이 한 사회나 국가 또는 권역 안에서 공존 또는 상생하는 것을 의미한다(황우섭, 2014). 유네스코(UNESCO)는 다양한 문화 집단의 고유한 정체성을 그 자체로 인정하여 인류의 건강한 발전을 모색하기 위해 2001년 11월에 열린 제31차 총회에서 '세계문화다양성선언(Universal Declaration on Cultural Diversity)'을 채택했다. 이 선언의 제1조에 제시된 유네스코의 문화다양성에 대한 견해는 다음과 같다.[1]

제1조 문화다양성: 인류의 공동 유산

문화는 시공간에 여러 형태로 나타난다. 이 다양성은 인류를 구성하는 집단과 사회의 정체성과 독창성을 구현한다. 생태다양성이 자연에 필요한 것처럼 교류·혁신·창조성의 근원으로서 문화다양성은 인류에게 필요한 것이다. 이러한 의미에서, 문화다양성은 인류의 공동 유산이며 현재와 미래 세대를 위한 혜택으로서 인식하고 확인해야 한다.

---

1 세계문화다양성선언과 문화다양성협약의 자세한 내용은 유네스코한국위원회(www.unesco.or.kr)에서 참고.

세계문화다양성선언은 모든 이들이 자신의 문화를 표현하고 알릴 수 있도록 표현 및 언어, 매체의 자유를 보장해야 한다는 의견도 피력하고 있다.

제7조 창의성의 원천으로서의 문화유산

창조는 문화적 전통에 의존하는 동시에, 다른 문화와 접촉하면서 풍성해진다. 이 이유로 모든 유형의 유산을 보존하고 고양하며 인간의 경험과 염원의 기록으로써 미래 세대에게 반드시 전달해야 한다. 이렇게 함으로써 창의성을 진작하고 진정한 문화 간 대화를 고무할 수 있을 것이다.

세계문화다양성선언은 2005년 제33차 총회에서 문화적 표현의 다양성 보호와 증진 협약(Convention on the Protection and Promotion of the Diversity of Cultural Expressions, 문화다양성협약)으로 채택되어 2007년 3월 18일에 발효되었다. 이 협약은 문화다양성이 인류의 기본적인 특성이자 지속 가능한 발전의 원천이라는 점을 명시하고 있다. 문화다양성협약은 책, CD, 카세트, 공연, 라디오, 텔레비전 프로그램, 영화, 비디오, DVD, 인터넷 등의 문화 상품과 서비스가 모두 포함된다는 점에서 문화 전반에 걸쳐 문화의 다양성이 보장되어야 함을 천명하고 있다. 문화다양성협약의 내용 중 다문화와 관련된 내용을 소개하면 다음과 같다.

제6조 국가적 수준에서의 당사국 권리

1. 문화정책과 문화조치의 틀 안에서 자국의 특수한 상황과 필요를 고려하여, 자국 영토 내에서 문화적 표현의 다양성 보호와 증진을 위한 조치를 채택할 수 있다.
2. 그러한 조치는 다음을 포함할 수 있다.

가. 문화적 표현의 다양성 보호와 증진을 위한 규제 조치

나. 문화 활동, 문화 상품 및 문화 서비스에 사용되는 언어에 관련된 규정을 포함하여, 자국 영토 내에서 국내 문화 활동, 문화 상품 및 문화 서비스의 창작, 생산, 보급, 배포 및 향유를 위하여 이용 가능한 모든 기회를 국내 문화 활동, 문화 상품 및 문화 서비스에 적절한 방식으로 제공하는 조치

다. 비공식 부문에서 이루어지는 국내 독립 문화산업과 활동이 문화 활동, 문화 상품 및 문화 서비스의 생산, 보급 및 배포 수단에 효과적으로 접근할 수 있도록 하는 조치

라. 공공 재정지원 제공을 위한 조치

마. 비영리 조직, 공공기관, 민간기관, 그리고 예술가와 그 밖의 문화 전문가들이 생각, 문화적 표현, 문화 활동, 문화 상품 및 문화 서비스를 자유롭게 교환하고 유통시킬 수 있도록 개발하고 증진하며, 또한 그들의 활동에 창의적이고 기업가적 정신을 고무하도록 장려하기 위한 조치

바. 적절한 경우, 공공기관을 설립하고 지원하기 위한 조치

사. 예술가 및 그 밖의 문화적 표현의 창작 활동에 종사하는 사람들을 양성하고 지원하기 위한 조치

아. 공공서비스 방송 활용을 포함한 매체의 다양성 증진을 위한 조치

제7조 문화적 표현의 증진을 위한 조치

1. 당사국은 자국 영토 내에서 개인과 사회집단에 다음 사항을 장려하는 환경을 조성하기 위하여 노력한다.

가. 소수자와 토착민을 포함한 다양한 사회집단과 여성의 특수한 상황이나 요구를 충분히 고려하여, 자국의 문화적 표현의 창조, 생산, 보급, 배포 및 접근

나. 자국 영토 내, 그리고 세계 다른 나라의 다양한 문화적 표현에의 접근

2. 또한 당사국은 예술가 및 그 밖의 창작 과정에 참여하는 사람들, 문화 공동
   체와 그들의 활동을 지원하는 기관들의 중요한 기여와 문화적 표현의 다양
   성을 육성하기 위한 그들의 중심적 역할을 인식하기 위하여 노력한다.

제8조 문화적 표현의 보호를 위한 조치

1. 당사국은 자국 영토 내의 문화적 표현이 소멸할 위기나 심각한 위험에 처해
   있거나 긴급한 보호 조치가 필요한 특수한 상황의 존재를 결정할 수 있다.
2. 당사국은 이 협약의 규정에 부합하는 방식으로 제1항에 규정된 상황에 처
   한 문화적 표현을 보호하고 보존하기 위하여 모든 적절한 조치를 취할 수
   있다.
3. 당사국은 이러한 상황에 대응하기 위하여 취한 모든 조치들을 제23조에 따
   른 정부 간 위원회에 보고하며, 동 위원회는 적절한 권고를 할 수 있다.

문화다양성협약에는 여러 과제들이 내재되어 있는데, 이는 국제적 차원
이나 국가적 차원에서만 해석할 일이 아니다. 그보다 먼저 개인 차원에서도
서로 다르고 복잡한 타자를 받아들이기 위해 고정관념과 편견으로부터 벗
어나야 한다는 점이 중요한 함의를 지닌다(황우섭, 2014). 따라서 문화다양
성협약에서 천명한 문화적 표현의 다양성 보호와 증진을 촉진하기 위해서
는 다양한 문화적 표현이 보존될 수 있는 매개체적 지원, 즉 미디어를 활용
한 지원 방안을 찾는 것이 협약에 동의한 국가들의 과제로 남았다. 시각을
좁혀 우리나라의 상황을 감안했을 때 국내의 다문화나 문화다양성이라는
개념에 대한 인식이 부족한 실정이다. 게다가 다문화 방송정책은 여러 부서
의 정책이 중복되어 있고 앞으로도 다문화 방송정책을 주도할 기관이 없다
는 측면에서 정책의 연속성을 기대하기에 한계가 있다.

2) 우리나라의 다문화에 대한 해석, 그리고 미디어

다문화 현상은 전 세계적 흐름이지만, 이를 촉발시킨 요인은 국가마다 다르다. OECD(2016)의 「2016년 국제이주전망(International Migration Outlook 2016)」에 따르면 OECD 지역에 대한 영구이주 규모가 2년 연속 증가했다. 임시이주도 2014년 근로자의 기업 내 이동과 파견근무 형태로 나타나 유럽연합(EU)과 유럽자유무역연합(EFTA) 내부에서 지속적으로 증가하는 것으로 조사되었다. 우리나라 역시 외국인 체류자의 수가 2012년 93만 2983명에서 2015년 114만 3087명으로 매년 지속적으로 증가해왔다. 우리나라에서 외국인 이주자 체류가 높아진 데는 이주노동자 유입보다는 결혼 이주자의 증가가 있었기 때문이다. 다문화 혼인에 따른 출생 비중도 증가세를 보여왔는데, 2012년 전체 출생아 중 다문화가정의 자녀 비중이 4.7%였던 것에서 2014년 4.9%로 올랐다가 2015년에는 4.5%가 되어 하락한 것으로 나타났다. 최근의 감소세는 우리 사회 전반의 비혼 및 저출산 문제와도 연결되어 있기 때문에 외국인 체류자 수의 증가와 맥을 같이하는 것으로 보기는 어렵다. 그보다는 큰 맥락에서 국제결혼 현상이 지속될 것이므로 다문화가정의 증가세는 일정 수준을 유지할 것으로 보인다(윤인진·황정민, 2014).

우리나라는 아직까지 다문화사회가 제대로 정착되었다고 보기 어렵다. 2012년 기준 국내의 전체 인구 구성원 중 다문화 구성 비율은 10% 미만으로, 다문화 구성원 비중이 10% 전후인 프랑스·독일과 같은 서구 유럽이나 2009년 이미 다문화 구성원의 비율이 26%를 넘긴 호주·미국과 같은 정착기 단계의 국가들에 비해 낮은 수치다(조성은 외, 2012). 선진국들은 이미 1970년대부터 다문화사회에 대한 인식을 형성해왔다. 이에 비해 우리나라에서는 2000년대 이후 관련 논의를 본격적으로 시작했기 때문에 아직 개념이 대중화하기에는 이른 시기라고 볼 수 있다. 우리나라의 다문화 관련 논의는 그들의 처우 개선을 위한 시민단체와 학자들의 고민으로부터 시작되었으며 정부에서도 2006년 결혼 이민자 지원 종합대책을 마련하는 등의 다문화사회를 수용하려는 노력이 점진적으로 진행되고 있는 상황이다.

이 과정에서 무분별하게 수용된 '다문화'는 피로감 혹은 혐오증으로 요약되는 다문화주의에 대한 반동(multiculturalism backlash)을 일으켰다(윤인진·황정민, 2014). 사실 경제적 차원에서는 다문화에 대한 긍정적인 시선도 존재한다. 일례로 관광객 및 해외 환자를 유치하고 외국 기업 및 유명 교육기관의 국내 투자를 이끌어내려는 노력이 계속된 바 있다. 그러나 한편에서는 외국인 범죄율이 증가하고 주취폭력 등 기초 사회질서를 어기는 행위가 계속되면서 반(反)다문화주의 정서가 생겨났다. 이는 일자리 경쟁에서 밀려난 저소득층, 국제결혼 피해자 등을 중심으로 점차 확산되어가는 추세다(법무부 출입국·외국인정책본부, 2013). 이에 관해서는 다문화사회의 개념이나 특징에 대한 정확한 이해 없이 용어를 빌려 써온 국내 학계도 책임을 피할 수 없다. 또한 정부와 시민사회에 의해 일종의 공식 용어가 된 '다문화가족'처럼 다문화가 사회적으로 합의되기도 전에 일종의 관용구처럼 널리 활용된 것도 문제점으로 지적되고 있다. 이와 더불어 다문화사회의 구성원들을 비롯한 사회 비주류 계층에 대한 인권 인식 자체가 높지 않은 것도 다문화주의에 대한 반동의 원인으로 꼽힌다(조성은 외, 2012).

다양한 국적의 외국인이 이주 후 정착하면서 각 국가 및 지역사회는 문화 간의 충돌 현상을 경험하고 있다. 서로 다른 인종, 종교, 문화 등이 만나 갈등을 겪는 지극히 당연하고 자연스러운 현상이다. 그러나 이런 충돌 과정에서 갈등과 더불어 불평등의 문제도 나타난다(정의철, 2013). 특히 이주민을 사회 속의 능동적인 '주체'가 아닌 수동적인 '객체'로 간주하는 것이 다문화사회의 갈등 원인이 되고 있다. 이와 관련하여 우리는 스튜어트 홀(Stuart Hall)의 문화 정체성 개념을 짚고 넘어갈 필요가 있다. 홀(Hall, 1991)은 정체성에 대해 논하며 자신의 결정보다는 주변에서 자신을 인식하고 판단하는 바에 따라 달라지는 '규정받는 자아(encumbered self)'를 전제로 했다. 주변 환경의 정치적·경제적 측면까지 이에 영향을 미친다고 보았다. 이러한 논의에 비춰본다면 한 사회의 문화적 충돌은 다수의 지배적 문화가 소수의 문화를 특정한 무엇으로 규정하고 차별적인 시선과 태도를 견지하기 때문에 일어나는 것으로 풀이된다.

우리는 오랫동안 단일민족에 대한 자부심을 교육받아왔다. 이러한 국가적 자부심은 우리 문화에 대한 우월감을 키워오는 데 결정적인 역할을 해왔다. 우월감은 곧 동화주의로 이어져 우리식 다문화주의의 기반이 되었다(윤인진·황정민, 2014). 동화주의는 한 국가 내의 문화를 기존의 주류 문화와 새로 유입된 비주류 문화로 구분하며 주류 문화를 기반으로 사회통합을 이루는 것을 목표로 한다. 즉, 소수 집단이 그들의 문화를 포기하고 다수의 문화에 편입되는 것을 의도한다. 주로 다문화를 경험하는 초기에 이런 우월주의적 태도가 반영된 정책이 시행된다. 이주민 대부분이 개발도상국에서 유입되는 노동 인력이기 때문이다. 이러한 동화주의 정책은 점차 증가하는 다양한 인종과 문화를 포용하는 데 한계를 보일 수밖에 없다. 이미 1970년대 초미국·캐나다 등지에서는 그 한계를 인식하고 다양한 문화를 서로 인정하는 다문화주의를 제창하면서 기존 다문화정책을 점진적으로 개선해갔다.

반면 우리나라는 다문화 인식에 대한 충분한 논의 없이 단기간에 증가하는 이주민과의 공존을 모색하면서 여러 선진국의 실패 사례를 답습해왔다. 이런 다문화사회의 초기 형태를 벗어나기 위해서 우리 사회는 다양한 집단의 인종 및 문화적 차이를 수용해야 하는 과제를 안고 있다. 여기에는 결혼 이민자 중심으로 이주사회를 바라보는 왜곡된 시각에 대한 성찰적 입장이 반영되어 있다. 다양한 문화적 소수자들이 공존 가능한 해결안을 모색하여 더 넓은 범주에서 여러 집단을 포괄할 필요성을 느낀 것이다(황우섭, 2014).

문화라는 것이 결국 일정 지역에서 공유되는 생활양식을 바탕으로 형성된다는 점을 고려하면 한 문화권 내에 새로운 문화를 들여와 동화시키거나 단일주의 문화를 형성하는 것은 대단히 어려운 일이다. 반대로 유입국의 문화를 토착 문화의 영향으로부터 분리해 완전하게 보존하는 것 또한 어려운 일이다. 결국 다문화사회를 평화롭게 유지할 길은 평등의 관점에서 각자의 문화를 존중하고 다원주의를 실현하는 것뿐이다. 그러나 현재까지 추진된 우리의 다문화정책은 이주민을 우리의 문화로 흡수하려는 동화주의적 성격이 강했으며, 다문화 구성원의 적응과 정착에만 집중한 나머지 그들을 수용해야 하는 시민의 다문화 감수성(muticultural sensitivity)을 증진시키려는 노력은 부족했다(정의철·이창호, 2009). 다시 말해 지금은 더욱 적극적으로 문화적 다양성을 보호하는 한편으로 배타적인 주류 사회로부터도 소수 문화에 대한 존중과 합의를 이끌어내야 하는 전환적 시점이라 볼 수 있다.

다문화 감수성을 배양하기 위해서는 어릴 때부터 이주민의 문화를 우리 삶의 한 부분으로 받아들 수 있는 교육의 기회를 제공해야 한다. 이러한 교육과 학습은 제도권 교육을 통해 인위적으로 이룰 것이 아니라 자연스럽게 받아들일 수 있는 환경 자체를 조성하는 데 중점을 두어야 한다. 이러한 교육 환경의 조성은 곧 다문화 역량을 강화하는 기반을 만드는 데 대한 선제 조건이라고 할 수 있다. '다문화 역량'은 정서적·문화적 차이를 가진 타인을 이해하고 공감하는 능력을 일컫는 용어로, 다문화사회의 정체성과 문화적 차이에 대해 열린 감수성과 관용적 자세를 배양하는 중요한 요소 중 하나다(장미혜 외, 2008). 일반적으로 다문화 역량은 문화적 인식, 다문화 지식의 확보, 문화적 개입 기술의 축적 등의 세 가지 요소가 충족되었을 때 달성할 수 있다(김연희, 2007).

첫째, 문화적 인식이란 사회 내에 존재하는 문화적 다양성에 대해 인식하고 각 문화권에 속하는 개인들의 가치와 경험되는 현실을 인식하며, 그러한 인식을 원조 과정에서 적절히 활용할 수 있는 것을 의미한다. 또한 자신의 가치와 신념도 문화의 소산임을 인식하고 자신이 갖고 있는 가치와 신념이 다른 문화권에 속하는 개인과의 관계에 어떻게 영향을 미치는지에 대해서도 민감하게 인식할 필요가 있다. 특히 문화 집단 간에 존재하는 권력의 차이, 차별과 편견의 경험들이 원조 관계에 어떻게 영향을 줄 수 있는지를 민감하게 인식해야 한다. 둘째, 다문화 지식이란 주요 서비스 대상자들의 행동을 그들 문화의 맥락 안에서 이해하기 위한 노력으로, 그들이 갖고 있는 역사, 전통, 가치체계, 세계관, 가족체계, 예술적 표현 등에 대해 심층적 이해를 갖도록 노력하는 것을 의미한다. 다양한 문화 집단들의 출신국가의 사회적·경제적·정치적 상황이나 이주를 촉발하게 한 상황, 이주 과정이나 이주 후의 경험에 대한 이해 또한 효과적인 원조 관계를 돕는 중요한 지식적 기반이 될 수 있다.

마지막 셋째, 문화적 개입 기술 요소는 기존의 주요 서비스 모델이나 개입 전략과 관련된 이론과 원칙들이 다문화 집단에 적용될 때 갖는 장단점을 잘 이해하고 서비스를 효과적으로 전달하기 위해서는 적절한 문화적 변용이 필요함을 의미한다. 문제를 사정 및 평가하는 과정에서 주류 문화적 관점으로 접근할 때 문화적 소수 집단의 행동이나 사고를 과도하게 병리화할 위험이 있고 문제의 해결방식이나 개입의 성과를 규정하는 것도 문화에 기반을 둔 가치, 신념, 태도에 의해 많이 결정된다. 개입 과정에서 문화적으로 적절한 기술과 전략이 중요하지만, 동시에 언어 능력 또한 중요한 요소가 된다. 특히 질병이나 위기 상황과 같은 고도의 스트레스 상황에 있는 개인에게는 자신의 언어로 서비스를 제공하는 것이 바람직하다(김연희, 2007).

다문화 역량을 강화하기 위한 상기의 세 가지 요소는 다문화를 경험하는 개개인의 인식 개선이 우선적으로 이루어져야 하며, 이러한 관점에서 미디어는 수용자들의 인식 개선에 중요한 역할을 담당할 수 있다. 일찍이 미국의 정치학자 해럴드 라스웰(Lasswell, 1948)은 매스미디어가 환경 감시, 환경에 대응하기 위한 사회 구성요소들 간의 상관조정 기능, 사회유산 전승의 기능을 포함한다고 설명한 바 있다. 매스미디어의 환경 감시 기능은 주로 언론이 사회에서 발생하는 다양한 정보를 수집하여 대중에게 전달하는 것으로, 우리가 일상적으로 접하는 뉴스의 기능이다. 상관조정의 기능은 환경 감시 과정에서 대중에게 전달된 정보에 대해 그 의미를 해석하고 대응 방안을 논의함으로써 대중의 태도 형성에 영향을 미치는 것을 의미한다. 마지막으로 사회유산 전승의 기능은 매스미디어가 한 사회의 가치나 규범 등의 정보를 현 세대에서 다음 세대로 전달하거나 한 사회에 새로 편입된 비주류 구성원들에게 사회적 가치를 전달하는 기능을 말한다.

라스웰의 설명대로 매스미디어는 다문화에 대한 다양한 지식을 대중에게 전달하고 자라나는 다음 세대에게 다문화에 대한 올바른 인식을 전달할 수 있는 순기능적 기능 수행이 가능하다. 특히 대중매체가 일상의 한 부분으로 여겨질 만큼 사람들에게 익숙해진 현대사회에서 미디어는 문화를 전승하는 적극적인 통로 기능을 수행한다. 또한 미디어는 문화 전승자의 기능 외에도 커뮤니케이션 관점에서 다양한 소통 채널과 장을 제공한다. 특히 아동기에는 주로 대인 채널을 통해 다른 문화나 가치관 및 행동에 대한 태도를 형성하지만 미디어 또한 사회적 커리큘럼으로서 간접 경험의 장을 제공하고 다른 문화에 대한 인식과 태도를 형성하는 데 영향을 미칠 수 있다(정의철, 2013). 이런 측면에서 봤을 때 주류 문화와 비주류 문화의 사회적 공존을 모색하고 다문화사회를 경험하는 사람들의 인식 개선을 통해 사회통합을 모색하는 과정에서 미디어는 중요한 역할 수행을 할 수 있다.

그러나 이주민을 재연하는 미디어의 정보 생산방식은 아직까지 사회적으로 협소하게 정의한 다문화나 문화다양성 개념에서 벗어나지 못하고 있다. 물론 정주사회(주류 문화)가 이주민에 대한 통제력과 사회적 안전망 유지를 위해 동화와 흡수·편입을 정책의 핵심으로 채택할 경우에 동화적 시각을 중심으로 영상을 재현할 수밖에 없다. 그러나 사회통합을 위해 정주사회가 이주민사회(비주류 문화)를 동화 및 흡수하는 정책을 펴더라도 이주사회의 다양성을 반영하지 못할 경우에 소수로 잔류하는 부류와 동화하는 부류, 정주사회에 완전히 통합되는 부류, 적응 불능 상태에 놓이는 부류가 생길 수 있다.

이러한 의미에서 이주민의 통합을 위한 미디어의 합리적인 재현은 정주사회가 이주민에게 정주사회의 언어와 기초적인 사회 구성원리 및 시민으로서의 능력을 인지하고 인정하도록 교육하면서, 동시에 이주사회의 문화적 다양성을 인정하고 정주사회에 공존하도록 만드는 방식일 것이다. 이주민이 정주사회에 흡수되기 위해서는 개인의 동기 부여와 정주사회의 통합의지, 이주민에 대한 역할 부여가 무엇보다 중요하며, 이런 성공을 위해서는 언론의 사회통합적 기능이 그 어느 때보다 중요하다(허찬행·심영섭, 2015).

그렇다면 다문화사회의 공존을 모색하기 위한 미디어의 기능은 무엇일까. 정의철과 이창호(2009: 108~115)는 다문화정책을 담당하는 공무원과 다문화 관련 프로그램을 제작하는 담당 PD들과 인터뷰를 진행했다. 그 결과, 다문화에 대한 시민교육을 활성화하기 위한 미디어의 기능에 대해 다음과 같이 제시했다.

공영방송뿐 아니라 IPTV, 디지털 오디오 방송 등 다양한 채널의 활용

일반인들의 다문화 인식을 높이기 위해서는 무엇보다도 KBS와 같은 공영방송의 역할이 중요하다. 다문화 관련 프로그램의 편성을 늘리고 주요 시청 시간대에 다문화 관련 프로그램이 많이 반영될 수 있도록 함으로써 일반 국민들이 다문화를 많이 접할 수 있도록 해야 다문화에 대한 인식이 향상될 수 있다고 보았다. 또한 공익 채널을 선정할 때 다문화 채널이 생길 수 있도록 해야 하며, 지상파방송뿐만 아니라 IPTV 채널 등의 다양화 전략을 구사할 필요가 있다. 더 나아가 디지털 오디오 방송이나 뉴미디어 채널을 적극적으로 활용함으로써 다양한 채널을 통해 다각적으로 일반 국민들에게 다문화에 대한 정보를 노출할 필요가 있다.

다문화가족의 실상에 대한 심층 보도

현재까지 방영된 대부분의 다문화 관련 프로그램들은 이주민들이 겪고 있는 실상에 대한 구조적인 문제를 보도하기보다는 이주민들의 생활상을 희화화하거나 이주민과 본국 가족들의 만남 등을 보여주며 시청자들의 감정에 호소하는 경우가 많았다. 따라서 다문화 프로그램들은 이주민들이 어려움을 겪는 이유와 이를 해결하기 위한 정책적 지원 필요성 등을 종합적으로 보도하여 구조적이고 거시적인 차원에서 이주 문제를 다룰 필요가 있다.

문화적 다양성을 통한 이주민에 대한 편견 해소

다문화 시민교육 활성화를 위한 미디어의 역할과 관련하여 대부분의 제작진들은 다양한 문화와 종교, 인종을 가진 집단들이 함께 어울려 사는 모습을 보여줌으로써 집단 간 상호 이해를 도모해야 할 필요가 있다. 이는 문화적 공존과 다양성을 위한 미디어의 역할을 강조한 것으로 사회통합을 위해서 매우 중요하다. 즉, 다양한 부류의 사람들이 자연스럽게 어울리고 서로의 가치를 인정 및 존중하는 다문화주의의 실현을 위해서 미디어가 적극적으로 다양한 문화와 가치를 보여줄 필요가 있다.

긍정적이고 밝은 이주민 이미지의 재현

지금까지의 다문화 관련 방송, 특히 뉴스가 이주민들의 폭력성을 부각시키고 한국 사회에서 잘 적응하지 못하는 부분을 지나치게 강조하는 등 부정적인 내용이 많기 때문에 한국 사회에서 행복하게 살고 있는 이주민들의 삶을 강조함으로써 이주민들에 대한 긍정적이고 밝은 이미지를 재현할 필요가 있다. 따라서 이주민의 부정적인 면을 부각하는 소재만 활용할 것이 아니라 긍정적인 면의 보도와의 균형을 유지하는 것이 중요하다.

이주민의 대상화 지양

지상파방송 PD들이 이주민들의 긍정적인 이미지 재현을 강조했다면, 대안매체인 이주노동자의 방송 대표는 기존의 다문화 프로그램들이 시혜적인 성격이 강하며 이주노동자들이 겪고 있는 제도적이고 구조적인 문제를 잘 다루지 않는다고 지적했다. 따라서 이주민들을 대상화하지 말고 이주민들의 시각에서 이들의 문제를 조명하는 언론의 자세가 필요하다.

다문화가정 2세에 대한 관심 제고

다문화 방송은 다문화가정뿐만 아니라 그 자녀들에 대한 문제도 적극적으로 다룰 필요가 있다. 이주민 2세들은 외형적인 이질성 때문에 부적응 문제를 겪고 있으며, 주변 사람들에 의한 놀림이나 성인들의 편견 어린 시선을 더 많이 받고 있다. 그리고 이주민 2세들을 위한 특별한 교육 프로그램이 제대로 준비

되어 있지 않은 상황이다. 이로 인해 한국 문화에 대한 적응의 어려움과 더불어 가정의 경제적 어려움 등의 문제로 이주민 2세들의 학습 부진이나 청소년 비행이라는 결과가 초래되기도 한다(이창호 외, 2007: 55~70). 따라서 이주민들이 겪는 문제뿐만 아니라 그들의 자녀들이 사회에서 겪는 다양한 문제를 미디어가 적극적으로 보도할 필요가 있다.

다문화 전문 채널의 필요

다채널 시대에 다양한 전문 채널이 개국했으며, 이러한 채널들은 각 전문 분야의 다양한 소식을 전달하고 있다. 이러한 관점에서 다문화 현상을 다각적으로 보도할 수 있는 전문 채널이 필요하다. 다문화 전문 채널을 통해 다문화 관련 내용과 더불어 이주민 및 문화 소수자에 대해 긍정적인 면을 지속적으로 전달함으로써 수용자들의 인식 개선에 일조할 필요가 있다.

다문화사회에서 주류 문화와 비주류 문화 간의 공존을 모색하는 데 미디어가 중요한 역할을 수행할 수 있음에도 아직까지 우리나라의 다문화정책에서는 미디어를 적극적으로 활용하려는 노력이 부족했다. 일례로 법무부 출입국과 외국인정책본부가 발간한 제1차 외국인정책기본계획(2008~2012)에서는 매체 관련 정책의 언급이 드물었기 때문이다. 그나마 2013년부터 2017년까지 사업계획인 제2차 외국인정책기본계획에서는 사회통합 프로그램 운영기관(한국이민재단)에서 실시 중인 온라인 화상교육을 직접 참여가 곤란한 원격지 등으로 확대, IT 정보를 활용한 '이민통합 e-캠퍼스 구축' 추진 등의 인터넷을 활용한 정책이 등장하면서 매체와 다문화사회를 결합하려는 노력이 반영되기 시작했다. 여기에 문화다양성 이해 제고의 일환으로 다양한 문화 기반시설을 활용한 공연, 전시, 교육 프로그램의 확대, 문화

다양성 콘텐츠 개발 및 활용 지원의 정책이 등장하는 등 미디어를 활용한 다문화 역량 강화의 노력이 증가하는 것은 긍정적으로 평가할 수 있을 것으로 보인다(법무부 출입국·외국인정책본부, 2013: 65~66). 구체적으로 문화다양성 콘텐츠 개발 및 활용 지원정책은 방송 등 미디어를 활용한 문화다양성 이해 증진, 문화다양성 관련 우수 사례 발굴 지원, 문화다양성 관련 자료의 데이터베이스 구축 및 활용 정책의 세부 추진 전략을 제시하고 있다. 각 세부 추진 전략의 내용은 다음과 같다.

방송 등 미디어를 활용한 문화다양성 이해 증진(문화체육관광부)

· TV, 라디오 등 대중매체 및 다양한 홍보매체를 통한 대국민 홍보 및 행사 추진으로 공감대 확산

· 방송, 미디어 및 문화예술 콘텐츠 등에서의 타 문화 존중 및 이해와 문화다양성 증진을 위한 안내서 제작·보급

· 방송, 영상, 미디어 분야 등의 콘텐츠 창작자·제작자 대상 교육을 통한 문화다양성·감수성 증진 및 일반 시민 참여 상시 모니터링 실시

문화다양성 관련 우수 사례 발굴 지원(문화체육관광부)

· 문화 기반시설별(도서관, 박물관, 문화원 등), 장르별(연극, 뮤지컬, 영화, 문학 등) 문화다양성 증진에 기여하는 국내외 우수 사례 발굴·공유 및 모델 개발을 통한 보급·활용

· 문화, 교육, 생활 등에서 이주민이 국내 거주에 필요한 다문화 콘텐츠 발굴 및 다문화 책 제작

· 문화다양성 증진에 기여하는 프로그램, 공연, 전시, 출판 지원

문화다양성 관련 자료의 데이터베이스 구축 및 활용(문화체육관광부)

문화다양성 관련 자료 입력과 관리를 위한 디지털 아카이브 시스템 및 하드웨어 구축을 통해 축적된 문화다양성 관련 자료를 다양한 분야에서 활용하도록 지원

제2차 외국인정책기본계획에서 미디어 콘텐츠를 활용한 문화다양성 추진 전략은 주로 문화체육관광부의 주도로 정책이 수립·집행된다. 그러나 실질적인 다문화정책을 수립하고 추진하기 위해서는 미디어 분야에서 실천해야 할 세부 과제들을 구체적으로 수립하고, 체계적인 방식으로 접근할 필요가 있다(이창호·정의철, 2010: 407).

우리나라 정책에선 외국인정책기본계획 외에도 다문화가족이라는 현상에 주목한 정책도 수립하고 있다. 국내 다문화가족지원법(법률 제14702호, 2017년 3월 21일 자 공포 및 시행)에 따르면 다문화가족 지원을 위해 여성가족부는 5년마다 다문화가족 구성원의 경제·사회·문화 등 각 분야에서의 활동 증진을 위한 사항을 포함하여 다문화가족정책에 관한 기본계획을 수립해야 함을 명시하고 있다(제3조의 2). 구체적으로 다문화가족에 대한 이해 증진을 위해 국가와 지방자치단체는 다문화가족에 대한 사회적 차별 및 편견을 예방하고 사회 구성원이 문화적 다양성을 인정하고 존중할 수 있도록 다문화 이해교육을 실시하고 홍보 등의 필요한 조치를 취해야 하며(제5조 1항), 지상파방송 사업자에게 비상업적 공익광고 편성 비율의 범위에서 홍보 영상을 채널별로 송출하도록 요청할 수 있는 권한을 가진다(제5조 3항).

제1차 다문화가족정책 기본계획은 2010년 국무총리실과 관계 부처가 합동으로 수립하여 발표했고, 제2차 다문화가족정책 기본계획은 2013년 수립되어 2017년 현재까지 지속되고 있다. 제1차 다문화가족정책은 다문화가족의 수요와 환경 변화에 따라 지원정책 방향을 수정하고 국민의 다문화

수용성 증진과 다문화가족정책을 통합해 관리할 수 있는 민관 협력의 필요성을 제2차 다문화가족정책의 과제로 남겼다. 특히 제1차 다문화가족정책 기본계획은 다문화에 대한 사회적 이해를 제고하기 위해 다문화 이해 증진을 위한 홍보 활동 강화를 역점 과제로 추진했으나 미디어 홍보 활동을 비전문기관이 총괄한 탓에 사업 추진의 전문성 결여 등의 문제가 발생했다. 이에 제2차 다문화가족정책 기본계획 수립에서는 방송통신위원회가 새롭게 추진기관으로 참여하여 미디어를 활용한 다문화 이해 사업이 더 구체화되었다. 다음은 방송통신위원회의 주요 정책과 다문화 관련 프로그램에 관한 내용이다(여성가족부·관계부처합동, 2012: 45~46; 조성은 외, 2012: 29~34).

EBS 다문화 방송 프로그램 지원

방송통신위원회는 '다문화가족 구성원들의 사회 적응을 지원하고 다문화사회에 대한 인식 개선과 사회통합'을 위해 다문화가족에게 실질적으로 도움을 줄 수 있는 언어교육 및 정보 제공 프로그램, 다문화가족 구성원들의 실제 삶을 밀착 취재하여 현실적인 문제점과 극복 과정을 보여주는 다큐멘터리, 다문화 가정 자녀들이 겪는 일상을 소재로 한 어린이 드라마 제작을 지원하고 있다. 방송통신위원회는 2009년 6억 원의 제작비 지원을 시작으로 2010년에는 20억 원, 2011년부터는 매년 24억 원 수준의 제작비를 지원하고 있다.

방송 프로그램 제작 지원 공모 사업

방송통신위원회는 매년 1회 방송 프로그램 제작 지원 공모를 통해 사업자 선정 및 지원사업을 실시하고 있다. 공모 분야는 경쟁력 강화 우수 프로그램과 공공·공익성 프로그램이며, 이 중 공공·공익성 프로그램은 방송의 공적 책임을 강화하고 시청률 경쟁으로 편성에서 상대적으로 소외되는 공공 및 공익 프로그램의 제작을 지원하는 것이다. 다문화 관련 방송 프로그램의 제작 지원은 공공·공익성 프로그램 지원 분야에서 실시되고 있다. 그러나 방송통신위원회의 다문화 관련 방송 프로그램 제작 지원사업은 방송의 낮은 시청률과 전국 채널을 통한 방송의 부재로 여러모로 아쉬움을 남겼다. 다행히도 최근 지상파 및 케이블, 종편 채널 등에서 외국인이 등장하여 그들의 삶과 한국에서의 생활에 대해 이야기하는 프로그램들이 방송되고 있다. 방송통신위원회는 이러한 질적 우수성을 보이는 프로그램에 대한 지원을 점차적으로 확대한다는 계획을 가지고 있다.

온라인에서의 다문화가족에 대한 차별적 표현 모니터링

방송통신심의위원회는 방송 프로그램과 인터넷 콘텐츠 모니터링을 통해 다문화 구성원들에 대한 차별적 표현 등에 대한 조치를 하고 있으며, 방송통신위원회는 이에 대한 감독 기능을 수행하고 있다.

다문화 방송 가이드라인 배포 및 교육

방송통신위원회는 문화예술, 방송 등 콘텐츠 제작에 대한 안내서를 제작해 배포하고 있다. 안내서에는 다문화 안내서 제작의 필요성, 문화다양성과 다문화주의의 의미, 다문화 관련 미디어 재현 현황 소개, 다문화 관련 미디어 재현 모니터링 분석 사례, 다문화 미디어 재현에 관한 고려 사항, 다문화 미디어 재현의 유형별 모델 제시, 안내서 활용 방법과 기대효과 등이 기술되어 있다.

다국어 자막 서비스

방송통신위원회는 국내 거주 외국인들이 선호하는 뉴스, 드라마, 다큐멘터리, 스포츠, 어린이 분야 등에서 양방향 다국어 자막 서비스를 추진하고 있다.

해외 미디어 교육 교재의 번역 사업 지원

미디어 교육 사업의 일환으로 다문화가정에 대한 미디어 교육을 통해 다문화가정 자녀들의 능동적 미디어 활용 능력을 배양하고 가족 간의 소통을 통한 정서적 이질성 극복에 도움을 주고자 추진되고 있는 사업이다. 다문화가정 자녀들은 지역다문화지원센터의 방과 후 돌봄 서비스를 받기도 하나, 한편에서는 집에서 텔레비전이나 온라인 게임 등에 무분별하게 노출되기도 한다. 이를 방지하기 위한 미디어 교육 사업의 하나로 교육 교재의 번역 사업을 지원하고 있다.

기타 서비스

그 밖에 한국 생활의 조기 적응과 안정적 가족생활을 돕기 위해 다문화가족을 위한 TV 커뮤니티 서비스를 제공하고 있으며, 주한 외국인 및 다문화 구성원 등이 방송·통신 서비스를 안전하고 편리하게 이용할 수 있도록 다국어로 제작한 '방송통신 서비스 활용 및 피해예방 안내서'를 제작해 보급하고 있다.

우리나라에서 다문화와 미디어의 관계는 서로 상이한 범주로 규정되어 일부 영역에서만 공유하고 있는 수준이다. 제1차 다문화가족정책 기본계획에 비해 제2차 다문화가족정책 기본계획에는 방송통신위원회가 새롭게 참여했으나 그 역할 자체가 많은 비중을 차지하지 못했다. 더욱이 방송통신위원회는 2013년 다문화 관련 TV 프로그램의 제작 지원을 통해 총 120분의 방영 시간을 계획했으나 실질적으로 방영된 시간은 49분에 지나지 않아 목표 실적을 달성하지 못하는 등 다문화 관련 미디어 정책 추진의 한계를 보였다(여성가족부, 2014: 14). 제1차 및 제2차 다문화가족정책 기본계획은 범부처 협력 사업 및 단일 부처 사업이 혼재되어 있으며, 일부 정책 대상과 사업 범위가 중복되는 등 각 부처의 전문성을 고려한 정책 추진이 미흡했다.

특히 미디어를 활용한 정책 분야에서는 문화체육관광부와 방송통신위원회, 여성가족부 등의 정책이 일부 중복되거나 구체적인 정책을 제시하지 못한 채 단순 홍보 활동으로만 미디어를 활용하는 등의 표면적인 정책을 제시함으로써 사업의 연속성을 기대하기 어려웠다. 이러한 점에서 각 정부 부처마다 고유한 다문화사업이 존재한다는 측면을 고려했을 때 방송통신위원회에서 미디어 정책을 주도할 필요가 있으며, 이러한 미디어 정책에는 문화적 다양성을 증진시키기 위한 콘텐츠 육성 방안, 매체 종사자들의 다문화 의식 증진 방안, 이주민의 미디어 이용 현황 및 실태 조사, 소수 집단 미디어에 대한 지원, 이주민을 대상으로 한 방송 전문 인력 양성계획 등이 포함되어야 한다.

이와 더불어 이주민 미디어에 대한 관심과 정책적 지원도 적극적으로 고려해야 한다. 주류 미디어만으로는 다문화 관련 프로그램을 노출하는 데 한계가 존재한다. 앞서 다문화 관련 프로그램 제작자들과의 인터뷰를 통해서도 언급된 바와 같이 다문화 관련 전문 채널이 신설되어야 할 필요성이 제기되고 있지만, 공식적인 채널이 출범하기까지는 해결해야 할 문제가 많다. 반면 이주민 미디어는 다양한 문화의 공존과 상호 소통을 통한 사회통합을 실현하기 위해 이주민 문화권과 주류 문화권 사람들에게 문화적 감수성을 증진시키는 데 도움을 줄 수 있다.

이주민 미디어는 이주민을 위한 미디어임과 동시에 이주민이 운영 또는 제작의 주체로 참여하는 미디어라 정의할 수 있다(이창원 외, 2014). 이주민 미디어는 모국의 소식과 더불어 수용국 사회의 여러 소식들을 전달함으로써 이들이 살아가는 데 필요한 정보를 전달하고 사회 적응을 도울 수 있다. 그러나 이러한 이주민 미디어에 대한 사회적 관심의 결여와 정책적 지원의 부재로 어떠한 유형의 미디어가 존재하는지에 대한 공식적인 통계조차 작성되지 않고 있다. 다만 MNTV(Migrant Network TV, 이주민 방송) 정도가 정부의 지원을 받고 있다. 이렇듯 우리나라에서는 다문화라는 사회현상을 국가의 주요 정책 방향과 연결해 유기적인 사회통합정책을 도입하고 발전 방향이나 사업 추진 방향을 논의하기보다는 가시적이고 단기적인 성과만을 요구하는 정책 집행이 이루어지고 있다.

3) 해외 주요 국가들의 다문화에 대한 해석과 미디어 정책[2]

앞에서 다문화사회라는 개념은 이를 받아들이는 사회구조와 이념, 체계 등에 영향을 받고 있음을 알아보았다. 다문화에 대한 해석 차이는 사회 구성원으로서 이주자들을 어떻게 규정하는가에 대한 문제부터 이들의 활동 영역까지 정하는 원칙의 근거를 제공하기 때문에 여러 국가들에서 이를 정립하기 위한 논쟁을 끊임없이 겪어왔고, 현재도 논의 중에 있다.

여러 사례 중 우리나라보다 먼저 다문화라는 개념을 확립하고 사회적으로 이에 대한 의식을 공유한 국가들인 캐나다와 호주, 프랑스의 사례를 살펴본다. 캐나다는 이민자로 형성된 국가의 특성에 따라 다문화라는 논의가 나라의 근반을 형성하는 계기가 된 사례다. 반면 캐나다와 유사하게 이민자로 구성된 호주의 경우 백인중심주의라는 인종차별 양상으로 인해 이를 개선하기 위한 방송과 미디어의 정책들이 펼쳐지게 된다. 마지막으로 살펴볼 프랑스는 다양성의 국가로 인식되고 있지만, 실제로는 제한적인 이민자들의 유입이 문제시됨에 따라 수많은 분쟁이 이어지고 있는 상황이다. 각 사

---

2 캐나다와 호주의 방송정책 사례 소개는 조성은 외(2012: 95~104), 이창원 외(2014: 71~96)의 내용을 의존했다.

레들을 살펴봄으로써 다문화의 의미 해석 차이에 따른 정책적 흐름의 차이를 발견해본다.

(1) 캐나다 다문화 방송/미디어 정책

캐나다는 1971년 공식적으로 자국의 문화정책 기조를 다문화주의(multi-culturalism)로 선포한 대표적인 다문화국가다. 캐나다에서 해석하고 있는 다문화주의는 다인종과 다민족의 문화와 생활습관을 평등하게 대우함으로서 공존과 조화를 이끌어나가는 것이다. 캐나다에서 도입한 다문화주의는 이주민들의 이민 과정에서 연관성을 찾을 수 있다.

초창기 캐나다에 이주한 사람들은 프랑스계였지만 이후 영국계가 증가하면서 프랑스계는 퀘벡주를 중심으로 정착하게 된다. 1969년 캐나다 정부는 자국의 인구구성의 대부분인 프랑스계와 영국계의 불평등을 완화하기 위해 두 언어와 두 문화권을 인정하고 증진하기 위한 이중 언어법을 제정, 프랑스어와 영어를 공식 언어로 인정하게 된다. 하지만 이 정책은 프랑스계와 영국계 이민자들만을 위한 조치로 한계를 보이게 된다. 두 언어와 문화를 공식으로 인정하기 이전부터 이미 캐나다는 세계 각국 출신의 이민자들이 공존하는 사회였기 때문이다. 그 배경에는 아시아와 아프리카 및 동유럽의 이주자들이 유입할 수 있도록 개정한 1962년도의 이민법이 있었다. 그 결과, 캐나다의 전체 인구는 프랑스계와 영국계 출신의 이주자 외에도 인구의 40% 이상이 복합적인 인종으로 구성된다. 주류 민족으로 불렸던 프랑스계와 영국계 외에도 이주민들이 공존하는 사회였지만, 모든 정치체계는 두 국가 출신에 맞춰 진행되었다. 이에 새로 유입된 민족들은 여러 채널과 방식을 통해 불만을 제기하기 시작했고, 그 결과로 이주민들의 문화다양성을 인정하고 보존하기 위한 정책을 마련하게 된다. 이렇게 만들어진 현재 캐나

표 4-1 캐나다의 다문화정책 기조 변화 과정

	Ethnicity Multiculturalism (1970s)	Equity Multiculturalism (1980s)	Civic Multiculturalism (1990s)	Integrative Multiculturalism (2000s)
Focus	Celebrating differences	Managing diversity	Constructive engagement	Inclusive citizenship
Reference Point	Culture	Structure	Society building	Canadian identity
Mandate	Ethnicity	Race relations	Citizenship	Integration
Magnitude	Individual adjustment	Accommodation	Participation	Right and responsibilities
Problem Source	Prejudice	Systemic discrimination	Exclusion	Unequal access, clash of cultures
Solution	Cultural sensitivity	Employment equity	Inclusiveness	Dialogue / Mutual understanding
Key Metaphor	Mosaic	Level playing field	Belonging	Fusion / Jazz

자료: Fleras and Kunz(2001: 24). 원저작자의 모든 권리가 보호됨.

다의 다문화주의 정책의 특징은 이주민들의 동화를 요구하는 것이 아니라 각각의 민족성과 삶의 방식에 따른 문화 유지와 공유, 언어적 특성 유지 등의 원칙으로 진행된다는 데서 발견된다.

캐나다의 다문화주의는 시대별로 정책적 방향이 변화해왔다. 1970년대는 '종족(ethnicity)' 다문화주의를 표방하면서 자신들의 문화적 정체성에 대한 가치를 발휘하여 캐나다 사회에 개인들이 참여하는 정책을 마련했고, 1980년대엔 '공평(equity)' 다문화주의를 통해 문화적 차이를 기념하거나 인정하는 것에서 벗어나 제도적인 수준에서 인종과 출신을 넘어선 참여를 장려하고자 사회제도를 개편하게 된다. 1990년대부터 2000년대 초반까지는 시민적(civic) 다문화주의를 통해 모든 캐나다인은 그들이 가진 사회적·경제적·인구학적 배경에 상관없이 소속감을 증대시키면서 시민권에 대한 의미를 공유하는 데 초점이 맞춰졌고, 2000년대 후반부터는 다문화주의 및 이민정책에서 커뮤니티와 인종차별 철폐 등을 통한 통합 다문화주의 프로그램들을 운영하고 있다(이진아, 2015).

캐나다 정부는 다문화정책 기조에 맞춰 다양한 인종차별을 금지하고 이주민들이 원활하게 자국에 정착할 수 있도록 법과 제도를 정비하게 된다. 대표적으로 1977년에 제정된 인권법(Canadian Human Rights Acts)에선 인종과 성별, 연령, 출신국가, 민족, 피부색, 종교에 근거한 차별을 금지했고, 1982년엔 인권과 자유헌장(The Charter of Rights and Freedoms)을 헌법의 일부로 제정하여 캐나다의 국가 기반으로서 다문화주의의 의미와 가치를 포함시켰다. 또한 1985년에는 다문화법(The Multicultural Act)을 제정하여 캐나다의 공식 언어인 영어와 프랑스어 외의 언어를 사용하는 공동체를 인정하고, 모든 국민들이 자신이 갖고 있는 문화유산을 향유하고 지속할 수 있는 기반을 마련한다(이유진, 2009).

캐나다 정부에서 추진하는 정책 기반은 중앙(연방)정부에서 정책 입안과 프로그램을 계획하고, 지역 공동체와 시민단체, 비영리단체와 NGO가 사업을 추진하는 거버넌스 형태로 진행된다. 거시적 차원에서 이민정책의 통일성을 유지하게끔 기반을 마련하는 동시에 삶의 영역에서 이민자들이 친근하게 정책에 참여할 수 있는 친밀성을 갖게 하는 정책적 특성이 반영된 결과다. 이 과정에서 캐나다 방송정책은 다문화를 지향하는 정책의 일환으로 수립되어왔다. 그중 하나가 캐나다 방송통신위원회(Canadian Radio-television and Telecommunications Commissions: CRTC)의 역할이다.

캐나다 방송통신위원회는 1968년 방송과 통신 분야를 통합하여 설립된 국가기구로서 방송과 통신에 관한 규제 및 인허가를 담당하고 있다. 위원회는 방송과 텔레커뮤니케이션 부문의 공익성에 입각해 사회적·문화적·경제적 목표에 대해 균형 잡힌 접근을 추구하는 것을 목표로 한다. 또한 방송 부문에서 캐나다 언어의 이원성, 다문화적 특성, 캐나다 원주민의 위상을 제고한다는 취지를 가진다. 실제로 캐나다에서 방송에 대한 국가적 개입이 시작된 것은 과거 미국의 라디오 방송사들이 캐나다 국경을 넘는 방송 서비스를 개시하면서부터다. 캐나다 전체 인구의 80%가 미국과의 국경 100마일 이내에 거주하기 때문에 미국 방송의 가시청권에 놓여 있다는 사실이 크게 작용했다. 따라서 캐나다 방송통신위원회의 궁극적인 목적은 캐나다의 내재적 가치를 방송·통신 분야에서 확보하는 것이라고 할 수 있으며, 여기에는 다문화주의의 정책적 이상을 담아내는 것 또한 포함된다.

캐나다는 유네스코의 문화다양성협약을 첫 번째로 비준함으로써 문화다양성에 대한 사회적 지지와 정책적 입지를 더욱 끌어올렸다. 이를 계기로 캐나다 방송과 다양성에 대한 문제는 캐나다 방송체제와 규제기구가 핵심적으로 관리하는 주제로 떠올랐다. 채널의 다양성, 프로그램 전송의 다양성, 프로그램 내용과 소스의 다양성, 방송 언어의 다양성, 인종·종교·지역 및 다른 문화의 실재들을 반영할 때 나타나는 다양성을 모두 포괄하는 것이다.

캐나다에서 방송의 다양성을 유지하기 위해 가장 우선시하는 정책은 첫째로 텔레비전 서비스의 다양화이다. 각 지역의 작은 채널, 특별한 이슈와 주제 및 장르를 제공하는 채널, 그리고 유료 서비스를 제공하는 채널 등 다양한 서비스를 존재하게 함으로써 텔레비전의 다양성을 확보하도록 하고 있다. 둘째, 캐나다 정부는 채널 소유의 제한을 둔다. 공영, 민영, 비영리 채널 등 다양한 소유구조를 두어 그에 따른 방송·통신 서비스와 프로그램의 차별화를 보장하기 위함이다. 셋째, 캐나다 정부는 전송 플랫폼의 경쟁정책을 우선시하고 있다. 지상파, 케이블, 직접수신 위성방송, 멀티 포인트 전송체계 등 다양한 전송 플랫폼이 활용될 수 있도록 한다. 넷째, 프로그램 장르의 다양성, 재현의 다양성, 제작 주체의 다양성이다. 캐나다 방송에서는 약 27개 장르의 프로그램이 만들어지고 있으며 다양한 사회집단이 고르게 반영되며, 이 집단들에 대한 부정적 편견과 차별을 조성하는 것을 금지하고 있다. 제작에서도 방송국 자체제작, 외주제작사를 포함한 다양한 제작 집단의 프로그램을 방영하도록 권장하며, 내용에서도 다양한 캐나다인들의 시각과 목소리를 반영하고자 한다. 또한 장애인을 위한 텔레비전 서비스와 프로그램이 있는데, 장애인을 위한 특수 서비스 제공과 장애인에 대한 묘사를 일반 방송 채널에서도 신중히 다룰 것을 요구하고 있다.

이와 유사한 목적에서 1991년 제정된 캐나다 방송법은 방송정책상의 문화다양성과 평등권에 관한 내용을 다음과 같이 명시했다. ① 캐나다 방송 프로그램은 캐나다인들의 이익과 수요를 충족시키는 것이어야 하며, 특히 캐나다 사회의 평등권, 이중 언어 구조, 복합문화, 복합민족적 특질 및 원주민의 특별한 지위를 반영해야 한다. ② 캐나다 방송 시스템에 의해 제공되는 프로그램에서 영어와 프랑스어 방송은 모든 캐나다인들이 시청할 수 있도록 해야 한다. ③ CBC(캐나다 방송공사)에서 제공되는 프로그램은 영어와 프랑스어로 방영하되 영어·프랑스어를 사용하는 소수민의 환경과 수요를 반영하여 영어와 프랑스어의 균등한 수준을 유지해야 한다. 또한 캐나다 국가의식과 정체성을 높이는 데 기여해야 하며, 캐나다의 원주민 문화를 반영하는 프로그램이 제작되어야 한다. ④ CBC는 영어와 프랑스어로 된 프로그램 서비스를 제공할 때 영어와 프랑스어권 시청자들을 위해 다음과 같은 대체 프로그램을 만들어야 한다. ⓐ 다수 시청자에게 제공되는 프로그램에 보충적이면서 동시에 발전적이며, ⓑ 일반 대중용 프로그램에 의해서는 적절히 제공되지 않는 특별한 기호와 관심을 충족하며, ⓒ 캐나다의 여러 지역과 복합문화적 특성이 반영되는 프로그램을 제작해야 한다.

다문화사회의 가장 이상적인 형태로 평가받는 캐나다 정책의 특징은 크게 두 가지로 정리된다. 첫째, 민족 구성 변화에 따라 제기된 불만들을 정책적으로 받아들인 다문화정책을 진행했다. 1960년대 프랑스계와 영국계라는 백인 중심의 사고를 벗어나면서 인종이나 출신국가에 따른 차별이 아닌, 함께 사는 국가라는 측면에서 소속감을 강화하기 위한 정책을 수립한 것은 특징적이다. 둘째, 방송은 다문화주의, 문화다양성이라는 이념을 실현하기 위한 도구로서 활용되었고 사회적 위치를 잡았다. 방송 접근 다양성부터 운영 다양성, 콘텐츠 및 언어의 다양성까지 외부적 요소부터 내부적 요소까지 문화다원주의라는 가치와 다문화사회라는 전제를 포함시키면서 발전했다는 특징이 발견된다.

(2) 호주 다문화 방송/미디어 정책

호주는 1788년 영국의 식민지가 되면서부터 이주의 역사가 시작된 국가다. 널리 알려진 것처럼 초창기에는 영국 죄수들이 강제로 이주되었으나 1830년대 이후에는 영국 정부가 추진한 보조금 정책에 따라 민간인들의 유입도 증가했다. 호주에 민간인의 유입이 증가하기 시작한 시기는 1851년 골드러시 기간으로, 당시 영국과 아일랜드 출신뿐만 아니라 독일과 일부 유럽 국가 출신 민간인도 유입되기 시작한다. 호주가 영국으로부터 독립된 정부를 수립한 이후, 1901년 이민규제법(Immigration Restriction Act 1901)을 제정해 아시아인의 이민을 제한하는 정책인 '백호주의(White Australia Policy)' 정책을 펼치기 시작했다. 중국 출신의 이민자가 증가함에 따라 백인들의 국가로 호주를 유지하기 위한 방책이었다(신재주, 2010). 하지만 전후 백호주의를 기반으로 한 이민정책으로는 국가 산업을 유지하기 위한 인력 부족을 해결할 수 없게 되면서 1973년 백호주의를 폐기하고 인종차별을 금지하는 이민정책을 시행하게 된다. 이민정책의 전환에도 불구하고 여전히 사회 속에 남아 있는 인종차별 문제를 개선하기 위해 호주 정부는 2003년 다양성을 통한 통합정책 기조를 발표하게 되었으며, 이 과정에서 방송과 미디어를 이용한 정책과 촉진 전략도 강화하게 된다.

호주 정부가 다양성 정책을 발표하기 전부터 방송을 통한 이민자 대상 프로그램은 이미 진행되고 있었다. 대표적으로는 세계에서 가장 오래된 에스닉(ethnic) 라디오 방송이 있다. 에스닉 라디오 방송의 기원은 한 보고서에서 발견된다. 호주에서 백호주의를 공식 폐기한 이후 1978년 발간된「갈벌리 보고서(Galbally Report)」는 다문화주의의 네 가지 기본원칙을 정식화하면서 동등한 기회를 보장하고, 공적 서비스에 대한 공평한 접근을 보장하며, 모든 사람이 편견 없이 자신의 문화를 보유할 수 있어야 한다고 명시했다. 또한 이민자들을 위해서는 특별한 서비스와 프로그램이 마련되어야 하는데, 이런 프로그램과 서비스는 혜택을 받는 당사자들과의 협의를 통해 입안되고 운영되어야 한다고 명시했다. 갈벌리 보고서는 정부기관보다는 소수민족의 커뮤니티 조직이 이민자들의 복지 욕구를 효과적으로 충족시킬 수 있다고 주장하면서, 소수민족 스스로의 노력과 문제 해결 능력을 강조했다. 따라서 소수민의 정착 지원, 영어 교육, 번역 서비스, 이민자 지원 센터, 커뮤니티 그룹에 대한 보조금 지급, 기존의 소수민족 라디오 방송의 확대, 소수민족 TV 방송을 위한 특별팀 설립 등을 정부에 권고했다. 그 결과 여러 소수민족 학교들이 설립되기 시작했고, 영어를 제2외국어 수업으로 하는 다문화 교육 프로그램이 등장했다. 더불어 이민자들을 위한 다문화 방송정책이 수립되어 그 결과물로서 에스닉 공동체 라디오 방송이 개국하게 되었다.

다문화정책의 기조를 이어받은 현재의 호주 정부는 다문화 공영방송사인 SBS(Special Broadcasting Service)를 설립하여 74개 언어로 라디오방송,

60개 이상의 언어로 텔레비전방송을 송출하는 한편 온라인방송도 50개 이상 내보내고 있다. 호주에서 다문화 공영방송사가 설립된 것은 에스닉 공동체들 중 영어를 이해하는 데 어려움을 겪는 이주민들을 돕기 위함이었다. SBS 방송헌장에 따르면 다언어·다문화적 방송을 통해 호주인들에게 필요한 정보는 물론, 교육적·오락적 서비스를 제공함으로써 호주 다문화사회를 풍요롭게 만드는 것을 목적으로 설립되었다. 이 목적에 따라 SBS는 인종, 문화, 언어 간의 이해를 촉진하기 위해 다양한 언어로 프로그램을 제공하며, 창조적이고 수준 높은 방송 콘텐츠를 개발하여 문화적 편견, 인종주의, 소수민족 차별을 극복하는 데 기여하고 있다. SBS는 법률에 기반을 둔 공영방송의 형태로 운영되며, 호주의 대표적 공영방송인 ABC(Australian Broadcasting Corporation)의 재정 지원을 받고 있다.

2000년 이래 호주의 시청률을 살펴보면, 상업방송들이 80%를 차지하는 가운데 다른 공영방송인 ABC의 평균 시청률은 15% 정도, SBS는 4~6%대를 유지하고 있다. 매년 많은 시간의 영화, 다큐멘터리, 드라마, 예술, 애니메이션, 코미디, 음악 프로그램들이 SBS에서 제공하는 자막을 입혀 방송되고 있다. 뉴스의 경우 SBS는 다른 호주 방송 네트워크에 비해 다양한 출처를 보유하고 있으며, SBS의 아침 뉴스 서비스인 '월드워치(WorldWatch)' 프로그램을 통해 독점적으로 매주 60시간 이상 국제 뉴스가 방송되고 있다. 이것은 주로 영어 이외의 언어를 사용하는 300만 호주인을 대상으로 하는데, 월드워치의 주간 아침 편성은 19개국 18개 언어의 뉴스를 포함하고 있다. 나아가 SBS는 월드뉴스 채널을 통해 모든 뉴스에 대한 디지털 서비스를 제공하고 있다. 월드워치와 동일한 형태로 매일 20시간, 주당 140시간의 국제 뉴스를 방영하고 있다.

영화의 경우, 4000편 이상의 국제 영화를 확보하여 주당 평균 18편, 매년

250편의 개봉작을 방송하고 있다. 스포츠에선 프라임타임대에 전 세계 스포츠 프로그램을 방송하고 있으며 축구, 사이클, 육상과 같은 다양한 종목을 중계한다. 다큐멘터리의 경우 2004년을 기준으로 연간 800시간 이상이 방영되었는데, 호주뿐 아니라 세계 각국과 관련된 다양한 주제들을 다루고 있다. 또한 호주의 독립제작사들이 만든 다큐멘터리들도 선보이고 있는데, 하나는 30분 분량의 호주인들에 대한 다큐멘터리이고, 또 다른 하나는 한 시간 분량의 호주 자체에 대한 다큐멘터리이다. SBS 자체 제작물은 현재 호주인들의 삶, 경험, 그리고 관점을 보여주는 것으로 다양한 장르를 포함하고 있으며 여러 이민자 공동체에서 통용되는 다양한 언어들로 자막 처리된다. SBS는 자막과 관련해서는 세계 최대의 방송기구 중 하나인데, 자사 채널에서 방송되는 영화뿐만 아니라 전 세계의 영화와 다큐멘터리에도 자막을 제공하고 있다. 또한 언어 서비스 부서를 통해 번역이나 음성 지원 등의 다양한 서비스를 제공하고 있다.

호주의 다문화정책을 실현하는 데 미디어는 중요한 정책 수단으로 활용되고 있으며, 공영방송과 에스닉 공동체 방송은 각자의 역할을 수행하는 동시에 서로의 한계점을 보완하고 있다(이창원 외, 2014). 다문화 공영방송(SBS)은 호주의 국가 정체성을 투영하고 있다. 반면 에스닉 공동체 방송은 이주민들이 정착에 필요한 각종 정보를 취득하고, 언어를 습득하며, 자신의 공동체 속에서 편안함과 유대감을 느끼는 데 중요한 역할을 하고 있다. 호주에서는 지리적으로 멀리 떨어져 있는 이주민들의 경우 자신이 속한 에스닉 공동체 구성원들과 자주 모이기가 어렵고, 따라서 정보에 취약한 경우가 많다. 에스닉 공동체 방송은 이러한 정보 접근성 측면에서 소외되기 쉬운 집단에게 정보를 제공하는 역할을 한다. 또한 호주 정부는 2006년부터 다문화정책의 기조를 시민적 책무성, 문화적 존중, 사회적 형평성, 혜택의 공유

등으로 설정하고 이를 위해 공동체 화합과 접근의 형평성, 생산적 다양성이라는 전략을 채택하면서 다문화 방송정책을 적극적으로 활용하고 있다.

이창원 외(2014: 96)는 호주의 다문화 방송정책의 사례가 우리에게 주는 정책점 시사점에 대해 다음과 같이 언급했다. 첫째, 이주민 집단을 대상으로 특화된 전문 방송의 역할이 중요하다. 이는 특히 언어적 한계로 필요한 정보를 쉽게 취득할 수 없는 정착 초기 이주민, 혹은 연령대가 높은 이주민의 정착에 필수적인 역할을 하게 될 것이다. 한국 정부가 이주국가를 표방하지 않고 정착형 이민을 적극적으로 허용하는 것도 아니지만, 현실적으로 국내에는 다양한 통로를 통해 입국한 후 한시적 또는 영구적으로 살아가는 이주민들이 증가하고 있다. 더불어 한국에 거주하는 상당수 이주민들은 체류 자격이 허용하는 기간 동안 한시적으로 거주하고 있고, 많은 경우 이들 이주민은 한국어를 체계적으로 습득할 기회가 없을 뿐만 아니라 일상생활에서 한국어를 사용하지 않는 경우도 많다. 이러한 이주민들에게 자국어로 된 방송의 필요성은 더욱 커진다. 그리고 규모가 작은 이주민 집단의 경우 공동체를 형성하고 자신들의 언어로 방송을 내보내는 데 필요한 자원을 확보하지 못할 가능성이 높다. 이런 점에서 이주민 집단에게는 공동체 방송을 준비하는 데 초기 정부 지원이 고려될 필요가 있다.

둘째, 호주의 사례는 이주민 방송이 제대로 자리 잡기 위해서는 정부의 재정 지원도 중요하지만 여기에만 전적으로 의존하지는 않고 있음을 보여준다. 정부의 기본적인 지원이 있더라도 각각의 이주민 공동체가 후원금을 마련하거나 다양한 방법을 활용하여 자금을 확보하고 있다. 한국의 이주민 미디어가 자생력을 갖기 위해서는 정부의 지원도 필요하지만 이주민 공동체로부터 후원금을 마련하는 등 재정의 원천을 다양화할 필요가 있음을 시사한다.

(3) 프랑스의 다문화 미디어 정책[3]

1789년의 프랑스혁명 이후 전개된 역사적 흐름에서부터 시작된 공화국 (Republic)과 공화주의(Republicanism)로 불리는 프랑스의 정치체제는 정치와 종교, 사회, 문화를 아우르는 보편적이고 이상적인 가치이다. 프랑스에서 규정하는 공화주의의 가치는 다양한 개인들의 이익을 공동선으로 종속시키고, 선(virtue)을 추구하는 시민들이 국가에 참여하면서 공공 이익을 실현하도록 하는 데 공헌하는 이상적 정치체계로서 공화국을 지향한다(이상돈, 2010). 프랑스 사회에서 시민으로 지칭되기 위해서는 자유(liberté), 평등(égalité), 형제애(fraternité)에 기초한 공화국의 통합을 이끈 구성원으로서 역할을 수행해야 하는데, 이는 '솔리다리테(Solidarité)'로 불리는 '연대'로 구체화된다.

즉, 프랑스에서 시민으로 지칭되는 사람들은 공적 영역에서 동일한 가치를 포용하고, 이를 토대로 시민 서로와 국가 공동체에 대한 솔리다리테를 형성하는 공화주의적 이상 실현에 참여하도록 요구된다(정채연, 2012). 공화국이라는 이상적 가치에 입각하여 사회 구성원들의 역할을 부여하는 프랑스의 정치사회에서는 이를 바탕으로 한 다문화정책과 이민정책을 수립하게 된다.

프랑스 다문화정책의 기조를 요약하면 공화주의를 전제로 한 동화정책, 즉 귀화를 통한 프랑스 시민으로서의 자격 취득이다. 이 원리는 보편적인 인간 가치를 내포하는 '자유롭고 평등한 시민'이라는 개념을 적용한 결과로서 소수 집단을 우대하는 정책보다는 모든 사람들에게 기회의 평등을 제공하겠다는 것으로 보이지만, 실제로는 이주민들의 특성(인종, 출신국가, 이민

---

3 프랑스의 정책에 대한 내용은 김미성(2009)의 연구에 의존했다.

배경 등)과 종교적 차이와 차별 등을 공적 영역에서 고려하거나 거론하는 것을 금기시하는 정책으로 전개된다. 이 정책의 배경에는 프랑스만의 독특한 세속주의를 지칭하는 '라이시테(Laïcité)'라는 개념이 반영되어 있다.

라이시테는 과거 프랑스의 공화국과 가톨릭교회 사이의 분리원칙에서 유래한 국가와 교회의 분리, 종교권력에서의 시민들을 보호하는 국가의 역할, 종교의 사적 영역화 등의 세 가지 원칙을 말한다. 종교에 대한 정치의 자율성을 보장받는 동시에 사적 영역인 종교가 시민들이 향유하는 공적 영역에서 권력을 행사할 때 보호할 수 있는 국가의 적극적 개입을 정당화하는 라이시테에 의해 사람들은 문화적 공동체가 아닌 정치적 공동체를 형성하게 된다(정채연, 2012). 라이시테는 표면적으로 합리성을 표방하는 것처럼 보이지만 실생활에선 이주민들과 선주민들의 갈등을 만드는 요소가 된다. 특히 과거 프랑스의 식민지로 점유되었던 북아프리카(알제리, 모로코, 튀니지) 출신의 이주자들 중 무슬림은 프랑스 사회에서 복장(히잡, 부르카 등)부터 탄압을 가하는 것을 당연시 여기기 때문이다.

또한 프랑스에서는 자국에 체류 중인 이주민들과 그들의 후손들이 겪는 문제를 출신국가와 무관하게 개인으로서 동화에 적응하지 못한 문제로 해석하면서 동화주의를 기초로 한 다문화주의의 대표적 폐해들이 발생하고 있다. 프랑스 동화주의에 따르면 공화국의 가치를 공유하고 시민으로서 역할을 다한다면 모두가 공화국의 시민이 될 수 있는 원칙을 포함하고 있다. 그렇기 때문에 이주자들 역시 프랑스인으로서 공화국의 가치를 동일하게 지향한다면 프랑스 시민이 된다는 과정도 자연스럽게 진행되어야 하지만 실제로는 기회 박탈이라는 사회적 격리와 배제 현상이 드러나는 사회로 변모되었다. 2005년 북아프리카 출신 이민자 2세들의 소요 사태와 2006년 파리 외곽 생드니에서 발생한 폭동, 2007년 파리 북부의 빌리에르벨 폭동 등은 프랑스의 동화주의 정책이 어느 정도 실패했는지를 여실히 보여주는 사례다.

지금까지도 프랑스는 자국의 역사적 배경을 바탕으로 자국의 다문화를 해석하고 있다. 오히려 몇 차례의 소요 사태가 있었음에도 불구하고 2005년 이후 프랑스 정부는 '통합수용계약(contrat d'accueil et d'intégration)'의 원칙을 적용하여 프랑스 사회 이해 및 언어 교육에 참여하여 동화되도록 요구하고 있으며, '차별(discrimination)'의 원칙을 통해 국가는 원칙적으로 통합수용계약에 참여하고 있는 이주민들을 배제하지 않고 개인 권리와 차별 금지, 도시정책에서의 기회평등 부여 등을 보장하는 제한적 다문화주의를 고수하고 있다.

프랑스 다문화주의 정책의 특성이 반영된 방송과 미디어 정책의 기조는 공동문화 완성이다. 프랑스에서 미디어, 특히 영상매체에서 문화다양성에 대한 관심이 제기된 시기는 2000년대 이후로 보인다. 2001년 2월, 프랑스의 방송운영과 관련된 법에 따르면 공영방송 채널인 France 2와 France 3는 프랑스 사회를 구성하는 상이한 문화들을 장려해야 하며, France 5는 인구 구성원들 사이의 교류와 외국인들의 편입에 대한 방송을 편성하도록 규정하고 있다. 2004년 1월, 프랑스의 CSA(Conseil supérieur de l'audiovisuel)에서는 '기회의 균등에 관한 2006년 3월의 법(la loi du 31 mars 2006 sur l'éalité des chances)'[4]으로 불리는 규정을 통해 모든 방송들이 상기한 두 가지 활동에 대한 결과 보고서를 제출하도록 결정한다.

─────────

4 CSA는 시청각 분야에서 사회적 연대를 옹호하고 차별에 대항하기 위한 활동에 동참한다. 위원회는 특히 라디오나 텔레비전의 편성자들이 그들 프로그램의 성격을 고려해 프랑스 사회의 다양성을 반영하는 프로그램 편성을 하는지 유의한다. 위원회는 연례 보고서를 통해 이러한 분야에서의 편성자들의 활동을 보고한다(김미성, 2009: 13 재인용).

CSA는 2004년 고등통합위원회(Haut Conseil a l'integration)와 함께 영상 매체에서 그려지는 문화다양성에 대한 내용을 평가하는 자리도 마련한다. '백색 화면? 시청각 분야에서의 문화다양성과 공동의 문화(Ecrans pâes? Diversitéculturelle et culture commune dans l'audiovisuel)'라는 제하의 이 세미나에서는 프랑스의 텔레비전에 출연하는 인물들의 대부분이 백인이라는 점을 비판한다. 프로그램 장르 중에서 픽션과 시리즈물의 경우 다양한 민족 출신 배우들은 대부분 조연 역할에 그치고 있었으며, 뉴스와 시사 프로그램에서는 거의 모든 인물들이 백인으로 구성되어 있었다며 이를 개선해야 한다고 제안한다. CSA는 방송매체에서 다인종과 다문화를 확보하기 위해 다음과 같은 권고안을 제시하게 된다(김미성, 2009: 14 재인용).

- 균형 잡힌 이미지와 프랑스의 현실에 대한 다원적 시각을 제공하도록 유의 해야 한다.
- 텔레비전 방송 프로그램은 공유된 문화와 예절 바름의 가치를 장려해야 한다.
- 텔레비전 방송 프로그램은 정보의 적합성에 유의해야 하는데, 필요하지 않을 경우에는 사람들의 출신을 나타내지 않으며 이국정서(exotisme)를 가볍게 다루지 않도록 해야 한다.
- 텔레비전 방송 프로그램은 프랑스 사회의 상이한 구성 요소들이 다양한 직업군 속에 존재할 수 있도록 유의해야 한다.

CSA는 시민사회에서 정책적·제도적 규제의 원리로서 미디어 콘텐츠와 방송 프로그램의 다양성과 품질 제고 등의 원칙을 준수하고 규제하기 위한 기구로 활동하고 있다. 프랑스의 방송법 격인 커뮤니케이션 자유에 관한 법에서는 문화다양성을 위한 공영방송의 역할을 강조하고 있어 CSA의 활동에 힘을 더해주고 있다.

2006년 3월 31일 개정된 커뮤니케이션 자유에 관한 법은 문화다양성과 다문화사회라는 틀에서 방송의 역할을 다각화하기 위한 원칙들을 담고 있다. 이를 정리하면 다음과 같다. ① 다양성·다원성의 원칙, 그리고 양질의 혁신적이며 인간 기본권과 헌법적 민주주의의 원칙을 존중하면서 모든 프로그램과 서비스를 공중에게 제공한다. ② 아날로그 및 디지털 형태로 다양한 정보, 문화, 지식, 오락, 스포츠 프로그램을 제공한다. ③ 민주적인 토론, 서로 다른 사회적 활동 영역 및 시민 활동의 교류를 존중한다. ④ 프랑스어의 발전과 문화 및 언어 유산을 가치화하는 데 기여한다. ⑤ 사회적 화합과 문화적 다양성, 그리고 반사회적 행위에 대항하기 위해 활동한다. ⑥ 프랑스 사회의 다양성을 반영한 프로그램을 제공한다. ⑦ 지적·예술적 창작물의 확산, 그리고 시민, 경제, 사회, 과학 및 기술적 지식뿐 아니라 시청각 및 미디어 교육의 확산을 활성화하는 역할을 한다. ⑧ 적합한 장비를 이용해서 청각장애인과 난청인의 시청을 위한 프로그램을 제공한다. ⑨ CSA의 권고와 균형 있는 활동원칙에 따라 다양한 생각과 의견이 교류하도록 정보의 다원성, 독립성, 진실성을 보장한다(박태순·이광석·장성준, 2010: 52 재인용). CSA의 노력에도 불구하고 프랑스의 방송과 미디어는 자국의 통합형 다문화정책의 기조를 고수하고 있어 그 성과는 미지수로 남았다.

캐나다, 호주, 프랑스의 사례는 다문화에 대한 정의 차이에 따라 다르게 수립된 정책적 수단으로서 방송과 미디어를 어떻게 적용하고 있는가를 여실히 보여준다. 캐나다는 유네스코의 문화다양성협약을 첫 번째로 비준하면서 방송과 미디어 정책에서도 서비스의 다각화와 지역 중심의 채널 운영, 언어의 다양성을 중시하는 정책을 펼치면서 문화다양성을 공존이라는 개념으로 해석하고 이를 유지하고 증진하기 위한 역할을 방송과 미디어에 부여했다. 호주는 이주자라는 배경을 백인으로 국한시키면서 캐나다와 초기 정책 구축 과정은 유사하게 시작한다. 하지만 국민의 구성이 변화함에 따라 정책 방향을 변화시킨 캐나다와 달리 호주는 백호주의를 강화함으로써 인종차별이라는 문제를 낳았다. 이 문제를 보완하기 위해 호주 공영방송과 에스닉 공동체 방송은 각자의 역할을 수행하면서 상호 보완하고 있다. 마지막으로 프랑스는 정책적으로 공동문화의 완성이라는 목표를 미디어 정책의 기조로 가지고 있다. 프랑스에서 해석하는 공동문화는 공화정이라는 정치 체계로부터 파생된 시민의식을 공유한 사람들이 가진 문화로 정의되는바, 내용 면에서는 여타 국가들에 비해 가장 넓은 의미의 다문화주의를 표방하고 있다. 하지만 자국 중심과 자민족 중심의 체계를 구축함으로써 다문화정책의 실패라고 불릴 정도로 이주자들과의 갈등이 크다. 이 과정에서 미디어 정책은 인종 간의 갈등을 조금이나마 완화하는 정책들을 펼치면서 흐름의 변화를 꾀하고 있다고 볼 수 있다.

2. 독일 다문화사회 형성 과정과 미디어의 역할

1) 독일의 다문화정책 변화 과정

선주민이 이주민에게 갖는 태도는 크게 두 가지 이론으로 설명된다. 하나는 자국에 대한 신념으로 구성된 상징정치(Symbolpolitik) 이론에서 파생된 것으로, 개인이 가진 문화에 대한 자부심과 정체성이 이주민들에 의해 훼손된다고 판단하는 것이다. 다른 하나는 이주자들이 정착국가에서 얻게 되는 경제 이득이 자국민에게 위협적인 영향을 준다고 생각하는 것으로, 경제이익(sociotropic) 이론으로 설명된다. 우리나라 상황에 이 두 가지 개념을 도입해보면 쉽게 이해된다. 전자는 우리나라가 한민족이기 때문에 이민자들이 유입될 경우 민족의 정체성이 흐트러진다고 주장하고, 후자는 실업률이 높아지고 있는 상황에서 이주노동자들에게 일자리를 뺏기고 있다고 생각하는 것이다. 독일의 상황도 우리나라의 그것과 유사하다. 1973년까지 유입시킨 이주민 노동자에 대해서는 경제이익의 관점에서 이해했던 반면, 최근 이주자들을 독일 사회의 일원으로 여기지 않는 것은 상징정치, 즉 자국민의 문화에 대한 자부심 때문이다.

독일이 처한 사회변화에 따른 사회통합의 문제는 두 가지 흐름에서 짚어 볼 수 있다. 하나는 1990년 통일 이후 진행된 동독과 서독 주민의 사회통합이다. 1989년 베를린 장벽 붕괴와 함께 양 정부는 약 1년간의 준비와 협약을 거쳐 이듬해 10월 통일을 선포했다. 통일이라는 표면적 성과를 거두기는 했지만 동독과 서독은 정치·경제·사회·문화 모든 면의 차이로 인해 주민들 간의 화합을 이루지는 못한 상태다. 지금까지도 연방정부는 지역 간 격차를 줄이기 위해 소득이 많은 주에서 소득이 낮은 주에 세금을 분담해주는 재정 평준화의 원칙을 통해 노력하고 있지만 즉각적인 효과가 나타나는 것은 아니기 때문에 동서독의 사회통합은 아직까지 난제로 남아 있다.

다른 하나는 이주자들의 사회통합과 관련된 사안이다. 독일 내 외국인 비율이 높아진 것은 1980년대부터였지만 이들을 사회적으로나 행정적으로 인정하기 시작한 것은 그로부터 20~30년이 지난 후였다. 통독에 따른 동독과 서독의 사회통합은 동일민족이라는 결합을 전제하고 있지만, 이주자들의 증가는 그동안 순수 혈통을 중시하던 체계의 변화가 필수로 수반되어야 하기 때문에 이들이 어떻게 독일 사회에 적응하도록 할 것인가의 주제로 논의가 전개된다. 여기서 살펴볼 문제는 후자의 상황으로서 이주사회와 관련된 독일 사회의 역사 흐름과 변화 과정이다.

독일에서 외국인이 유입되기 시작한 시기는 산업화에 따라 노동 부족 현상이 나타난 1880년대 말이다. 제1차 세계대전 이전까지 독일의 이주노동자 유입방식은 '계절이주노동자(ausländeische Wanderarbeiter)'로 허가되었는데, 이들은 일시적으로 노동시장의 필요에 의해 유입되는 사람들일 뿐 영구 체류나 귀화가 허가되지 않았다. 제2차 세계대전 기간에는 자민족 중심주의가 전제된 정책에 따라 외국인들의 유입은 제한된 반면, 당시 독일인들을 독일군이 점령한 유럽 동부와 중동부 지역에 이주시키게 된다(Lee, 2010). 제2차 세계대전이 종식된 이후, 서독 지역을 중심으로 경제성장의 속도가 가속화되면서 또다시 노동 부족 현상이 나타나게 된다. 서독 정부는 노동력을 확보하기 위해 1955년 이탈리아와 '이주노동자(Gastarbeiter)' 모집 협약을 체결한 이래 그 외 유럽 국가로부터도 이주자들을 모집하여 1973년까지 노동력을 충원했다.[5] 독일은 이들에 대해 계절이주노동자들보다는 유연한 방식으로 독일에 체류할 수 있도록 했지만 역시 고용 기간을 한정하여 장기 체류를 방지하는 조항을 두고 입국을 허가했다.

서독 정부가 이탈리아와 처음으로 국가 간 이주노동자 유입에 대한 협약을 체결하면서 이주노동자는 국가가 모집하고 통제하며, 일자리엔 내국인(독일인)이 우선적으로 배정되지만 임금은 동등하게 지불하겠다는 원칙이 적용된다. 체류 기간과 관련한 원칙은 '로테이션 원칙(Rotationsprinzip)'으로서 모든 이주자들의 노동과 체류 허가는 1년으로 한정한다는 내용이었다.

---

5 이주노동자 모집 협약은 1960년 그리스와 스페인, 1961년 터키, 1963년 모로코와 한국(광부와 간호사), 1964년 포르투갈, 1965년 튀니지, 1968년 유고슬라비아 등의 국가로 확대된다.

하지만 사업주가 필요한 노동력이나 기술력이 내국인으로 충원되지 못할 경우 노동청의 허가를 통해 이주노동자의 계약과 체류 기간을 연장해준다는 단서 조항이 있어 많은 이주노동자가 이 혜택을 받게 된다(Pagenstecher, 1995). 당시 서독의 경제성장률을 기록한 자료에 따르면 1950년부터 1970년대 초까지 6~7%의 성장률을 기록할 정도로 호황을 누렸으며, 실업률은 1970년 이전까지 0.7% 수준에 불과했다(한형서, 2008). 높은 성장률과 낮은 실업률에 힘입어 1962년까지 이주노동자 신분으로 서독 내에서 체류했던 인구는 전체 피고용 인구의 3.1%, 약 63만 명으로 집계되었지만 점차 산업 성장이 가속화되면서 1972년에는 전체 피고용 인구의 10.5%에 달하는 약 260만 명 수준까지 증가했다(이종희, 2012).

그러나 1973년 발발한 오일쇼크로 인해 경제성장이 둔화됨에 따라 이주 노동자가 독일 자국 내로 유입되는 것을 중단하겠다는 원칙(Anwerbestop)을 천명하면서부터 새로운 인력의 유입은 제한된다. 반면 기존에 서독에서 체류하던 이주민들은 자국으로 돌아가는 것을 선택하기보다는 그대로 체류를 결정하는 경향이 높았고, 자신들의 가족을 서독으로 초대하면서 오히려 장기 체류자가 증가하는 현상이 발생한다. 결론적으로 이 정책은 미비한 효과를 거두는 데 그쳤는데, 이는 통계 자료에서도 잘 드러난다. 당시 인구 통계를 보면 1950~1960년대까지 서독을 기준으로 외국인이 인구에서 차지하는 비율은 1%대였으나 1971~1980년에 들어 5~7%로 급증한다(Destatis, 2014). 이주노동자 유입 금지조치와 귀국촉진법 등의 조치와는 상관없이 이주자의 비율이 높아진 것이다.

이주정책에 대한 제동이 실패하자 서독 정부는 이주노동자의 수를 제한하기 위해 '공고화(Konsolidierung)'라는 개념을 내세워 정책을 보완하게 된다. 공고화는 이주노동자의 수를 제한하고, 그 제한의 근거를 사회 제반시설과 수용 능력에 두겠다는 의미였다. 이주노동자 유입 제한조치와 귀국촉진법이라는 정책에도 불구하고 이주노동자들의 가족이 서독으로 유입되는 사례가 많아지면서 사회기금으로 제공되는 자녀 수당(Kindergeld)도 삭감하는 조치를 취하게 된다. 당시 서독의 실제 인구 중 외국인의 비율이 5% 이상으로 높아져 구성원들은 이주국가의 성격을 띠게 되었지만 게르만족이라는 혈통주의 근간의 정책을 포기하지 않은 것이다.

사회적으로나 정책적으로 이주자와 독일인을 구분하는 기류가 만연했던 1970년대 말, 독일의 다문화정책에 대해 획기적인 전환이 필요함을 제기한 '퀸 보고서(Kühn-Memorandum)'의 가치는 높게 평가된다. 이 보고서는 당시 사민당(SPD) 소속으로 노르트라인베스트팔렌의 대표를 맡고 있던 하인츠 퀸(Heinz Kühn)이 (서독) 연방노동부 산하의 '외국인 노동자 및 가족 통합촉진위원회(Beauftragter zur Förderung der Integration der ausländischen Arbeitnehmer und ihrer Familienangeh rigen)' 위원장으로 재임하던 1979년 9월에 발행된 보고서다. 보고서의 정식 명칭은 '서독 거주 외국인 노동자와 가족의 통합 상태와 지속발전(Stand und Weiterentwicklung der Integration der ausländischen Arbeitnehmer und ihrer Familien in der Bundesrepublik Deutschalnd)'이지만 위원장의 이름을 딴 명칭이 주로 통용된다. 80쪽 분량으로 작성된 퀸 보고서[6]엔 '지속발전을 위한 법의 원칙(Prinzipielle Ansätze zur Weiterentwicklung)', 취학 전 아동과 학생, 직업교육의 영역(Vorschulischer Bereich, Schulsektor, Berufliche Bildung), 이주자의 법적 지위에 관한 체류법

---

6 퀸 보고서와 관련한 내용에 대해 원문인 "Stand und Weiterentwicklung der Integration der ausländischen Arbeitnehmer und ihrer Familien in der Bundesrepublik Deutschalnd"와 곽병휴(2013)의 분석 내용을 함께 소개한다.

(Aufenthaltsrecht)과 노동 허가(Arbeitserlaubnus), 시민권(Staatsbügerschaft), 투표권과 같은 참정권(Politische Rechte) 등의 내용뿐만 아니라 거주 상황 (Wohnsituation)과 사회보호/조언(Soziale Betreuung und Beratung) 등의 주제가 다뤄지고 있다. 퀸 보고서에서 제시하는 내용의 중점 부분은 다음과 같다.

첫째, 퀸 보고서엔 '통합(Intergration)'이라는 용어가 사용되면서 이주자가 서독 사회 속으로 포함되어야 한다는 의미를 내포한다는 특징이 있다. 이는 서독이 그동안 취해왔던 이주자에 대한 태도를 전환해야 한다는 주장과 맞물리는 내용이다. 서독은 1955년 이후 이주노동자를 자국 내로 유입시키면서 그들에겐 한시적 체류 권한만 제공했다. 서독 정부는 이주노동자들이 갖고 있는 출신국가의 문화와 생활습관을 유지하도록 장려하면서 이들을 물과 기름처럼 분리된 상태로 여긴다. 이는 다문화주의를 표방하는 국가들이 이주자들의 문화를 장려하는 이유와 다른 양상이다. 후자의 경우, 이주자들을 본토의 선주민들과 사회 속에서 함께 어울려 생활하도록 하기 위해 이주자들의 문화를 장려한다. 그러나 서독 정부의 경우, 이주자들이 서독 내에서 장기 또는 영구적으로 체류할 것이 아니고 일정한 시간이 지나면 그들의 사회로 돌아갈 것이라 생각했기 때문에 그들의 문화를 보호한 것이다.

퀸 보고서가 제기한 '통합'은 이러한 이전의 이주자 정책과 크게 배치되는 것이다. 통합은 이주자가 새로운 생활 터전으로 이주하면서 사회에 녹아들고 적응하도록 촉진하는 개념이기 때문이다. 상반된 느낌의 '다문화'라는 의미와 '통합'이라는 의미의 차이가 반영된 퀸 보고서 내용은 당시 서독 정부의 정책 노선과 상반된다. 이 내용에 대해 곽병휴(2013)는 그의 연구에서 2010년 기독교사회당(CSU)의 대표였던 호르스트 제호퍼(Horst Seehofer)의 인터뷰를 들어 차이를 설명하고 있어 이를 소개한다.

기독교사회당은 독일 주도 문화를 지지하며 다문화를 반대합니다. 다문화는 죽었습니다. 통합이란 서로 나란히(nebeneinander) 생활하는 것을 의미하는 것이 아니라 우리의 기본법과 기독교적 유대교 전통, 기독교, 인문주의, 계몽주의의 특징을 지닌 독일 주도 문화라는 가치 질서의 공통 기반 위에서 서로 함께(mienander) 사는 것입니다(곽병휴, 2013: 11).

둘째, 퀸 보고서가 발행된 1979년 당시 서독 정부가 자국이 이주국가임을 인정하고 있지 않았음에도 이 보고서에서는 이주자들로 구성된 국가임을 인정할 것을 강조해 기존 정책에 일갈을 가했다. 퀸 보고서에 담긴 해당 내용에 따르면 '사실상 이주국가(faktische Einwanderung)'로 표현되며, '서독에 거주하는 이주자들의 대다수가 이주노동자가 아닌 이주민이라는 사실(die Mehrzahl der Betroffenen nicht mehr 'Gastarbeiter' sondern Eunwanderer sind)'을 인정하는 것을 시작으로 미래의 전략을 설정해야 한다고 주장한다(Kühn-Memorandum, p.15). 한 발 더 나아가 퀸 보고서는 서독 내에서 살고 있는 이주노동자뿐 아니라 그들의 가족들도 이민자라고 정의 내리면서 이들을 위한 사회 장치가 필요하다고 강조한다. 퀸 보고서엔 이 사회 장치를 학교교육, 이주자의 법적 지위, 참정권 등의 내용으로 확대하여 설명한다.

셋째는 학교교육과 관련한 내용이다. 퀸 보고서에 따르면 이주자 가정 내 미취학(취학 전) 연령대의 아이들이 어린이집과 유치원(Kindergarten)에 다니는 비율을 높여야 한다고 주장한다. 학교 정규교육 과정부터는 체류국가·출신국가로 구분하는 이중 잣대를 폐지하고 같은 연령대의 독일 어린이와 이주 어린이가 함께 공부할 수 있는 통합교육이 필요하다고 주장한다(곽병휴, 2013). 이중 잣대를 적용할 경우 이주 배경 가정의 학생들이 고립될 여지가 높다는 주장이다. 이 외에도 퀸 보고서 내용이 급진적으로 여겨지는 이유로는 이주노동자와 그 가족의 귀화 조건을 완화하고 독일 태생의 이주 가정 2세의 국적 선택권 부여, 8~10년 이상 장기 체류 이주자에게 지역선거에 국한되지만 참정권을 부여해야 한다는 의견 등이 포함되어 있기 때문이다.

퀸 보고서가 제시한 내용들은 현대 여러 국가들의 이주정책 또는 다문화정책의 일환으로 적용될 정도로 현대적인 이슈들을 다뤘다는 평가를 받는다. 그렇지만 정작 이 보고서가 발행되었던 서독은 오히려 보수 정권인 기독교민주당(CDU)과 기독교사회당(CSU)의 연립정부가 형성되면서 이주민 유입 제한정책을 채택하게 된다. 1970년 초부터 시작된 경제성장 지체 현상이 심화되었음에도 새로운 인력이 계속 유입됨에 따라 사회적 반발이 거세졌기 때문이다. 결과적으로 1983년에는 외국인을 자국으로 귀환시키기 위해 유화책인 '귀국촉진법(Gesetzes zur Förderung der Rückkehrbereitschaft von Ausländern)'을 제정하면서 이주노동자가 본국으로 귀환할 때 정착지원금을 주는 정책을 마련하여 더 많은 이주자들을 서독 내에서 출국시키기 위한 방안들을 마련하게 된다. 1973년부터 이어져온 이주노동자 유입 제한정책에 전환점을 제공한 것은 2000년 사민당(SPD) 슈뢰더(Gerhard Schröder) 총리의 제안이다. 그는 전문 분야 종사자, 특히 인도의 컴퓨터 전문가들이 독일에 체류할 수 있는 영주권 제도를 도입한다. 2000년도에 들어 IT 산업이 부상하자 이익이 되는 외국인들만을 선별적으로 체류하도록 한 것이다.

독일의 이민법(Zwanderungsgesetz)[7]은 2000년도 이후 제정을 위한 과정

---

7 정식 명칭은 'Gesetz zur Steuerung und Begrenzung der Zuwanderung und zur Regelung des Aufenthalts und der Integration von Unionsbürgern und Ausländern'이다.

표 4-2 2005년 발효된 독일 이민법의 기본원칙

	통합성	관리성	안보성
기본 방향	독일 내에서 합법적으로 체류하고 있는 이주민들은 성공적으로 독일 사회에 통합되어야 한다.	독일의 경제발전과 통합정책을 위해서 이민은 적극적이고 투명하게 관리되어야 한다.	이민을 전제하여 국가 안보와 관련된 요소들을 간과해선 안 된다.
	이주민 관리 거버넌스	관리방식의 차별화	인도주의의 원칙	국가 안보 우선 확립	이주정책의 정당성 강화
세부 원칙	연방정부, 주정부 및 시민사회 전체가 진행하는 사업들의 정책적 목표는 이주민들의 독일 사회통합을 추구하기 위함이다. 연방정부와 주정부는 이주민들을 지원해야 하고, 이주민들 역시 독일 사회에 적응하려고 노력해야 한다.	독일의 경제 및 사회적 필요를 고려하여 차별화된 방식으로 이민 조건을 관리한다.	독일 연방헌법과 국제협약 및 협력체계에 명시되어 있는 인도주의적 의무를 이행하도록 한다.	독일 번영과 안보 및 국민 보호를 위해 힘쓴다.	EU 및 UN 내에서 독일의 입장을 피력하며 알린다.

자료: 최웅선·이용모·주운현(2012: 49). 원저작자의 모든 권리가 보호됨.

에 돌입하게 되는데, 계기는 독일 사회 내부로부터의 요구에 의한 것이라기보다는 EU의 권고에 의한 성격이 강했다. 이미 인구 중 8% 이상의 외국인이 체류하고 있었지만 이들에 대한 법적 장치가 없었기 때문이다. 이런 연유에서 이민법이 제정되는 과정도 녹록지 않았다. 독일 연방상원은 2002년에 이민법을 통과시켰으나, 연방헌법재판소는 통과 과정이 부적절했다고 판결을 내려 법 발효까지 유예 기간이 발생했다(강수돌, 2005). 이후 이민법은 수차례 수정 및 보완, 재토론을 거쳐 결국 2004년 7월 30일에 공포되었고, 2005년 1월 1일부터 발효되었다. 이로써 게르만으로 대표되는, 하나의 민족과 하나의 혈통을 중시하던 독일 사회 내 통념이 공식적으로 무너졌다. 이민법은 대외적으로 독일이 다문화국가임을 선포하고 사회통합을 법의 전제로 삼았기에 이민정책의 역사에서 결정적인 패러다임의 전환을 맞게 된다.

독일의 이민법은 이민자 각각의 체류 목적에 맞는 기준을 명시하고 있다. EU 비회원 국가의 노동자들을 대상으로 하는 노동 이민, 유학생들에게 체류와 취업의 기회를 제공하는 학생 거주, 독일 경제와 고용시장에 긍정적인 효과를 창출할 수 있는 사업 이민 등의 항목 구분이 그것이다. 독일 이민법은 각 이민자들이 독일 사회에 적응할 수 있도록 언어 프로그램에 대한 참여를 독려하고 문화·역사·법률 등에 관한 교육 프로그램 이수를 체류나 영주권을 받기 위한 필수 항목으로 규정하고 있다. 독일이 이민법을 제정함에 따라 그동안 EU 소속 국가 출신이 주를 이루었던 이주자들의 출신국이 전 세계 국가로 확대된다. 여기에 제2차 세계대전 시기 구(舊) 소비에트연방(특히 카자흐스탄)으로 이주되어 생활하던 독일 출신 사람들에게 속인주의에 따라 독일 국적을 부여함으로써 새로운 이주자들도 대거 유입되어 복잡한 인구구성 형태를 띠게 된다(김영란, 2015). 2014년 독일 내 이주자는 총약 711만 명으로 집계되어 3년 전인 2011년의 621만 명보다 90만 명이 증가했다. 인구 비율로는 7.88%에서 8.8%로 상승한 수치다. 2015년 적극적인 난민 수용정책을 펼친 후 이 비율은 더욱 높아져 2016년 현재 독일 전체 인구 중 외국인의 비율은 10% 내외에 달하는 것으로 추산되고 있다. 이주민의 출신국가 중 가장 큰 비중을 차지하는 나라는 터키로 2013년 집계 당시 약 155만 명에 달했으며, 이어서 폴란드 60만 명, 이탈리아 55만 명 순서로 나타났다.

독일이 공식적으로 다문화 국가임을 선포한 것은 2005년 발효된 이민법에 의해서다. 그 전에 독일로 유입되었던 외국인들은 1950년대 해외/이주 노동자, 학생 등으로 분류되어 일시적 체류만 허용된 수준이었기 때문에 이민이라는 개념보다는 일시적이라는 전제가 적용되는 대상이었다. 이민법은 이들의 위치를 바꿔놓는다. 법적으로도 외국인의 지위를 인정하며 명실 상부한 다민족·다인종 국가가 되었지만 독일 사회 내부에서는 이주민을 온전히 받아들이지 못하고 있다. 이주자들의 생활습관과 종교 등이 독일인의 가치관과 충돌하는 사례가 잦았기 때문이다. 특히 독일은 공식적인 국교가 없음에도 개신교 중심으로 사회 시스템이 운영되기 때문에 터키와 리비아, 북아프리카 등 이슬람 문화권 출신의 이주민들과의 문화적 차이가 사회 갈등의 요소로 부각되기 시작했다. 또한 다양한 사회복지 시스템을 운영하고 있는 독일연방의 정책으로 인해 이주자 규모가 늘어나면서 국가가 이들의 정착을 지원하는 사회기금과 어린아이들 양육비 등을 지급함에 따라 재정 부담이 증가했다. 이런 상황은 독일인들이 이들이 별다른 노력 없이 체류 지원을 받음으로써 사회 분위기를 흐트러뜨리고 치안 문제까지 야기하고 있다고 판단하는 근거로 작용하게 된다. 다문화, 특히 이슬람권에 대한 반발이 거세지면서 난민과 외국인의 체류를 반대하는 입장들이 세력화되어 사회적 갈등이 야기되고 있다.

독일은 19세기만 하더라도 정치 박해와 이념 갈등으로 인해 난민 수용이 허가되지 않은 국가였다. 이는 범죄인 인도조약에 따른 조치였다. 제2차 세계대전 이후 1948년 서독 정부가 UN인권협약에 서명함으로써 1949년 동독 출신 난민들을 받아들이기 위한 기본법을 제정한 것이 변화의 시작이다. 서독 정부의 1951년 제네바 협약(Genfer Flüchtlingskonvention) 가입도 독일 내 난민 수용에 영향을 미쳤다. 난민정책의 역사 중 가장 큰 변화는 1993년 공개 토론을 통해 제정된 난민기본법(Asylgrundrecht 1993)이다.

1991년 소비에트연방 붕괴, 1992년 유고슬라비아 해체 등 국제적인 사건으로 독일에 유입되는 외국인 수가 증가하기 시작했는데, 1991년 통일을 맞이한 독일로서는 자국에 들어오는 난민들의 움직임을 막고자 했던 것으로 보인다. 난민 지위를 규정한 난민기본법의 §16(a) 조항 개정을 시행하여 '안전국가(Sichere Herkunftsstaaten)'와 '안전한 제3국가(Sichere Drittstaaten)'

개념을 도입했다. 전자는 정치적 망명이 아닌 일반 망명을 배제하기 위한 조항으로, 독일 인근 국가들을 정치 상황에 따라 난민 허용, 일부 허용, 금지 국가로 분류한 것이다. 후자는 유럽연합 혹은 인정받은 제3국가로부터 온 난민들의 입국을 받아들이고 이들에 대한 보호 의무를 준수한다는 내용이다.

현재 적용되는 난민 유입과 관련한 법은 크게 연방외국인체류법과 망명법이 있으며, 난민으로 불리며 연방 내 체류가 가능한 유형은 총 네 개다. '연방외국인체류법(Gesetz über die Einreise und den Aufenthalt von Ausländern im Bundesgebiet: AuslG)'에 따르면 일반적으로 난민으로 불리는 사람들에 대한 체류 허가 기준을 명시하고 있다. 가장 널리 알려진 '난민(Flüchtlinge)' 규정은 연방외국인체류법 §51의 '개인 자격으로 인정받은 난민(individuell anerkannte Flüchtlinge)'으로, 제네바 협약에 따라 인정받은 망명 절차를 밟을 수 있는 사람들이다. 독일은 제네바 협약 가입국이기 때문에 국제법에 근거하여 난민으로 인정되는 사람들에 대해 연방에 체류하는 권한을 제공해야 한다는 의미이다.

독일연방에서 인정하는 '국가에서 인정하는 난민(Staatlich aufgenommene Flüchtlinge)'은 국제법에 따른 기준보다는 인도주의적 차원에서 체류를 허가받은 사람들이다. 본국이 전쟁이나 내전이 발생해 독일로 입국하려는 피난민(Kriegs- und Bürgerkriegsflüchtlingen)과 독일과 동맹을 맺은 국가가 전쟁 상황을 맞이해 발생한 동맹국가 출신의 피난민(Kontingentflüchtlingen) 등 두 가지 유형이 국가에서 인정하는 난민으로 정해진다. 이 두 개념은 법적 해석에서 분쟁의 소지가 있기 때문에 큰 차이를 두고 해석하지 않는다는 것이 일반 견해다. 1993년 코소보와 알바니아 지역의 내전과 분쟁으로 인해 발생한 1만 5000여 명의 피난민이 독일로 유입되었을 때 주어진 체류 자격이 바로 국가에서 인정하는 난민이었다.

독일에서 난민 자격을 받기 위해서는 망명법(Asylgesetz)에 의거해 '이민/난민연방청(Bundesamts für Migration und Flüchtlinge: BAMF)'의 심사를 받게 된다. 심사 과정이 1년 이상 소요될 수도 있기 때문에 독일연방에선 망명 신청자(Asylbewerber)의 연방 내 체류를 일시적으로 허용해준다. '용인된 난민(Geduldete Flüchtlinge)'으로 분류되는 사람들도 있다. 이들은 망명법이나 연방외국인체류법의 기준에 미달되어 난민으로 인정받지 못한 사람들이다. 원칙적으로 용인된 난민은 강제 추방 대상에 속하지만, 연방 영토를 벗어날 경우 잠재적으로 위협을 받을 여지가 있는 사람들이기 때문에 연방외국인체류법 §53~§55에 따라 일부 체류를 허용하고 있으나 그 수는 많지 않다.

독일이 설정한 난민 허용 범위가 넓은 것으로 생각할 수 있지만 실제로는 노르웨이, 폴란드, 체코, 스위스 등 독일과 국경을 이루고 있는 몇몇 국가들에 제한된 조치였다. 이 법을 통해서 독일은 동구권 및 유럽 전역에서 정착지를 찾지 못하고 떠돌아다니는 난민들의 입국을 원천적으로 금지시켰고 완충 지대인 인근 국가를 통해 들어오는 극히 일부 경우만을 받아들였다. 실제로 2002년부터 2013년까지 독일에서 난민 거주 허가를 받은 비율은 전체 망명 신청자의 2%에 불과했다.

극히 제한적인 망명 신청자 유입만을 허용했던 독일이 2015년에 갑자기 많은 수의 망명 신청자를 받아들일 수 있었던 것은 연방정부가 2015년 10월 개정해 같은 해 11월 발효시킨 '망명 패킷 I(Asylpaket I)' 덕분이다. 망명 패킷 I은 안전국가에 포함되지 않았던 북아프리카 지역의 모로코와 알제리, 튀니지 출신 망명 신청자가 독일 내로 유입될 수 있도록 했으며, 인도적인 차원에서 어린이와 청소년의 입국을 대폭 허용한다는 골자로 제정된다. 어린이와 청소년의 경우 단독으로 입국하는 사례보다는 부모나 보호자를 동반하는 경우가 많기 때문에 이들과 동반하는 사람들은 망명 지원자로서의 지위를 함께 획득하게 된다.

망명 지원자들의 입국을 쉽게 만든 반면에, 이들에게 제공되었던 최저생계비(Existenzminimums)는 40% 삭감했다(Leistungskürzungen). 망명 신청자를 별도의 통보 없이 추방할 수 있는 권한(Abschiebungen ohne Ankündigung)이 강화되었고, 학생장학금(BAföG-Förderung)을 신청할 수 있는 자격도 강화시켰다. 전반적으로 '망명 패킷 I'은 인도적인 차원에서 난민 유입을 늘리는 반면 생활에 대한 지원을 축소시키는 방안으로 정리된다. 또한 난민들에게 사회통합 과정(Öffnung der Integrationskurse)을 필수로 이수하도록 하여 독일 사회에서 생활하기 위한 기본 언어와 규범을 학습하도록 했다는 특징이 있다.

2015년 12월 31일, 독일 내 유입된 망명 신청자들의 정책이 유화책에서 강화책으로 변하게 하는 사건이 발생한다. 북아프리카 출신의 망명 신청자들이 독일 여성을 상대로 성범죄를 저지른 것이다. 이에 따라 독일 연방정부는 기존의 망명 패킷에 대한 수정 작업에 들어갔으며, 관련 내용을 정식으로 발표하게 된다. 2016년 2월 3일 연방 내각에서 처리된 '망명 패킷 II'는 지금까지 받아들였던 망명 신청자 중 사회 적응 가능성이 높은 부류를 추려내는 과정으로 여겨진다. 먼저 독일 내 입국한 망명 신청자가 다른 국가에 체류 중인 가족을 초대(Flüchtlinge mit eingeschränktem)하기 위해서는 2년 이상 체류한 사실이 있어야 한다. 2년 이상 체류 기간을 적용받지 않는 대상은 2015년 12월 EU가 회원국 투표를 통해 결정한 터키와 요르단, 레바논 등 지역 난민촌에 체류하는 난민을 국가 재정 상태에 따라 각 회원국들에게 배정된 비율에 따라 분류 수용된 사람들이다.

사회통합의 필요성에 대해서도 사회적 요구가 높아지면서 이전까지 정부가 제공했던 사회통합 과정 이수비용 10유로를 망명 신청자가 부담하게

쾰른 사건

독일의 도시들은 매년 12월 31일 '제야의 밤(Silverster)' 축제를 연다. 쾰른(Köln) 시 중심가에도 제야의 밤을 즐기려는 시민들이 모여 있었고, 대규모로 유입된 난민들 중 일부도 이 축제에 참여하고 있었다. 사건은 2015년 12월 31일에서 2016년 1월 1일로 넘어가는 시점에 일어났다. 한 여성이 난민으로 추정되는 남성에게 성추행을 당했다는 내용의 글을 쾰른 지역 중고 거래 물품이 공유되는 페이스북 페이지에 올렸고, 잇달아 유사한 사례와 목격자들의 증언이 게시되기 시작했다. 이 사건은 1월 1일 자정이 지나면서 쾰른 지역신문 ≪Köln Rundschau≫, ≪des Express≫, ≪Kölner Stadtanzeigers≫, ≪Focus Köln≫ 등의 온라인 페이지에서 기사화되었으나, 당시 쾰른 경찰은 사태의 심각성을 인지하지 못했다. 1월 2일부터 공식적 수사를 시작해 피해자들의 증언을 토대로 범죄자 검거에 나섰는데, 불과 3일 만에 561건의 피해가 접수되어 사회적으로 큰 이슈가 되었다. 사건 발생 후 얼마 지나지 않아 1000여 명의 망명 신청자가 범죄자로 지목되었으며 대부분 15~34세의 북아프리카 지역 출신 남성으로 밝혀졌다(일부 한국 언론에서는 중동계로 보도되었지만 실제로는 북아프리카 지역 출신이 대다수였다). 이후 여성을 상대로 한 성추행과 성폭행 사건들이 연쇄적으로 발생하여 2016년 7월까지 약 2000여 명의 임시 난민 체류자들이 881명의 불특정 다수 여성들에게 성범죄를 저지른 것으로 집계되었고, 이 중 신분 확인이 가능한 120명은 법적 절차에 들어가거나 처벌을 받았다.

2015년 제야의 밤 행사에서 성추행 사건이 발생한 것은 비단 쾰른에 국한되지 않았다. 함부르크, 빌레펠트, 슈투트가르트, 프랑크푸르트, 뉘른베르크 등지에서 유사한 사건들이 보고되었고, 오스트리아의 잘츠부르크, 핀란드의 헬싱키, 스위스의 취리히 등에서도 비슷한 범죄가 발생한 것으로 알려졌다. 쾰른 사건은 2015년 이전 난민 유입에 긍정적인 태도를 유지했던 독일인들에게 충격으로 다가왔으며 반난민 정서가 형성되는 계기가 되었다. 쾰른 사건 이후 성범죄를 저지르는 난민들은 독일 내 구금 조치가 아닌 즉시 국외 추방이 가능하도록 법이 바뀌었으며, 일반적인 난민들에 대해서도 사회통합 교육에 참여하는 것이 의무로 강제되었다.

되었다. 이미 입국해 있던 난민들을 출국시키는 방안도 도입되었다. 망명 패킷 I에서 안전국가에 포함시켰던 모로코와 알제리, 튀니지 등의 북아프리카 국가들을 망명 패킷 II에서는 제외시키기로 했지만 이에 대한 논쟁이 강화됨에 따라 실제로는 적용되지 않았다. 2017년 3월, 독일 연방정부가 다시 북아프리카 3개국에 대한 안전국가 지정을 시도했지만 연방상원 의회에서 좌파 성향의 정당들이 거부하면서 부결되었다.

독일은 알려진 것과는 다르게 실제적으로 망명자로 불리는 영구 체류자들을 대거 유입한 국가는 아니다. 망명 조건에 부합하는 경우에만 선별적으로 영구 체류를 허가했기 때문이다. 독일에서는 자국에서 발생한 내전과 분쟁에 의해 자국을 탈출한 사람들뿐 아니라 경제적 어려움을 겪거나 종교 탄압, 성 정체성에 따른 탄압 등의 요인으로 더 이상 자국에서 살 수 없는 사람들만이 망명을 신청할 수 있다. 요컨대 2015년부터 망명 패킷으로 불리는 조치에 따라 독일에 유입된 사람들은 한시적인 체류만을 허가받은 상태인 것이기 때문에 이들의 체류 기간은 이민/난민연방청에서 심사를 받는 기간 동안에 국한된다. 만약 이 기간에 망명 허가를 받지 못하고 그들의 서류가 기각되면 본국으로 떠나야 하는 입장인 것이다.

2015년 말 당시 독일에 망명 서류 심사를 위해 체류가 허가된 망명 신청자들의 체류 기간은 원칙적으로 1년이며, 서류의 검토나 상고가 가능할 경우 최대 3년까지 가능했다. 물론 연장도 쉽지는 않다. 망명 신청자가 증가함에 따라 2015년 3~4개월 동안에만 110만 건 이상의 서류가 접수되었고, 2016년 초부터 본국 송환이 시작되었다. 초반에 본국으로 송환된 사람들은 범죄 이력이 있는 망명 신청자였다. 2016년 10월부터는 첫 번째로 망명 신청자 자격으로 입국한 사람들 중 탈락자 2만 6000명이 강제 추방되었으며, 3만 5000명에 달하는 사람들이 자진 출국했다.

독일 연방정부는 과거 이주민 노동자들의 본국 귀국을 촉진하기 위해 그들에게 정착금을 주었던 방식을 그대로 도입하여 난민 중 지원자들을 선별, 그들이 독일에서 최대 3년까지 체류하면서 받을 수 있는 혜택보다 더 많은 금액을 주고 본국으로 송환하는 장치도 마련했다. 그 결과 망명 신청자가 본격적으로 유입된 후 1년이 지난 2016년부터 2017년까지의 기간에 10만 명 이상이 추방되었고, 이후에도 체류 허가가 만료된 사람들은 순차적으로 본국 송환 절차가 진행되고 있다.

2) 난민 유입과 관련한 독일의 주요 논의 소개

독일 사회에서 난민이 유입되고 난 후 부각된 이슈는 단연 그들을 어떻게 독일 사회에 적응시킬 수 있을 것인가에 대한 내용이다. 이에 각 학계에서는 독일 내에 난민과 망명 신청자가 증가한 2015년부터 관련 논의들을 활발하게 진행하고 있다. 그 주제도 다양하여 독일에 유입된 난민들에게 지불되는 공공기금의 지속 가능성과 사회재정 부담에 대해 분석한 연구(Bonin, 2017), 일시적으로 독일 체류를 허가받은 시리아 난민들을 대상으로 펼치는 인도적 활동의 지속성과 특징을 분석한 연구(Maaroufi, 2015), 독일 내로 유입된 난민들의 배경과 망명 신청 이유 및 특성을 분석한 연구(Jürgen, Silke, and Jürgen, 2016), 미성년 난민들의 생활방식과 가족 동반 여부에 따른 사회 적응 차이 및 언어 습득 수준을 분석한 연구(Holthusen, 2015) 등으로 정책적 문제에서부터 청소년 생활수준까지 영역이 확대되어 있다.

학문 분야를 넘어서 발표되고 있는 논문들 중 가운데 많은 비중을 차지하는 분야는 단연 의학·보건 분야와 직업 분야에 관련된 연구들이다. 먼저 의학·보건 분야의 연구들을 보면 질병에 대한 면역력을 분석한 연구들

(Jablonka et al., 2017; Jablonka et al., 2016; Beermann et al., 2015)과 심리치료에 대한 연구들이 주를 이룬다. 엘베르트와 그의 동료들(Elbert et al., 2017)은 난민들에게 정신적·육체적·행태적 장애를 일으킬 수 있는 외상 후 스트레스를 치료하기 위한 상담치료사들의 상담 모듈 활용 결과를 논문으로 발표했고, 이와 유사하게 딕시우스와 묄러(Dixius and Möhler, 2017)는 독일에 도착하면서 스트레스와 극심한 긴장, 절망을 경험한 미성년 및 청소년 난민 치유를 위한 심리 안정화 및 규제, 치료 프로그램에 대한 연구를 발표하기도 했다. 이 외에도 전쟁과 난민의 경험에 따른 심리적 질병 외상 후 스트레스 장애와 신체적 박해에 대한 난민 출신 망명 신청자들의 치유 프로그램 필요성을 연구한 뵈트체와 그의 동료들의 연구(Böttche et al., 2016), 난민 출신 청소년들의 복합 외상장애 현황 및 이들을 위한 심리치료 프로그램 운영에 대한 법적 근거 및 자금조달 원칙 등을 분석한 메트츠너와 그의 동료들의 연구(Metzner et al., 2016) 등도 있다. 이상의 사례를 보면 의학·보건 분야에서 발행되는 난민 관련 연구들은 난민들의 경험에서 발생하는 심리적 질병을 치료하는 프로그램 개발과 보급에 초점을 맞추는 것으로 보인다.

직업 분야와 관련된 연구로는 난민 유입에 따른 노동시장의 변화 양상에 대한 논의에 초점을 맞추고 있다. 힌테와 그의 동료들(Hinte et al., 2015)은 제2차 세계대전 이후 진행되고 있는 최대 규모의 난민 유입은 젊은 이주노동자들이 노동시장에 참여함으로써 숙련노동자 부족 현상과 공공서비스를 이행하기 위한 단순 업무시장의 노동력 부족 현상에 긍정적인 영향을 미칠 것으로 보인다는 연구를 발표했다.

유사하게 올리버(Oliver, 2016)는 이주노동자들이 독일에서 경제활동을 하면서 발생하는 세금 확대와 숙련노동자 양성이 탄력을 받을 수 있다는 점을 들어 난민 배경을 가진 사람들을 위한 노동시장의 통합을 제안하고, 과거에 독일에 유입되었던 전문 인력과 비교하여 상대적으로 낮은 교육을 받은 난민들의 특성을 고려하여 학교교육 및 기초 직업교육을 위한 투자가 필요할 것이라는 의견을 담은 보고서를 출간했다. 난민들을 위한 교육 투자에 대한 올리버의 제안은, 독일에 유입된 난민들이 바로 노동시장에 투입될 수 없기 때문에 숙련노동자들을 양성하기 위한 이민정책의 변화와 구체적인 교육 방안이 필요하다고 한 힌테와 그의 동료들(Hinte et al., 2015)의 주장이나, 난민 배경 노동자들을 위한 직업교육 및 사회통합 투자가 장기적인 관점에서 독일 사회에 이득을 가져올 것이라며 이들을 위한 투자를 적극적으로 지지한 프라츠셔와 융커(Fratzscher and Junker, 2015)의 연구 내용과 맥을 함께한다.

의료·보건 분야나 직업 분야에서 발표되는 논문이나 연구 보고서보다 양은 적지만 난민과 미디어를 연결하여 진행된 연구들도 왕왕 발간되고 있다. 이 분야에서 진행되는 연구는 크게 난민과 관련한 미디어와 언론의 태도를 내용분석과 담론분석의 방법으로 분석하여 난민 문제 논의를 이끌어 내는 경향이 발견된다.

난민 관련 언론 보도에 대한 분석 연구

2015년부터 시작된 독일 내 난민 유입과 관련하여 독일 언론들은 이를 중요한 주제로 상정하고 다양한 형태의 기사와 프로그램을 통해 다루어왔다. 텔레비전 방송사들은 난민과 관련한 뉴스뿐만 아니라 다큐멘터리와 드라마, 토론 프로그램 등의 방식을 활용했고, 라디오에서는 대담 프로그램을 통해 심층 분석을 행하기도 했다. 이와 관련하여 미디어를 연구하는 학자들은 난민과 관련한 언론의 태도를 분석하는 연구들을 발표하기 시작했다. 헤르만(Herrmann, 2016a)은 2015년 4월부터 2016년 7월까지의 언론 보도를 분석하는 연구를 진행했다.

그의 연구 결과에 따르면 2015년 겨울까지 언론들은 난민에 대해 비정상
적으로 긍정적인 의미를 부여하고 독자나 시청자에게 공감을 요구하는 방
식으로 그려냈으나, 2016년에는 난민들이 야기한 사건들로 인해 부정적인
의미로 이들을 규정하는 태도를 보였다. 헤르만은 다른 연구를 통해 언론들
이 난민 문제와 관련하여 감정에 소구하는 방식으로 서사를 만들어냄으로
써 난민들을 힘없는 존재로 그려냈다고 분석한 연구를 발표하기도 했다. 그
에 따르면 이렇게 만들어진 서사는 난민들을 적극적으로 수용하겠다고 발
표했던 메르켈(Angela Merkel) 총리를 긍정적으로 평가하는 계기를 마련한
대신, 산재해 있던 당시 독일의 문제들에 대해 대중의 관심을 돌렸다. 이런
분석을 통해 그는 미디어 윤리에 더욱 충실하고 전문가적 태도를 유지하는
뉴스 보도가 필요하다고 제언했다(Herrmann, 2016b). 이 외에도 알렉산더
(Alexander, 2016)는 난민 유입과 매체 보도의 관련성을 독일 미디어법을 통
해 분석했고, 헴멜만과 베그너(Hemmelmann and Wegner, 2016)는 시기별 언
론 보도의 특성에 대한 연구를 진행하기도 했다. 이 두 연구를 소개하면 다
음과 같다.

첫 번째로 소개할 것은 크리스찬 알렉산더(Christian Alexander)가 2016년
에 발표한 연구다. 그는 2016년 난민 유입과 매체 보도의 관련성을 분석한
「미디어를 통한 난민 문제 보도: 미디어법의 통찰(Die Berichterstattung in
der Flüchtlingskrise durch die Medien. Ein medienrechtlicher Blick)」이라는 연
구를 발표했다. 그는 언론 보도를 통해 제공되는 정보의 대부분이 난민이 수
적으로 증가한다는 현상에만 주목하고 있어 사회적으로 필요한 심도 깊은
토론을 제공하지 못하기 때문에 '미디어의 위기(Medienkrise)' 또는 미디어
보도의 '신뢰성 위기(Glaubwürdigkeitskrise)'가 제기되고 있다고 주장한다.

실제로 2015년 말 독일 주력 일간지인 ≪프랑크푸르터 알게마이네 차이퉁(Frankfurter Allgemeine Zeitung)≫이 의뢰하여 알렌스바흐 여론조사 연구소(Instituts für Demoskopie Allensbach)에서 진행한 난민 주제 보도에 대한 만족도 조사 결과, 응답자의 51%가 대체적으로 만족하지 못하거나 전혀 만족하지 못한다고 응답했고, 정치 이슈에 지속적으로 관심을 갖고 있던 응답자들 중에서는 58%가 부정적인 의사를 표했다. 특히 텔레비전 보도에 대해서는 49%의 응답자가 난민 유입 관련 사실 보도가 너무 적다는 평가를 내렸고, 38%의 응답자는 난민 유입에 대한 긍정적인 태도만을 보여주는 보도를 통해 시청자를 설득하는 느낌을 받았다고 평가했다. 이러한 평가를 바탕으로 알렉산더는 독일의 미디어 관련 법 조항과 연방헌법재판소의 판례 등에서 균형 보도(ausgewogenen Berichterstattung)를 해야 하는 의무 조항이 있는지와 언론에서의 자기 검열(Selbstzensur)을 가능하게 하는 장치가 있는지에 대한 내용을 분석한다.

미디어법에서 균형적이고 객관적인 보도에 대한 의무가 있는지에 대한 분석은 미디어의 기능 측면에서 접근한다. 과거 연방헌법재판소의 판례를 바탕으로 추론한 매스미디어 기능에 따르면, 매스미디어는 토론을 형성하고 정치와 기타 이슈들에 대해 의견의 다양성을 추구하는 태도를 취하는 민주주의의 원칙과 시장경제체제에 기여해야 하는 경제 기능, 사람들 간의 의사소통을 장려하기 위해 상호 간의 이해와 다양성을 표현하여 차별 없는 합리적인 정보를 제공함으로써 사회화와 통합 기능을 수행하는 매개체로 정의된다.

독일의 미디어법은 매스미디어의 기능을 원활하게 추진할 수 있도록 법적으로 제한을 두지 않는데, 연구자는 이를 개인의 특성에 따라 그 역할을 받아들이는 방식과 수준에서 다르기 때문으로 해석한다. 나아가 미디어법에선 외부 다양성(Außenpluralität) 원칙으로 출판사나 언론사의 활동을 위한 등록을 요하지 않기 때문에 자유롭게 여론 활동에 참여할 수 있도록 되어 있다. 그 대신 법적 조항으로는 여론의 독점을 방지하기 위한 내용과 '방송과 텔레미디어에 관한 주간협약'을 통한 정정 보도 및 공정성 의무가 명시되어 있기 때문에 시장 질서를 위해하거나 왜곡 보도 등을 일삼는 언론사들의 운영을 저지할 수 있다. 내부 다양성(Binnenpluralität)에 관한 연방헌법소의 판결에 따라 공영방송은 내부 조직 구성에서의 인사 다양성을 확보해야 하며, 프로그램과 편성의 다양성이 명시되어 있는 방송과 텔레미디어에 관한 주간협약의 §11 등에 의거하여 시청자의 요구 다양성을 충족시켜야 한다. 한편 상업방송의 경우 방송과 텔레미디어에 관한 주간협약의 §25에 따라 정치·사회단체, 개인 및 소수자를 보호해야 한다는 원칙이 적용된다. 하지만 프로그램과 편성의 다양성이라는 명목상의 원칙과 콘텐츠의 다양성, 공정성 등의 품질을 평가하는 명확한 기준이 없기 때문에 내부 다양성이라는 원칙에는 한계가 있다는 것이 저자의 해석이다.

언론의 자기 검열에 대한 문제는 범죄 사실에 대한 보도와 '언론위원회(Pressrat)'의 역할 등으로 접근한다. 먼저 범죄 사실 보도는 쾰른 사건을 사례로 설명한다. 쾰른 사건 당시 언론이 비판받았던 이유 중 하나가 가해자에 대한 정보를 경과가 지난 후에야 공개했다는 점이었다. 북아프리카 출신의 가해자들에 대한 정보가 확정되기 전에 이들의 범죄 사실을 보도했을 경우 범죄 사실이 없는 다른 난민들에게 피해가 갈 수 있기 때문에 지연 보도를 할 수밖에 없었고 이는 보도규칙에서도 위배되는 행위였다. 쾰른 사건을 계기로 범죄 사실 보도규칙은 용의자나 범죄자에 속하는 집단이나 민족, 소수민족 등으로 보고된 사례에는 정당한 이유가 있을 경우 보도할 수 있도록 변경된다. 하지만 소수민족을 언급할 경우에는 사회적 편견을 주거나 선동의 여지를 고려해야 한다는 단서 조항이 포함되었다. 독일의 언론위원회는 1956년 설립된 기관으로서 독일신문발행인협회와 독일잡지발행인협회, 독일저널리즘협회, 독일언론인연합 등의 단체들과 협약을 통해 운영되는 기관이다. 언론위원회는 언론 윤리를 제정하고 회원사들의 활동을 평가하는 자율 조정기관으로서 언론 보도에 대한 불만처리에도 관여한다. 대법원의 판례에 따르면 회원사들이 규정을 어겼을 때 언론위원회가 위반사에 내리는 권고는 특별한 경우에 요구되는 것이므로 조치 수락 자율성을 인정하는 조건하에서 작동하는 조치로 규정된다.

이 두 가지 사안에 대해 저자의 해석은 다음과 같다. 먼저 범죄 사실에 대한 보도에서 대상을 특정화하는 과정에서 일반화라는 판단의 여부는 특별한 주의를 요구하는 행위이기 때문에 철저하고 광범위한 논의를 통해 구체화하는 작업이 필요하다고 분석한다. 다음으로 언론위원회가 민간 영역에서 자율성으로 작동되는 규범적 성격이기 때문에 완전한 검열의 기준을 충족하지 않는다고 해석하고 있다.

이 연구에서는 2016년 난민 보도와 관련하여 중립성의 원칙과 자기 검열의 원칙에 대한 미디어법과 대법원의 판례를 분석한 결과 해당 내용들에 대한 일반적인 의무는 명시되어 있지 않다고 본다. 미디어법과 이와 연관된 법들에선 미디어의 활동을 구조적인 요구사항과 미디어의 기본원칙이라는 수준에서 준수 여부를 확인하고 검증하는 차원에서만 작동하고 있다는 분석이다. 즉, 미디어법에서 언급하는 중립성의 원칙은 수집된 정보를 독자나 시청자에게 제공하는 과정에서 외부 개입과 침해에서 보호하기 위한 장치라는 것이다. 그래서 중립성의 원칙은 정보의 다양성과 의견의 다양성이라는 차원에서 접근해야 한다는 것이 연구의 결과다. 또한 자기 검열에 대한 해석에선 언론위원회가 평가하는 저널리즘의 기준이 작동하고 있지만 이는 꾸준히 개발되고 개정되어왔던 산물이기 때문에 그 원칙은 검열이라는 차원이 되지 않는다고 본다. 오히려 언론위원회와 그 규칙은 언론사들이 지켜야 할 품질을 준수하기 위한 사안으로 해석한다.

두 번째로 소개할 연구는 헴멜만과 베그너(Hemmelmann and Wegner, 2016)가 발표한 「미디어와 정당에 비친 난민 논쟁(Flüchtlingsdebatte im Spiegel von Medien und Parteien)」이라는 제하의 연구다. 이 연구는 사회적으로 의견 형성에 영향을 미치는 두 단체들이 어떻게 난민 문제에 접근하고 있는지를 분석했다. 연구자들은 2015년부터 시작된 난민 유입에 대해 미디어가 주로 사용하던 표현들은 '엄청난(enormen)', '거대한(gewaltigen)', '난민의 물결(Flüchtlingswellen)' 등이라고 지적하면서, 정작 난민들이 어떻게 독일 내에서 생활할 것인지 또는 어떻게 생활하고 있는지에 대한 관심은 부족했다고 평가한다. 시민들은 언론 보도에 대한 불만을 표했으며 연방정부의 지지율도 낮아지는 현상이 나타난 반면 극우 정당인 AfD의 지지율은 높아져 지방의회뿐 아니라 연방의회에도 진출하는 일도 발생한다.

연구자들은 이러한 현상들이 미디어와 정당의 활동에서 드러나는 난민 문제에 대한 태도가 독일의 여론을 어떻게 분할하고 전통 미디어에 대한 신뢰에 어떻게 영향을 미쳤으며, 민주주의의 중심에서 어떤 작용을 했는지에 대한 문제를 분석하는 것을 목표로 연구를 진행하게 된다. 요점은 미디어와 정치에 난민 문제가 어떻게 작용했는가와 미디어와 정치 담론에 어떤 일이 벌어졌는가를 찾는 것이며, 2015년 1년 동안 인쇄매체와 텔레비전, 온라인 등의 기사와 각 정당의 소셜 미디어 채널인 페이스북의 자료를 바탕으로 분석을 실시했다.

연구자들은 인쇄매체와 텔레비전, 온라인 등에서 제공되는 언론의 보도 경향을 시기에 따라 다섯 개의 시기로 구분하여 제시했다. 1기는 고정관념

(Stereotype)으로 명명된 1월부터 4월까지의 기간으로, 당시 독일 언론들이 자국을 탈출하고자 소형 보트에 몸을 싣고 지중해를 건너는 난민들의 모습을 냉정하게, 그리고 산발적인 주제로 다루는 경향이 있었다고 분석한다. 해당 기간 동안에 미디어들은 고정관념에 따라 난민들을 전쟁의 피해자 (Geflohene werden als Opfer von Kriegen)나 내전으로 인한 생활고로 인해 자국을 탈출한 경제 난민(Wirtschaftsflüchtlinge)으로 다루었다. 그들은 독일 사회와 문화에 영향을 미치지 않는 대상으로 비쳤다. 난민을 인터뷰한 기사들은 공통적으로 "내가 독일에 온 이유가…(Ich bin in Deutschland, weil…)"라는 말로 정리된다.

4월부터 7월까지인 2기는 감정이입(Die Empathie wächst)의 특징이 두드러졌다. 2기는 1기와 비교하여 독일 내 망명 신청자들이 증가하는 기간이며, 미디어에서 그려내는 난민들의 모습도 다양해진다. 그럼에도 연구자들은 난민들이 어떤 연유와 고통으로 인해 자국을 떠날 수밖에 없었는지에만 초점을 맞추는 한계가 있었음을 지적한다. 또한 1기와는 다르게 난민 캠프에서 일하는 자원봉사자들의 모습과 특별 모금행사에 대한 정보 제공을 확대함으로써 난민들을 돕는다는 것이 인도주의적 이상의 가치가 있음을 공감하도록 초점을 맞추는 경향도 발견된다고 보고한다. 토크쇼나 대담 프로그램에서도 난민 문제가 이슈로 부각되지만 국제적 차원과 EU 차원에서 수용해야 하는 난민들에 대한 언급으로 채워지면서 공개토론은 배제되는 반면, 등장인물들도 제한적으로만 작동하고 있다고 분석한다.

헴멜만과 베그너가 분류한 2015년도 난민 보도와 관련한 뉴스 분석에서 3기는 이전과 달리 관련 사건들이 급박하게 발생한 8월부터 10월까지의 기간으로, "난민의 대리인으로서 기자들(Journalisten als Anwälte der Flüchtlinge)"로 명명된다. 8월 말 연방내무장관 토마스 데메지에르(Thomas de Maizière)

더블린조약(Dublin Verfahren, Dublin Regulation)

1990년 아일랜드 더블린에서 체결된 더블린 협정(Dublin Convention)으로 시작된 더블린 조약은 유럽연합 국가들이 공동으로 이민과 망명, 국경 통제를 다루기 위해 체결한 조약이다. 조약에 따르면 망명 신청자가 처음 체류한 회원국에서 망명 심사를 책임지게 된다. 더블린 조약은 난민 신청자가 회원국 다수에 여러 건의 난민 신청을 막고, 회원국 내에서 난민 인정이 거부된 경우 다른 사법기관에서 인정 절차를 밟지 못하도록 하기 위해 체결된 국가 간 협약이다(최윤철, 2017). 2003년엔 생체인증 데이터베이스 시스템인 유로닥(EURODAC)이 도입되어 난민 신청자의 정보를 공유한다는 내용이 포함된 더블린 조약 II가 체결되었다. 2013년엔 유럽연합 28개 국가와 비유럽연합 회원국가 4개국(노르웨이, 아이슬란드, 스위스, 리히텐슈타인)이 가입한 더블린 조약 III이 발효되었다. 더블린조약 III엔 개별 인터뷰와 이송 결정에 대한 항소, 무료 법률, 아동 권리 보호, 항소 기간 중 체류권 보장, 가족 재결합 원칙 등의 내용이 포함되어 있다.

가 연간 80만 명의 난민을 수용하는 것은 너무 많은 숫자라고 비판했으며, 며칠 지나지 않아 작센 하이데나우(Heidenau)의 난민수용소에 우익 극단주의자들이 습격하는 사건도 일어난 시기다. 내부의 비판과 사건에도 불구하고 당시 메르켈 총리는 더블린 조약(Dublin-Verfahren)을 초월하는 조치로 모든 시리아 난민들을 어느 나라를 거쳐서 유럽에 들어왔는지에 상관없이 독일 내에서 머물 수 있도록 하겠다는 조치를 발표하게 된다.

2015년 9월 초부터 언론들은 난민들이 자국을 탈출하는 과정에서 사고를 당한 사진들과 처참한 상황들을 보여주는 사진들을 게재하기 시작했다. 연구자들이 주목한 사례는 당시 시리아에서 탈출하다 사망한 세 살배기 여아의 사진이다. 연구자들은 이후 뮌헨의 망명 신청자들 중 어린이들의 모습을 담는 사례들이 증가하기 시작했고 'We love Germany'이나 'Thank you, Angela Merkel' 등의 구호를 외치는 난민들의 모습이 자주 등장하게 되었다고 분석한다. 또한 3기에 들어 언론들은 지속적으로 난민 유입과 관련하여 긍정적인 모습을 보여주는 데 초점을 맞췄으며, 그 대신 부정적인 측면을 보도하는 것을 자제하면서 난민의 성공적인 정착 사례를 부각시키는 활동을 펼쳤다고 평가한다.

2015년 10~11월은 4기로 분류되어 "다른 극우주의로의 전환(Umschwung ins andere Extrem)"으로 연구자들은 지칭한다. 독일에 입국하려는 난민들에게 기회를 제공한 '두 번째 여름동화(zweiten Sommermärchen)'가 끝나고 난민촌과 정치인들의 반격이 시작된 시기다. 9월 말부턴 오스트리아 인접의 국경을 차단했고, 거의 모든 언론들에서 난민 범죄(Flüchtlingskriminalität)와 얼마나 많은 난민들이 더 공격(Ansturm)적으로 독일에 입국하려는지를 보여준다. AfD의 정치적 부상도 시작되어 전체 인구의 상당 부분을 차지하게 된 난민들에 대한 비판이 거세졌고, 11월 발생한 파리 테러는 유럽 내에서 가장 많은 난민들을 받아들인 독일에도 테러리즘이라는 이슈가 부각되는 계기가 된다.

마지막 5기는 2015년 12월로, "보기에 더 나아진?(Besserung in Sicht?)"으로 명명된 기간이다. 유입된 난민들에 대한 통합과 새로운 도약을 제공해야 한다는 생각이 언론에 반영되어 그들에 대한 이해를 꾀한다. 언론은 난민들을 위해 민주주의에 대한 가치와 생활습관 차이, 성 역할 및 여성에 대한 인권 문제 등을 담은 자료들을 양산하기 시작했고, 성공적인 정착 생활을 하고 있는 난민 사례들을 제시했다. 연구자들의 해석에 따르면 5기는 이민자들의 다양성이 보이는 기간이다.

헴멜만과 베그너의 연구에서 두 번째 분석 대상은 독일 주요 정당들인 기독교민주당(CDU), 기독교사회당(CSU), 사회민주당(SPD), 녹색당(Bündnis 90/Die Grünen), 좌파당(Die Linke), 독일을 위한 대안(AfD) 등 여섯 개 정당

표 4-3 독일 정당별 페이스북 공식 페이지의 주제별 반응 수

정당명	팬(팔로어) 수		좋아요 클릭	댓글	공유
CDU	100,713	모든 주제	400.6	329.8	93.9
		난민 주제	577.9	417.1	155.0
CSU	110,922	모든 주제	2,353.4	342.0	403.0
		난민 주제	3,570.3	509.5	681.9
SPD	91,918	모든 주제	259.1	99.2	48.1
		난민 주제	386.6	145.9	73.9
DIE GRÜNEN	82,411	모든 주제	1,616.5	267.9	652.4
		난민 주제	2,333.9	370.6	823.3
DIE LINKE	128,082	모든 주제	935.2	79.9	190.3
		난민 주제	1,290.0	160.3	277.4
AfD	221,867	모든 주제	3,494.5	352.9	1,034.5
		난민 주제	4,010.3	386.1	1,298.9

자료: Hemmelmann and Wegner(2016: 33). 원저작자의 모든 권리가 보호됨.

에서 운영하는 페이스북 공식 페이지이다. 조사 대상으로는 게재된 모든 글들이며, 정당의 공식 언급이나 기사 공유 및 링크 제공도 포함시켰다. 조사 기간은 2015년 8월 15일부터 10월 31일까지로, 극우단체에서 난민들에 대한 적극적인 반대 행동이 시작된 시기이자 메르켈 총리가 더블린 조약을 초월해 시리아 출신 난민을 받아들이기로 결정한 기간이다. 수집된 자료는 총 744개이며, 정당별 출처로는 SPD 25.4%, CSU 24.2%, AfD 21.8%, CDU 12.6%, Die Linke 11.0%, Die Grünen 5.0%로 집계되었다.

분석 결과 744개의 포스트 중에 58.7%(N=329)가 난민과 관련된 문제를 다루었고, 정당별 포스트에서 차지하는 비중으로는 AfD가 전체 포스트의 81.0%(N=84)를 차지해 가장 높았다. 한편 연구자들은 Die Grünen이 적은 분량의 포스트를 게재했음에도 불구하고 70.6%(N=17)의 비율을 난민 문제에 할당했다는 것은 특이할 만하다고 분석한다. 한편 CDU의 경우 전체 포

스트의 42.9%(N=42), SPD는 42.1%(N=76)의 비율로 집계되었다.

난민에 따른 정당별 태도를 보면 CDU는 아무런 태도를 취하지 않는 경우가 57.1%, 상반된 입장을 표명하는 경우가 11.9%, 옹호하는 입장이 28.6%, 거부하는 입장이 2.4%로 나타난다. 반면 AfD의 경우 아무런 입장을 표명하지 않는 경우가 19.0%, 옹호하는 입장이 2.4%, 거부하는 입장이 78.6%로 정반대의 성향이 나타났다. 아무런 입장을 표명하지 않는 비율이 가장 높은 정당은 Die Linke로 난민 관련 포스트 중 66.7%가 이에 해당했으며, 반면 옹호하는 입장을 표명하는 활동이 많은 정당은 Die Grünen으로 70.6%의 비율로 집계된다. 정당의 페이스북 공식 페이지를 방문하는 사람들의 반응도 일반 주제보다는 난민 주제에 민감하게 반응하는 것으로 나타난다. CDU의 경우 일반 주제에 대한 사람들의 '좋아요' 평균 클릭 횟수는 400.6회이지만, 난민 관련 주제에는 평균 577.9회로 높았다. 이는 페이스북에서 제공하는 반응 방식인 '좋아요'와 '댓글', '공유' 등 세 가지에서 골고루 나타나는 현상이자 모든 정당의 사례에서 발견되는 공통점으로 분석된다. 연구자들은 2015년도의 독일 언론들과 정당이 다른 주제보다는 난민이라는 주제를 다양한 방식과 접근을 행함으로써 의제설정을 주도해왔다고 분석한다.

커뮤니케이션 분야에서 난민 유입에 따른 정책 변화를 분석하거나 이들을 대상으로 한 사업 필요성, 또는 문화 간 커뮤니케이션 등의 논의가 접목된 연구가 다른 분야에 비해 적은 것은 2017년 현재 사업이 진행되고 있는 과정이기 때문이다. 게다가 방송국 및 미디어에서 진행하고 있는 난민 사회통합을 위한 지원사업들은 독일 사회의 변화부터 요구하고 있는 상황도 작용한 결과다. 즉, 다문화 상황을 형식적으로 받아들였던 독일 사회가 새로운 문화를 받아들일 준비가 되지 않았기 때문에 상호 문화에 대한 이해와 공유의 중요성을 먼저 알리는 것이 중요하다고 판단한 것으로 보인다.

3) 독일 방송사들의 다문화사업 사례

2015년 말부터 시작된 독일 내 난민 유입 현상에 대해 이들의 사회통합을 이끌어내기 위한 정책 방향이 논의되는 것과는 상반되게 미디어를 활용한 사회통합 기여사업은 프로젝트성으로 진행되고 있는 것이 현실이다. 물론 커뮤니케이션 분야에서는 온라인과 스마트 미디어를 이용한 난민들의 통합 프로젝트를 설계 및 계획해왔지만 그 성과는 명확하게 드러나지 않고 있다. 대량 난민 유입을 결정한 당시, 사회적으로 준비가 덜 된 상태에서 기존에 산발적으로 유입되었던 난민들을 대상으로 구상해왔던 프로그램들의 방향성과 수용성에서도 한계가 있었다. 그 결과, 난민 유입이라는 초유의 사건으로 인해 독일 사회변화가 일어남에 따라 대중매체, 즉 많은 사람들에게 정보를 전달할 수 있는 매체들을 통해 주로 사업들을 진행하는 성향이 발견된다. 이는 방송이 사회적으로 가져야 할 책무, 특히 공영방송으로 대표되는 서비스를 통해 사회적 안녕과 인종·국적·종교 등의 다름으로 인한 갈등을 완화시키기 위한 방안이었다. 물론 난민 유입으로 인해 사회적 변화가 발생하기 시작한 2015년 이전부터도 독일 공영방송사들은 이주자에 대한 편견을 감소시키고자 독일인들을 대상으로 한 캠페인과 방송 프로그램을 제작해왔다. 그 사례가 바로 제1공영방송 ARD의 사업이다.

독일 제1공영방송인 ARD 회원사들은 2006년부터 매년 '테마 주간(ARD-Themenwoche)'을 정해 사회상을 반영하는 주제로 프로그램을 만들어 라디오와 텔레비전을 통해 방송해왔다. 이는 공영방송에 기대되는 역할 중 하나로, 시민의 생활 속에서 접하는 갈등 상황이나 사회변화 양상들을 공개적으로 논의하는 장을 만들고 의제를 더욱 확산시키기 위한 노력의 일환이다. 2014년 ARD 테마 주간의 주제는 관용(die Toleranz)이었다. 이 시기는 독일에 난민이 본격적으로 유입되기 전이었는데도 격화되는 중동과 북아프리카의 분쟁 상황과 난민 발생에 주목해 문화다양성 개념을 다룬 프로그램을 만들어 호평을 받았다. 2015년 ARD 테마 주간의 주제는 고향(die Heimat), 2017년엔 종교(religiös)를 순차적으로 다룸으로써 이주민의 상황과 다문화 등에 대한 정보를 제공했다. 2014년, 2015년, 2017년 ARD 테마 주간의 특징은 선주민들과 이주민들이 실생활에서 느끼는 현상과 문제에 대해 시청 대상을 선주민과 이주자로 구분하지 않고 사회 구성원 모두가 시청하는 것을 전제로 방송 프로그램을 제작했다는 점이다. 또한 방송 프로그램을 제작하고 송출하는 것에 그 역할을 제한하지 않고, 어린이들과 학생들을 위한 교재로 '학교 활동(Schule Aktion)'을 배포함으로써 사업 지속성을 꾀하고 있다.

ARD 외에 공영·상업방송을 구분하지 않고 다문화사회 속에서 역할을 찾기 시작한 시기는 유럽 지역과 독일에 난민이 본격적으로 유입된 2015년 이후부터다. 사업은 주로 앞서 언급한 대로 단시간 내 많은 사람들이 접할 수 있는 매체인 텔레비전과 온라인으로 집중된다.

한 예로, 상업 채널 n-tv는 2015년 9월 말부터 매주 금요일 위성과 인터넷을 통해 난민의 독일 생활과 관련한 프로그램을 내보내기 시작했다. 〈마르하바, 난민!(Marhaba, Flüchtling!)〉[8]이라는 제목인데, 아랍어로 진행된다는 점이 특기할 만하다. 아랍계 이주자인 마르하바라는 청년이 이주자들과 아랍어로 대화를 나누며 독일 생활에 필요한 정보들을 풀어내거나 관련 분야 전문가들을 만나 이주 절차 등에 관한 설명을 듣는 것이 주요 내용이다. 약 10분 내외로 진행되는 이 프로그램이 가장 중점적으로 다루는 것은 문화 차이에 관한 것이다. 국민 대다수가 개신교인 독일 내에서 무슬림 이주

---

8 http://www.n-tv.de/marhaba/

그림 4-1 〈마르하바, 난민!〉 홈페이지(n-tv)

자들이 겪게 될 고충들을 주제로 다룬다. 방영된 에피소드로는 '독일 법과 이슬람 종교 규율(Das Grundgesetz und die Scharia)', '독일의 여성(Frauen in Deutschland)', '보스바흐의 난민에 대한 대답(Bosbach antwortet Flüchtligen)', '독일에서의 사랑과 성(Liebe und Sex in Deutschland)' 등이 있다. 〈마르하바, 난민!〉은 2016년에만 약 15편이 제작되었는데, 사회적 기여도를 인정받아 독일의 주요 텔레비전 프로그램 연말 시상식에서 그리메상(Grimme)을 수상하기도 했다.

전국 공영방송 및 지역 공영방송들도 난민을 대상으로 한 콘텐츠를 개발해 공개하고 있다. 독일어 국제방송인 '도이체 벨레(Deutsche Welle)'는 자사 온라인 사이트에 망명 신청 및 관련 정보를 10여 개의 언어로 번역해둔 웹페이지를 운영하고 있다.[9] 난민들의 출신국가 대부분에서 아랍어가 공용으로 사용되기는 하지만 민족에 따라 언어가 분리되어 있음을 고려한 조치다. 서부독일방송(WDR)과 라디오브레멘(rb), 베를린-브란덴부르크방송(rbb)이 공동으로 운영하고 있는 다문화 라디오방송 '유로파 무선방송국(Funkhaus

---

9 http://www.dw.com/en/top-stories/germany-guide-for-refugees/s-32486

그림 4-2 Funkhaus Europa의 홈페이지(좌), rbb의 아랍어-영어 정보 페이지(우)

Europa)'도 2016년 9월부터 난민들을 위한 정보 프로그램을 만들고 있다. 아랍어와 영어로 녹음해 월요일부터 금요일까지 매일 저녁 5분간 송출한다.[10] 이 방송은 지역의 아날로그·디지털 라디오 채널과 온라인 스트리밍 및 위성과 케이블 라디오를 통해 청취할 수 있다. 이들 세 지역 공영방송을 관할하는 지역 미디어청인 rbb 역시 아랍어와 영어로 된 웹페이지를 개설하여 난민 관련 이슈를 전달하고 있다.[11] 이와 같이 그들이 사용하는 언어로 프로그램이나 정보를 제공하는 것은 독일어에 서툰 난민들을 위한 것이다. 난민들의 안정적인 정착을 위해 물적 지원만큼 중요한 것이 정보의 전달이라 판단하고 이들이 독일에서 어떻게 살아가야 할지 알려줄 방법에 대해 고민한 결과로 보인다.

난민과 이주민을 위한 프로그램 중 어린이를 위한 콘텐츠가 별도로 제작되고 있다는 점은 주목할 만하다. 서부독일방송(WDR)은 2016년부터 온라인 웹페이지에서 난민 가족의 어린이를 위한 프로그램을 제공하고 있다. 새

---

10 https://soundcloud.com/funkhauseuropa

11 http://www.funkhauseuropa.de/sendungen/refugeeradio/index184.html

그림 4-3 〈die Maus〉 홈페이지 화면

로운 콘텐츠를 제작하는 것은 아니지만 그동안 독일 국내외에서 인정받은 〈쥐와 함께하는 방송(Sendung mit der Maus)〉(이하 die Maus)을 4개 언어로 번역하는 작업을 진행하고 있다. 〈die Maus〉의 경우 1964년 이주노동자 수가 증가함에 따라 이탈리아어, 스페인어, 그리스어, 터키어 등으로 제작되어 방영한 사례가 있다. 〈die Maus〉가 어린이 프로그램인 만큼 콘텐츠 구성이나 전달방식은 주요 시청자인 어린이·청소년의 수준에 맞춰져 있지만 주제 자체는 성인에게도 의미 있는 내용을 다룬다.

주제 선정 폭도 넓어서 생활 밀착형의 주제가 있는가 하면 외국 관련 주제도 다양하게 포함되어 있다. 특집으로 제작된 '아테네 마우스(Athen Maus, 2004)', '일본 마우스(Japan Maus)', '브라질 마우스(Brasilien Maus, 2012)' 등은 세계 여러 나라에 대한 특징과 정보를 담았다. '법 마우스(Gesetzes Maus, 2002)', '바이러스와의 전쟁 마우스(Varus Schlacht Maus, 2005)', '우주 마우스(Weltraum Maus, 2014)' 등과 같이 전문 분야를 다룬 편도 있었다. 〈die Maus〉는 회당 30분 편성으로 하나의 주제를 다루며 플롯은 다음과 같이 크게 네 부분으로 구성된다.

머리말(Vorspann)

프로그램 주제를 소개하는 시간이다. 테마 음악, 등장 캐릭터 및 각 회차에 따른 주제가 소개된다. 해외로 판매하는 프로그램의 경우 첫 번째는 독일어로, 다음으로는 수입국가의 언어로 소개하도록 포맷을 일정하게 규제하고 있다.

재미있는 이야기(Lachgeschichten)

미니 시리즈를 통해 주제에 따른 상황을 연출한다. 어린이 연기자들이 참여하여 주요 시청 연령층인 어린이와 청소년에게 적합한 콩트나 소재를 다룬다. 어린이가 흥미를 잃지 않도록 일정한 형식을 유지하면서도 전반적인 진행에 필요한 그날의 생각할 주제들을 전달한다.

상황별 이야기(Sachgeschichten)

어린이들이 궁금해할 만한 것들, 알아두어야 할 내용을 설명한다. 역사와 과학, 사회 시스템 등과 같은 학습적인 내용도 있지만 '껌은 어떻게 만들어지나요?', '치약을 짤 때 줄은 어떻게 그려지나요?' 등과 같은 흥미 위주의 생활 상식도 알려준다. 특별 주제의 경우 단편으로 제작되지 않고 여러 회에 걸쳐서 나오는데, 비교적 전문적인 사안을 다룬다. 예를 들면 '체르노빌 원자력 재해 (Katastrophe von Tschernobyl)', '에어버스(Airbus)', '파시브하우스 건축하기(Bau eines Passivhauses)' 등이 있다.

마우스 스폿(Maus-Spot)

재미있는 이야기, 상황별 이야기가 끝나고 다음 섹션으로 넘어갈 때 등장하는 짧은 애니메이션이다. 30초가량의 애니메이션이 각 회당 한두 개 삽입되는데, 이 주제 역시 전체 프로그램 주제와 상응하도록 제작된다.

2016년 10월 서비스를 시작한 〈die Maus〉의 국제판 홈페이지는, 이 프로그램이 가진 역사와 주제 선정 경향에서 나타나듯이 '난민'들이 겪는 특수한 상황을 전제하지 않고 독일 내 평범한 어린이들을 위해 제작된 보편적인 콘텐츠들을 번역하여 사회 시스템 전반에 대해 다룬다. 즉, 난민 가족의 어린이들에게도 독일 어린이들이 배우는 동일한 내용들을 제공함으로써 사회 구성원이 지켜야 할 기본 상식을 제공하는 방식이다. 〈die Maus〉의 국제판에선 아랍어, 쿠르드어, 다리어, 영어의 4개 언어로 서비스되고 있는데, 영어 서비스의 경우 독일어 사운드에 전체 영어 자막을 입힌 영상이 제공되지만 아랍어·쿠르드어·다리어는 더빙물로 게시되어 있으며 이 경우 프로그램 제목만 독일어와 해당 언어로 병기된 것을 볼 수 있다.

2016년을 기준으로 방영된 〈die Maus〉의 에피소드가 2000여 편에 달하기 때문에 최신 내용 위주로 번역되고 있어 많은 정보들을 전달하기에는 일정 기간이 소요될 것으로 예상된 프로젝트다. 주제 역시 생활과 관련한 부분도 있지만 자연, 생활 규범, 취미 등으로 분산되어 있어 일정한 분류체계를 갖추지 않은 상태로 사업이 시작되었기 때문에 이에 대한 재정리도 필요하다는 지적이 있다. 마지막으로 〈die Maus〉의 국제판은 온라인으로만 시청이 가능하다는 단점이 있다. 독일의 인터넷 보급률은 80% 이상이지만 아직까지 브로드밴드 사업이 진행 중임을 감안하면 난민 가정의 어린이들이 자유롭게 시청할 수 있을지는 의문이다.

〈die Maus〉 국제판은 이번에 처음 제작된 것이 아니다. 1970년대 중반 해외/이주노동자가 유입되기 시작했을 때 서부독일방송은 그들이 사용하는 언어인 이탈리어와 러시아어로 〈die Maus〉를 더빙해 제공했으며 당시 긍정적인 평가를 받은 바 있다. 이번 난민 가정을 위한 국제판 제작 역시 사회적으로 주목받는 사업이 될 가능성이 높으며, 서부독일방송은 과거와 비

그림 4-4 〈die Maus〉 국제판 홈페이지(좌), 쿠르드어 페이지(우)

숫한 파급효과를 기대하고 있는 것으로 보인다. 다만 40여 년 전과는 사뭇 달라진 콘텐츠 소비 패턴과 사회적·문화적 차이 등을 어떻게 이 사업에 반영할 것인지는 과제로 남아 있다. 독일 정부가 난민 수용에 적극적인 태도를 보이며 그들을 위한 사회 시스템을 구축하는 중이지만 성인 위주의 논의가 될 가능성이 높다. 어린이와 청소년 난민을 위한 텔레비전 콘텐츠는 이들을 사회의 양지로 끌어올리고 독일에서 성인이 되었을 때 자연스럽게 사회 구성원으로서 역할을 수행하도록 도움을 줄 것이다. 이러한 면에서 〈die Maus〉 국제판은 계속 진행할 의의가 있는 사업이다. 초기 단계인 지금은 많은 한계점이 노출되고 있지만 차후 개선될 여지가 충분히 있으며 서부독일 방송도 이를 위해 상당한 노력을 기울이고 있는 것으로 보인다.

　독일은 라디오의 영향력이 비교적 큰 매체 환경인 만큼 난민을 대상으로 하는 라디오 프로그램도 존재한다. 베를린-브란덴부르크 미디어청 'mabb'의 재정 지원하에 열린 채널(Offener Kanal) ALEX는 난민 라디오(Refugee Radio)를 운영한다. 2016년 3월부터 매달 한 편의 에피소드를 제작해 웹라디오로 송출하는 이 프로그램은 함부르크, 뮌헨, 마르부르크 등지의 난민 네트워크 소속 진행자들이 독일의 문화와 언어 등 사회통합에 필요한 기본 정보를 전달하는 것을 주요 내용으로 한다. 난민이었던 사람들이 직접 프로

그림 4-5 ALEX의 'Refugee Radio' 웹페이지 화면

그램을 진행하기 때문에 새롭게 독일에 정착하고자 하는 난민들에게 실생활과 밀접한 정보를 제공하고 사회통합을 촉진하는 것을 목표로 삼았다. 2016년 12월까지 총 9편의 에피소드가 제작되어 웹페이지에서 제공하고 있다.[12]

상업 미디어 그룹 ProSiebenSat.1은 2016년 2월부터 'Wir zusammen(우리 함께)'라는 난민 후원 프로젝트를 시작하고 그 활동상을 비디오로 기록해 2016년 8월 21일부터 방송하고 있다.[13] 이 프로그램은 텔레비전과 온라인 사이트를 통해 제공되는데, 주요 내용은 회사들이 이 프로젝트에서 추진하고 있는 일들과 그들의 후원을 통해 직업 활동을 시작한 난민들의 이야기다. 'Wir'는 '우리'라는 뜻을 갖고 있지만 여기서는 'Wirtschaft'의 약자로 '경제, 산업'을 의미한다. 난민과 함께하는 경제 공동체를 지향하는 이 프로젝

---

12 http://www.alex-berlin.de/mediathek/radio.html?category=41&a=rsc_622

13 http://www.wir-zusammen.de/

트는 2015년 8월 ProSiebenSat.1이 바이에른에서 시작했던 난민 지원사업
이 모태가 되었다. 'Wir zusammen'은 난민들에게 교육의 기회와 정보를 제
공하고, 독일인과 난민 사이에 유대감을 형성할 수 있도록 참여사 직원들의
자원봉사를 장려하는 프로그램으로서 지금은 독일 전역으로 프로젝트 권
역을 넓혔다. ProSiebenSat.1과 함께 오펠(Adam Opel AG), 아디다스 그룹
(adidas Group), 독일 루프트한자(Deutsche Lufthansa AG), 독일 우체국 그룹
(Deutsche Post DHL Group) 등 36개의 회원사와 7개의 협력단체가 참여하고
있다. 이 프로젝트의 핵심은 직업교육을 통해 독일 사회·문화에 대한 난민
들의 적응력을 높이는 것이다. 다방면으로 추진되는 'Wir zusammen' 프로
젝트의 대표적인 사례들을 소개하면 다음과 같다.

FC 쾰른(1. FC Köln)의 축구를 통한 사회통합(Integration durch Fußball)

축구는 연령과 종교, 언어에 구애받지 않고 즐길 수 있는 스포츠라는 점에 착
안해 분데스리가 1부 리그 소속의 FC 쾰른은 2015년 가을부터 14세 이하 난민
어린이들을 대상으로 주간 훈련을 실시하고 있다. '1. FC 쾰른 재단(Stiftung
1. FC Köln)'의 계획하에 추진되었으며 기부금으로 운영된다. 2016년까지 기

부금의 일부를 할애하여 FC 쾰른의 홈경기에 약 1000여 명의 난민들을 초대하기도 했다.

니더작센 교육공공사업회사(Bildungswerks der Niedersächsischen Wirtschaft gemeinnützige GmbH: BNW)의 언어교육

BNW는 니더작센에 위치한 직업 전문 교육단체다. 설립 목적인 공익을 살려서 난민에 대한 언어교육과 직업교육을 특성화했다. 교육 포털 사이트 'www.welcome-to-niedersachsen.com'을 통해 시민들과 기관들의 기부를 받아 난민들에게 무료 독일어 교육을 시행한다. 또한 난민들의 개인 경험과 현재 환경을 고려해 맞춤 직업 정보를 제공하고 있다.

도이체반(Deutsche Bhan)의 직업교육

독일 철도회사 도이체반은 '직업 인증을 통한 사회통합(Integration durch berufliche Qualifizierung)'이라는 프로그램으로 'Wir zusammen' 프로젝트에 참여하고 있다. 2014년 처음 시작되었으며 청년 난민들을 위한 이원화 교육과정(Duale Ausbildung)을 실시한다. 28개월간 전문교육과 실습을 병행하며 이론과 실무를 동시에 습득하는 방식이다. 이 직업교육 프로그램의 첫 번째 수료생들 중 35명의 난민 청년이 베를린 지역의 도이체반 지사에 투입되었다.

독일과 프랑스 공영방송이 공동으로 운영하는 예술 전문 채널 arte는 난민을 주제로 한 시리즈물 〈The House〉를 제작해 2017년 방영하기로 했다. 이는 2013년부터 시작된 독일·프랑스 공동제작 시리즈의 일환으로 진행되며, 2017년 송출될 계획이다. 〈The House〉는 난민의 시각에서 유럽에 정착하는 과정을 다루며 EU의 난민정책과 문제점들을 그려내 현재 상황을 시청자에게 사실적으로 전달하는 데 목표를 두고 있다. 방송 제작에는 arte와 SWR(남서독일방송)이 참여한다. 한편 '상업방송 및 텔레미디어 협회'도 난민들의 사회통합을 위한 'Allianz für Weltoffenheit, Solidarität, Demokratie und Rechtsstaat(세계화, 연대, 민주주의와 법치를 위한 연합)' 재단을 설립했다.[14] 이 재단은 사회통합의 강화, 문화적·종교적·사회적 차이를 극복한 대화와 만남의 공간 제공, 교육의 기회 확대, 성(性)차와 성 정체성에 따른 차별 금지, 외국인 포비아로부터의 보호 등을 주요 활동 목표로 삼고 있다. 슬로건에서 나타나듯이 독일 사회의 안정을 위한 활동이다. 난민들에게 직접적으로 연결된 사안인 종교와 종파를 초월하는 단체로 조직되었으며 그 외 사회 각계 단체들로부터도 후원이 계속되고 있다.

독일 방송사들이 추진하는 다문화사업은 방송을 통해 독일 사회에 관한 정보 제공에서부터 직업 연계 또는 문화 활동 참여를 독려하는 방식으로 진행된다. 이 사업엔 공영방송은 물론 상업방송과 관련 단체들까지 참여하면서 조금씩 연대를 만들어나가는 방식으로 진화하는 것으로 보인다. 2017년 들어 공영방송사와 상업방송사에서는 그동안 간헐적으로 진행해오던 숙련된 이주 배경 방송노동자들의 재교육을 일부 정례화하여 채용하겠다는 계획을 밝히면서 난민들을 위한 프로그램들이 다각도로 개발될 수 있을 것으로 기대되고 있다. 그럼에도 대부분의 사업이 텔레비전과 온라인이라는 매체에 집중하고 있어 상대적으로 관련 콘텐츠에 접근하지 못하는 사람들에 대한 우려도 표명되고 있다. 하지만 2017년 현재는 오프라인 사업보다는 지금까지 진행해왔던 방식과 유사하게 사업을 추진할 것으로 밝히고 있어 사업 다각화에 대한 내용은 장기적으로 고찰해볼 필요가 있다.

---

14 http://www.allianz-fuer-weltoffenheit.de/

3. 독일 미디어 능력 프로젝트와 난민 참여

1) 독일 미디어 센터의 사회적 역할

독일 미디어 센터의 근간이자 미디어 교육의 핵심을 이루는 것이 바로 '미디어 능력(Medienkompetenz)'이다. 국내에서는 미디어 리터러시(Media Literacy)로 번역하는 경우도 많지만 실제 두 용어는 미디어에 대한 접근방식이나 교육 대상자의 미디어 활용 능력 면에서 확연한 차이가 있다. 미디어 리터러시는 미디어를 읽고 습득하는 방식에 대해 초점을 맞춰 학습자들을 교육한다면, 미디어 능력은 미디어 이용자들의 자기 결정권을 강조하고 창조적인 방식의 미디어 이용을 함양하며 책임 의식을 갖도록 지도하는 것에 중점을 둔다.

온라인 미디어의 등장 후 미디어 능력은 미디어와 관련된 제반 활동을 아우르는 것으로 의미의 외연이 확장되었다. 온라인 미디어를 중심으로 미디어의 확산과 융합이 빠르게 일어나면서 인터넷의 주요 이용자인 어린이와 청소년이 미디어 능력 프로젝트의 우선순위에 오르게 되었다. 물론 전체 시민을 아우르는 활동도 많고, 증가하는 이민자·이주자가 참여하는 미디어 능력 프로그램도 다양하다. 이런 면에서 독일 미디어 교육에서의 '미디어 능력'은 다음과 같이 정의된다.

미디어 능력은 미디어를 이해하고 모든 미디어 이용에 있어서 책임을 자각하는 것을 의미한다. 미디어 능력은 정보에 대한 욕구와 미디어를 즐기는 방식에 대한 이해이며, 미디어와 미디어 소비에 대한 질문을 던지는 지식이다. 인터넷 시대의 미디어 능력은 디지털 미디어가 제공하는 것들을 읽고 표현하는 소양을 위한 기술 능력을 포함한다. 이 개념에는 디지털 미디어를 전문적으로 다루는 사용법들이 포함되어 있다. 예를 들어 인터넷 속 개인정보 보호, 정보의 비판적 검토, 인터넷에서 할 수 있는 것들과 하지 말아야 할 것들에 대한 자각, 불필요한 정보들에 대한 선별 등이 해당한다(Zhaw, 2013: 7).

독일에서 미디어 능력 프로젝트는 민관 협력으로 이루어지며, 이를 추진하는 단체인 미디어 센터는 일종의 사회 시스템으로 간주된다. 독립된 기관으로 운영되지 않고 지역사회의 공공자원이나 상업기관들과 협력해 사업을 진행하며 그 성과를 지역민과 직접적으로 공유하기 때문이다. 학교, 도서관 등과 연계되거나 통합된 상태로 활동하기 때문에 미디어 센터로 불리는 기관들이 셀 수 없이 많다. 독일 16개 연방 주(州)의 관할 미디어청(die Medienanstalt)들은 각 주 미디어법을 통해 이들 미디어 센터 운영의 기본지침을 정하며, 이를 통해 18개의 '지역미디어첸트룸(Landes Medienzentrum)'을 운영하고 있다.

지역미디어첸트룸이 공적 차원에서 주정부의 미디어 능력 프로젝트를 계획하고 추진한다면, 학교와 도서관 등의 기관들은 이들과 협력 또는 자체 프로그램을 통해 사업을 진행한다. 미디어를 '영상·온라인 매체'로 국한하는 협의의 개념이 강한 국내 환경에서는 독일의 미디어 센터 운영 시스템을 오독할 여지가 크다. 독일 미디어 센터에서의 '미디어'는 광의의 개념으로서 '정보를 전달 또는 수신하는 방식 및 수단'을 포괄적으로 가리킨다. 독일 미디어 시스템의 운영 가치와 각종 사회기관들과의 연관성을 살펴보는 일은 최근 들어 미디어 능력 함양이 강조되고 있음에도 실제 교육체계는 미비하며 이민자들을 대상으로 한 정부 및 시민단체의 프로그램이 언어교육에 치중되고 있는 우리나라에 시사하는 점이 크다.

독일 미디어 센터의 운영 및 교육은 다양성 모델에 기반을 두고 각 주의 미디어청에서 추진한다. 미디어 센터와 협업을 진행하는 단체들은 교육기관부터 종교기관까지 다양하며, 활동하는 방식도 각 기관의 설립 목적에 따라 별도로 상정하여 운영된다. 이들 미디어 센터의 운영방식에는 크게 두 가지 특징이 있다.

첫째로 미디어 센터는 주요 정당들이 정립해놓은 미디어 능력 촉진 모델에 따라 운영된다는 점이다. 각 주의 미디어 센터들은 주로 정치적 차원에서 사회적 약자나 배제된 사람들이 참여할 수 있도록 구체적인 틀을 구축하는 방식이라는 점에서 형태상으론 동일하지만 해당 주의 주요 정당이 미디어 능력의 개념과 미디어 센터의 역할을 어떻게 정의하는가에 따라 운영상의 차이가 나타날 수 있다. 두 번째 특징은 재정 충당 과정에서 사업의 진행 방식과 다양성이 결정된다는 점이다. 미디어 센터의 재정은 주정부에서 담당하기 때문에 미디어 센터에 투자할 수 있는 예산 규모는 지역마다 다른데, 이는 주에서 걷을 수 있는 세금 총량이 다르다는 의미이기도 하다. 그래서 독일연방에 소속된 모든 지역이 유사한 또는 동일한 수준에서 미디어 센터의 프로그램을 계획하고 추진하는 사업을 진행하지 못하는 이유가 된다. 각 주는 연방정부와 주정부가 상정한 중점 프로젝트 또는 매체(인터넷, 모바일, 방송 등)별 중점 계획에 따라 예산 배정의 우선순위를 결정하고, 공동/독자 프로젝트를 진행하는 방식을 취하기 때문에 동일한 프로그램이라고 하더라도 내용과 형식 면에서 상이한 방식을 취한다.

미디어 센터에서 운영하는 프로젝트의 진행방식은 크게 두 가지 유형으로 나뉜다. 첫 번째는 국가의 공공기관에서 자체적으로 운영하는 방식으로, 대부분 장기 교육을 통한 참여자의 성취에 목적을 두고 운영한다. 이런 방식에 해당하는 사례는 '튀링겐 미디어청(Türinger Landesmedienanstalt, 이하

표 4-4 미디어청별 미디어 능력 프로젝트와 직업교육 예산 비교   (단위: 유로)

지역 미디어청	2013년	2014년	2015년
바덴뷔르템베르크 미디어청(LFK)	1,840,000	1,725,000	1,750,000
바이에른 미디어청(BLM)	1,540,000	1,570,000	1,910,000
베를린-브란덴부르크 미디어청(mabb)	1,508,000	2,170,000	2,229,000
브레멘 미디어청(brema)[1]	973,400	1,000,800	1,047,495
함부르크, 슐레스비히홀슈타인 미디어청(MA HSH)	250,000	248,000	248,000
헤센 미디어청(LPR)	1,238,600	1,217,200	1,109,900
메클렌부르크포어포메른 미디어청(mmv)	372,200	499,500	441,600
니더작센 미디어청(NLM)	934,800	830,860	852,548
노르트라인베스트팔렌 미디어청(LfM)	1,894,000	1,911,000	3,305,000
라인란트팔츠 미디어청(LMK)[2]	4,237,711	4,207,033	4,330,000
자를란트 미디어청(LMS)	379,751	399,000	390,000
작센안할트 미디어청(MSA)	1,879,118	2,073,500	2,097,000
튀링겐 미디어청(TLM)	359,800	455,200	371,600

주: 1) 브레멘: 미디어 능력 프로젝트 + 직업교육 + 허가/감독
　　2) 라인란트팔츠: 미디어 능력 프로젝트 + 직업교육 + 시민, 열린 채널 지원비용
자료: ALM(2015a: 202~254) 재구성. 원저작자의 모든 권리가 보호됨.

TLM)'과 '작센 미디어청(Sächsische Landesanstalt für privaten Rundfunk und neue Medien, 이하 SLM)'의 사업이 있다. 튀링겐은 1998년 당시 TLM 청장의 제안으로 지역 미디어 센터의 기능을 활용한 '어린이·청소년 열린 채널(Offene Kanal für Kinder und Jugendliche)'인 픽셀(PIXEL)을 개국했다. 또한 1999년부터 '라바츠 프로젝트(Projekt Rabatz)'를 통해 어린이와 청소년이 여가 활동으로 라디오 프로그램을 제작하는 기회를 제공하며 이를 열린 채널을 통해 송출하는 사업을 진행하고 있다.

작센의 SLM은 1997년 지역 미디어 센터의 기능을 확립하면서 미디어 교육 전문방송인 'SAEK(Sächsischen Ausbildungs und Erprobungskanäle)'을 개국했다. 라디오와 텔레비전으로 송출되는 SAEK 채널은 전문 미디어 교육

교수자의 지도에 따라 학교 프로젝트 형식으로 운영되는데, 매주 라디오 프로그램을 제작하고, 텔레비전 프로그램을 편집하면서 미디어 능력 개념이 강조하는 이론과 실천의 밀접한 관계를 유지하도록 운영된다. SAEK 채널은 열린 채널로서 기능하는 동시에 현직 언론인들에게 새로운 방식의 프로그램을 제작하는 기회를 제공하는 재교육 시스템으로서도 기능한다는 특징이 있다.

두 번째는 지역 또는 연방 미디어 센터와 미디어 관련 기관이 특정 시기나 목적에 부합하는 협력체 및 프로젝트 단체로부터 지원받는 형식이다. 이는 '보조성의 원리(subsidiaritätsprinzip)'에 입각한 것이다. 이 방식을 채택한 사례로는 '베를린-브란덴부르크 미디어청(Medienanstalt Berlin-Brandenburg, 이하 mabb)'과 '메클렌부르크포어포메른 미디어청(Landesrundfunkzentrale Mecklenburg-Vorpommern, 이하 LRZ)'에서 운영하는 미디어 센터의 사업들이 있다. mabb와 LRZ 모두 전자의 형식과 유사하게 자체 프로젝트 및 장기 교육 프로그램들을 운영하고 있지만 주력 프로젝트는 협약단체 및 협력사들로부터 지원을 받아 진행한다. 이러한 식으로 확보한 재원은 상업적인 유용이 불가능하며, 재료와 기자재는 어린이·청소년들의 '미디어 능력 육성(medienerzierhung)' 프로그램이나 성인 대상의 미디어 교육 프로그램에만 사용이 가능하다. 이 방식의 프로젝트들은 효율적인 운용이 가능하고 단기적인 성과가 나타나는 장점이 있지만, 장기적인 포트폴리오를 만들거나 제반시설을 구축하기는 어렵다는 점이 한계로 지적된다.

독자 프로젝트를 진행할지 혹은 공동 프로젝트를 진행할지에 대한 형식의 차이는 있어도 독일의 미디어 센터들이 지향하는 바는 전체적으로 유사하다. 프로젝트를 통해 개인의 사회 참여를 독려하여 이를 기반으로 미디어와 친근해지고, 유용한 정보와 불필요한 정보를 스스로 선택하는 방식들을 공유하는 것이 바로 그 목적이다. 이를 위해서 독일의 미디어 센터는 사회기관들과의 연계를 지속적으로 넓혀가고 있다. 독일 미디어 센터의 사업 내용은 크게 미디어 능력 프로젝트와 시민 채널·열린 채널 운영 및 직업교육 등으로 구분된다. 미디어 능력 프로젝트는 어린이·청소년·성인이 개인의 수준에 따라 참여하는 프로그램으로 구성되어 있다. 각 주에서는 연간 또는 그 이상의 장기 계획으로 프로젝트를 기획하는데, 시행 주체는 단일 단위일 수도 있고 미디어청 간의 연합일 수도 있다.

독일에서 시민 채널과 열린 채널은 미디어 센터에서 제작한 프로그램이나 개인이 제작한 프로그램을 편성하고 지역방송사 및 지역 채널을 활용해 송출하는 식으로 운영한다. 독일의 방송 관련 법들은 공영 채널과 상업 채널의 지역정보 편성 및 송출 할당을 지원하고, 미디어청에서 지원하지만 독립적으로 운영되는 비상업 채널들에도 참여 기회를 보장하고 있다. 마지막으로 미디어 센터들은 직업교육과 재교육을 담당한다. 시민 채널·열린 채널을 운영하기 위한 인력들을 교육하고 미디어 센터의 프로그램들을 통해 이들의 시설 이용과 프로그램 제작을 지원하며, 방송 송출의 기회를 제공하는 방식으로 제작과 송출의 순환구조를 형성하고 있다.

주 미디어청에서 추진하는 미디어 능력 프로젝트에 참여하는 대상과 유형, 목표 등이 상이한 만큼 프로그램의 수도 많다. 연계방식이나 협업방식에 따라 프로그램의 구성이 다르기는 하지만 대체적으로 참여형 프로그램이라는 점에서 강의식을 지향하는 우리나라의 사례와는 방식이 다르다. 2015년 집계된 독일 전체의 미디어 능력 프로젝트는 266개이며, 그중 지역별로 몇 가지 사례를 정리하면 〈표 4-5〉와 같다.

표 4-5   2015년 미디어청별 미디어 능력 프로젝트 사례

프로젝트 이름	중점 미디어	목표 그룹	협력(참여) 단체
미디어청 연합 프로젝트(총 19개)			
didacta – die Bildungsmesse	크로스미디어	시민, 전문가, 선생	연방 미디어청, 청소년미디어보호위원회, 남서 미디어 교육 촉진 연합, Internet ABC, Klicksafe, Filmmo 외 3개 단체
Ein Netz für Kinder	인터넷	6~12세 어린이	연방 문화·미디어부, 연방 가족부, 성인·여성과 청소년 연합, 4개 미디어청, 청소년미디어보호연구소
edura.fm – Webradioportal	라디오, 인터넷	청소년, 선생	LMK, BREMA 외 3개 단체
handysektor	모바일 인터넷	청소년, 선생	LfM, mpfs, LFK, LMK
juuuport	인터넷	청소년	brema, LMK, MMV 외 3개 단체
바덴뷔르템베르크 미디어청(LFK, 총 24개)			
Chatten ohne Risiko – Chatten? Aber sicher!	인터넷	청소년	jugendschutz.net
Filmarbeit mit Jugendlichen	영화	난민 청소년	Black Dog Jugend und Medienbildung e.V.
radio.mikrowelle	라디오	어린이, 청소년	etage, Donau 3 FM, FreeFM
바이에른 미디어청(BLM, 총 16개)			
Interdisziplinäre Fachtagung	크로스미디어	부모, 선생, 청소년 대상 사회 활동가	JFF – Institut für Medienpädagogik in Forschung und Praxis
Fortbildung Medienkompetenz	크로스미디어	부모, 선생, 청소년 대상 사회 활동가	Medienzentrum Mün-chen des JFF – Institut für Medienpädagogik in Forschung und Praxis 외 3개 단체
베를린-브란덴부르크 미디어청(mabb, 총 24개)			
Bärenstark	텔레비전	어린이, 청소년	ALEX Offener Kanal Berlin
Kinder machen Kurzfilm!	영화	초등학교 학생	Internationales Kinder-und Jugendkurzfilmfestival KUKI, ALEX Offener Kanal Berlin
Teaching 2.0 – Medienkompetenz im Klassenzimmer	인터넷	미디어 교육자	mabb, MIZ-Babelsberg
브레멘 미디어청(brema, 총 15개)			
Edura FM Bremen – Mein Radio mach ich selbst!	라디오	어린이, 청소년	CoLab gGmbH

Ene Mene Mikrofon…, Sprachförderung mit alten und neuen Medien	오디오, 사진, 컴퓨터	장년층	Blickwechsel e.V.
Internet ABC-Schule	인터넷	초등학교 선생	Landesinstitut für Schu-le, Lehrerfortbildungsinstitut, Schulen in Bremen und Bremerhaven

<table>
<tr><th colspan="4">함부르크, 슐레스비히홀슈타인 미디어청 (MA HSH, 총 17개)</th></tr>
<tr><td>Internet-ABC-Schule</td><td>인터넷</td><td>초등 3~4학년, 부모, 선생</td><td>LI – Landesinstitut für Lehrerbildung und Schulentwicklung Hamburg</td></tr>
<tr><td>Schnappfisch-Media – Schüler machen Medien</td><td>라디오, 텔레비전, 인터넷</td><td>어린이, 청소년</td><td>Hamburg. Bürger.- u. Ausbildungskanal TIDE</td></tr>
<tr><td>SchulMedienTage</td><td>웹 2.0, 소셜 네트워크, 게임</td><td>학생, 선생, 부모</td><td>Offener Kanal Schleswig Holstein (OKSH)</td></tr>
<tr><th colspan="4">헤센 미디어청 (LPR, 총 22개)</th></tr>
<tr><td>Radio ist mehr als Musik</td><td>라디오</td><td>초등학교 학생, 교육자, 부모</td><td>nichtkommerzielle Lokalradios in Hessen</td></tr>
<tr><td>Medien machen Schule</td><td>크로스미디어</td><td>학생, 선생</td><td>Hessische/Niedersächsische Allgemeine (HNA), Freies Radio Kassel e. V.</td></tr>
<tr><td>Medien kinderleicht</td><td>뉴미디어</td><td>초등학교 선생</td><td>Hessisches Kultusminis-terium</td></tr>
<tr><th colspan="4">메클렌부르크포어포메른 미디어청 (mmv, 총 23개)</th></tr>
<tr><td>FotoKids</td><td>사진</td><td>바트 지역 어린이</td><td>Gymnasiales Schulzentrum Barth</td></tr>
<tr><td>ComputerSpielSchule Greifswald</td><td>컴퓨터-온라인 게임</td><td>어린이, 청소년, 부모, 선생</td><td>Kindermedienzentrum Greifswald e.V.</td></tr>
<tr><td>Jugendmediencamp 2015 – Mit der Technik in die Pampa</td><td>필름, 라디오, 사진, 신문, 인터넷</td><td>베를린, 브란덴부르크, 메클렌부르크포어포메른 지역 청소년</td><td>Jugendpresseverband Brandenburg e.V. in Potsdam</td></tr>
<tr><th colspan="4">니더작센 미디어청 (NLM, 총 19개)</th></tr>
<tr><td>Aktionstag Internet</td><td>인터넷, 웹 2.0</td><td>학생, 선생</td><td>Niedersächsisches Kultusministerium</td></tr>
<tr><td>Medienabend in der Kita/Grundschule</td><td>비주얼 오디오</td><td>교육자, 선생, 부모</td><td>Blickwechsel e. V., Verein für Medien- und Kulturpädagogik</td></tr>
<tr><td>neXTmedia</td><td>인터넷, 웹 2.0, 디지털 오디오, 비디오, 사진</td><td>청소년 교육자, 청소년 사업 관련 종사자</td><td>Landesjugendring Niedersachsen</td></tr>
</table>

노르트라인베스트팔렌 미디어청 (LfM, 총 14개)			
Initiative Eltern+Medien	크로스미디어	부모, 교수자	-
Initiative „Medienpass NRW"	크로스미디어	선생, 교수자	Landesregierung NRW, LfM
Trickboxx Festival	영화	학생, 교수자	Filmothek der Jugend, Staatskanzlei NRW
라인란트팔츠 미디어청 (LMK, 총 17개)			
Girls go Movie	비디오, 영화, 텔레비전	12~24세 여성 청소년, 젊은이	Stiftung MKFS
Medien-AGs in Ganztagsschulen	전체 미디어	전체 학생	Ganztagsschulen RLP; ADD Trier
Tatort Eifel Junior Award	비디오, 영화, 텔레비전	9~20세	MKFS, SWR, Stiftung Rheinland-Pfalz für Kultur, Medienzentren der Eifelregion
자를란트 미디어청 (LMS, 총 8개)			
Medienkompetenz in Schulen	크로스미디어	전체 유형의 학생	Ministerium für Bildung und Kultur
Medienkompetenzportal	크로스미디어	전체	-
Nachwuchsreporter	라디오, 비디오, 인터넷	학생, 18세 청소년	Radio Salü, luxemburgi-sche/französische Partner
작센 미디어청 (SLM, 총 15개)			
DOK Spotters	멀티미디어	14세 이상 청소년	Leipziger DOK-Filmwochen GmbH
Fachtagung Medienkompetenz	작센 미디어 능력 교수법 평가	미디어교수자협회 회원	Netzwerk Medienpäda-gogik Sachsen
Mitteldeutsches Mediencamp	오디오, 비디오, 멀티미디어	어린이, 청소년	MSA, TLM
작센안할트 미디어청 (MSA, 총 15개)			
Medienkompetenztage für Schulklassen	인터넷, 영화, 만화	초등학교 3~8학년	워크숍으로 진행
Netzwerk Medienkompetenz Sachsen-Anhalt	크로스미디어	모든 시민	Land Sachsen-Anhalt, Bildungswerk der Wirtschaft Sachsen-Anhalt e.V.
Filmfestival Rabazz	영화	어린이, 청소년	Landesfilmdienst Sachsen für Jugend- und Erwachsenenbildung e.V.

튀링겐 미디어청(TLM, 총 18개)			
Medienkompetenz-Net zwerk Thüringen	모든 미디어	튀링겐 시민	Thüringer Institut für Lehrerfortbildung, Lehrplanentwicklung und Medien (Thillm)
Veranstaltung zum „Safer Internet Day"	인터넷	교수자, 청소년 사업 종사자	LAG Kinder- und Ju-gendschutz Thüringen, Thüringer Landtag
PiXEL-Fernsehen, Offener Kanal für Kinder und Jugendliche der TLM	텔레비전	어린이, 청소년	TLM

자료: ALM(2015b) 재구성. 원저작자의 모든 권리가 보호됨.

미디어청의 프로젝트는 매체별로 나뉘어 인터넷, 텔레비전, 라디오와 음성 미디어, 휴대전화·스마트폰·모바일 미디어 이용 등 네 가지로 구분되어 있고, 그 외에 연구 및 기타 활동으로 분류된다. 각 부문별 사업 목표와 내용을 간략하게 살펴보면 다음과 같다.

(1) 인터넷(Internet) 프로젝트

'2014년 ARD/ZDF의 온라인 연구(ARD/ZDF-Onlinestudie 2014)'에 따르면 독일의 14세 이상 인구 79%가 인터넷을 이용하고 있었으며, 14~19세는 100%로 집계되었다. 전체 인구로 볼 때 인터넷 사용이 증가하고 있는 것은 고무적이지만 이에 따른 부작용도 있다. 성인뿐만 아니라 어린이와 청소년의 개인정보도 유출되고 있고 사이버모빙(Cybermobbing) 등에 대한 불안감도 확산되고 있다. 이에 각 미디어청은 다양한 프로젝트를 통해 '인터넷 능력(Internetkompetenz)'을 성취하는 것을 특별한 목적으로 상정하고 있다.

사례 1: Internet-ABC 프로젝트

5~12세 어린이들의 인터넷 이용이 증가하면서 부모와 교사들은 이를 감독하기 위해 광범한 분야에 걸친 통합 프로젝트 'Internet-ABC'를 시작한

다. 이 프로젝트는 대화형 기능을 갖추고 새로운 어휘를 혼합해서 어린이들의 흥미를 유발하는 식으로 지식을 전달하는 커리큘럼을 갖추고 있다. 또한 Internet-ABC는 데이터베이스를 구축해 650개 이상의 컴퓨터게임과 200개의 교육 소프트웨어에 대한 정보를 제공하고 있으며, 애플리케이션과 기타 정보들을 제공하고 있다. Internet-ABC가 주관하는 이 사업은 2005년부터 독일 유네스코 위원회의 지원을 받고 있다. 프로그램에 참여를 원하는 초등학교들은 'Internet-ABC-Schule'를 신청하여 참여할 수 있으며, 이후에는 주 미디어청에서 인증하는 기관으로 선정되어 추가 자료 및 프로젝트 관련 정보들을 제공받게 된다. 이 프로그램은 현재 mabb, brema, LPR-Hessen, MA HSH, LMS, TLM 등 여러 미디어청에서 시행되고 있으며, 연방정부의 지원도 받는다.

사례 2: juuuport

'juuuport'는 '청소년 스스로가 청소년을 보호하기 위한 플랫폼(Selbstschutz plattform von Jugendlichen für Jugendliche im Web)'으로 알려져 있다. 15~21세 청소년들의 자발적인 참여로 진행되는 프로젝트로, 청소년들의 대화와 정보 교환을 통해 웹사이트를 구축하는 것이 핵심 목표다. 청소년 관련 분야의 전문가들과 함께 인터넷상에서 발생하는 다양한 문제들을 이야기하고 해결 방법을 모색한다. 정보 보호, 사이버모빙, 소셜 네트워크 서비스, 기술 습득 등이 주제가 된다. 또한 juuuport에서는 청소년들이 직접 제작한 미디어 프로젝트를 공유하는 공간도 마련되어 있다. 사업은 NLM의 'juuuport 연합'에서 주관하고 있으며, brema, LfM, LMK, MMV, MSA, LfK 등 여러 미디어청이 참여하고 있다.

(2) 텔레비전(Fernsehen) 프로젝트

독일에서 텔레비전은 오랜 기간 전 연령층에 걸쳐 애용되는 매체로 꼽힌다. 최근 몇 년 동안의 미디어 이용 행태 조사에서도 1일 평균 240분 이상의 시청 시간을 기록하고 있다. 게다가 2014년 '어린이 미디어 이용 행태 연구 (KIM-Studie 2014, 이하 KIM Studie)'에서 조사한 바에 따르면 조사 대상 어린이 중 79%가 매일 텔레비전을 시청하는 것으로 나타났다. 이에 따라 미디어청들은 어린이의 텔레비전 프로그램과 영화 시청에 관해 가정 내에서 교육이 이루어져야 한다고 판단하고 그에 중점을 둔 미디어 이용 지도 관련 사업들을 다양하게 진행하고 있다.

사례: FLIMMO

FLIMMO는 미디어청들이 진행한 시청각 매체 분야의 프로젝트 중 가장 오랫동안 가장 큰 규모로 진행된 사업으로서, 부모와 교사가 어린이들에게 친숙한 방식으로 미디어 이용 지도를 할 수 있는 구체적인 지침을 마련하는 것이 주요 목표다. 이 프로젝트는 인쇄물, 온라인 및 모바일 등을 통해 정보를 제공하고 있다. 인쇄물은 'FLIMMO Progammberatung(FLIMMO 프로그램 조언)'이라는 책자로 연간 3회 발행되며, 자료를 신청한 모든 가정과 단체

그림 4-8 FLIMMO 프로젝트 홈페이지

자료: http://www.flimmo.de. 원저작자의 모든 권리가 보호됨.

에 제공된다. 온라인에서는 많은 텔레비전 프로그램 중에서 유익한 정보를 선택할 수 있도록 주간 하이라이트를 제공하고 있다. 웹사이트의 테마 스페셜을 통해서 어린이의 텔레비전 시청 지도를 돕는 정보들을 별도로 제공하고 있다. 모바일 웹으로 개발된 'FLIMMO-App'에서는 미디어 이용 지도 실천을 위한 포괄적인 정보들을 부모에게 제공한다. 해당 프로젝트는 '부모들을 위한 방송조언협회(programmberatung für eltern e.v)'에서 주관하고, 13개 미디어청들과 '청소년의 텔레비전 시청과 텔레비전 교육에 관한 국제중앙연구소(Internationales Zentralinsitut für das Jugend- und Bildungsfernsehen)'가 참여하고 있다.

(3) 라디오와 청각 미디어(Horen und auditive Medien) 프로젝트

독일에서 라디오 청취, MP3나 CD 감상은 어린이와 청소년의 주요한 여가 활동이다. 어린이 미디어 이용 행태 조사 결과를 보면 12세~19세 어린이·청소년 중 83%가 라디오 및 청각 미디어를 이용하는 것으로 나타났고, 응답자 중 53%가 매일 또는 일주일에 여러 차례 이용한다고 답했다. 독일의

246   다문화사회에서의 미디어 역할: 독일 사례를 중심으로

그림 4-9　Stiftung Zuhören 홈페이지(좌), edura.fm 프로젝트 홈페이지(우)

자료: http://www.zuhoeren.de(좌), http://edura.fm(우). 원저작자의 모든 권리가 보호됨.

매체 이용 특성에 따라 오디오북, 라디오 등을 이용한 미디어 능력 촉진 프로젝트들이 진행된다. 공공기관보다는 재단이나 시민단체들이 진행하고 있는 라디오와 청각 미디어 관련 미디어 능력 프로젝트 사례를 본다.

사례: Stiftung Zuhören

'경청하는 재단(財團)'이라는 뜻의 'Stiftung Zuhören'은 듣기, 경청하기, 귀 기울이기 등의 행위를 인간 커뮤니케이션의 가장 기본적인 요소로 간주하며 이와 관련한 사업을 진행하는 사회단체다. 라디오방송사 tat:funk와 바이에른 방송에서 운영하는 EarSinn이 공동으로 설립한 재단법인으로서 '듣기 문화(Kultur des Zuhörens)'를 형성하는 것을 사업 목표로 삼고 있다. 이를 위해 유치원·청년·성인 및 기타 전문 그룹을 대상으로 듣기 관련 프로젝트, 청각 훈련, 워크숍 등을 진행하고 있다. 웹사이트를 통해 이달의 CD를 선정하고 전국 2000여 개의 클럽을 지원하면서 어린이들이 교사의 지도 아래 소리와 음악을 경청할 수 있도록 기회를 제공하는 활동을 진행하고 있다. 이 사업에는 BLM, LPR Hessen, 'MKFS 재단(Stiftung MKFS: LMK, LFK, SWR)', '중부 독일 미디어청 연구회(Arbeitsgemeinschaft der mitteldeutschen Landesmedienanstalten: MSA, SLM, TLM)' 및 다양한 라디오 사업자들이 참여하고 있다. MKFS 재단은 이 사업을 확장해 아동을 대상으로 한 청각 프로젝트 '예리한 귀(Ohrenspitzer)'를 진행하고 있다. 3~6세 어린아이를 대상으로 하는 라디오 드라마로, 의성어부터 일상생활의 표현, 지역 사투리 등을 다양하게 제시함으로써 청각적 느낌을 즐길 수 있는 내용으로 구성된다.

(4) 휴대전화·스마트폰·모바일 미디어 프로젝트

독일의 미디어 이용 패턴 중 가장 급격한 변화를 보인 것이 바로 모바일이다. 우리나라의 경우 인터넷 보급을 시작으로 모바일 미디어와 스마트 미디어의 전환이 이루어졌지만 독일의 경우는 인터넷으로의 전환과 모바일로의 전환이 동시에 일어나고 있다. 모바일 매체 중 보급률이 높아지고 있는 스마트 미디어는 애플리케이션을 통해 다양한 기능을 사용할 수 있다는 장점이 있지만, 이면의 문제들이 점차 드러나고 있어 독일 내에서도 사회적 문제로 다뤄지고 있다. 현재 모바일 관련 이슈는 데이터 보안, 모바일 폭력, 포르노그래피, 음란 채팅, 성적인 사진 및 동영상 촬영 등이다. 특히 개인 초상권이나 정보 침해 등과 같은 문제들이 산재해 있기 때문에 독일의 공영방송과 관련 단체들은 이미 여러 차례 캠페인을 진행한 바 있다. 마찬가지로 미디어 센터들 역시 프로젝트를 통해 경각심을 불러일으키고 관련 문제들을 감소시키기 위한 노력을 기울이고 있다.

사례: handysektor

LfM과 LFK, LMK 등에서 공동으로 운영하는 'handysektor'는 모바일 커뮤니케이션과 관련한 청소년들의 의문과 고민을 나누는 프로젝트다. 애플리케이션, 기술, 요금제, 데이터 보안, 모바일 폭력, 요금 납부 등에 관해 홈페이지를 통해 상담할 수 있다. 또한 휴대전화를 이용한 미디어 창작 활동

그림 4-10   handysektor 프로젝트 홈페이지

을 장려하기 위해 제작 방법을 알려준다. 휴대전화를 통해 개인이 제작한 영상이나 사진 등 창작의 결과물을 공유할 수 있는 별도의 게시판도 운영한다.

(5) 연구 및 기타 활동

각 주의 미디어청들은 미디어 능력 프로젝트 주제와 활동을 선정하기 위해 연구기관 및 언론기관들과 지속적으로 협력하고 있다. 남서부미디어청(mpfs)에서 진행하는 어린이 미디어 이용 행태 조사인 KIM Studie(6~13세 어린이 대상)와 청소년 미디어 이용 행태 조사 JIM Studie(13~16세 청소년 대상)가 대표적이다. 특별 보고서로는 유아들의 미디어 이용 행태를 조사한 miniKIM 연구와 가족의 미디어 이용 행태를 조사한 FIM이 있다. 연구는 남서부미디어청의 LFK와 LMK가 담당하고, 남서부방송(SWR)이 기금을 지원한다. 한편 LFK와 LMK, SWR는 '미디어 능력 포럼 재단(Medienkompetenz Forum Südwest: MKFS)'도 운영한다. MKFS는 미디어 능력 프로젝트에 쓰이는 시청각 자료 개발을 위해 매년 공모전 형식으로 'Schulkinowochen'를 개최하여 '미디어 교육 후원금(Förderpreis Medienpädagogik)'을 수여한다.

선정된 자료는 출판 및 배포를 위해 관련 단체들과 협력을 맺으며, 필요한 경우 교육 네트워크를 수립하거나 기관을 설립할 때 시설과 인력 네트워크를 지원하고 있다.

독일의 미디어청들은 미디어 센터에서 만들어진 프로그램을 방송으로 송출할 기회를 다양하게 제공하고 있는데, 특히 방송과 텔레미디어에 관한 주간협약을 통해서 공영 채널과 상업 채널이 시민이 참여한 프로그램을 방영하도록 보장하고 있다. 그리고 각 주정부에서는 비상업 채널로서 일부 지역을 송출권역으로 하는 열린 채널을 운영하거나 지원하고 있다. 독일 내에서 열린 채널은 공영 채널과 상업 채널에 대응하는 제3의 방송 형태로 인정된다. 열린 채널의 방송 송출을 위한 등록비용은 미디어청들에 분배되는 방송수신료에서 충당된다.[15] 열린 채널은 '비상업방송(Nichtkommerzieller Rundfunk)'으로 분류되는데, 사실 독일에서 운영되는 비상업방송의 대부분은 열린 채널의 기능을 한다. 비상업 채널은 크게 '자유 라디오(Freie Radios)', '열린 텔레비전 채널-라디오 채널(offene Fernseh- und Hörfunkkanäle)', '시민방송(Bürgerrundfunk)', '대학 라디오(Hochschulradio)', '교육 및 연수 채널(Aus- und Fortbildungskanäle)'의 다섯 가지 유형으로 나뉘어 있다.

'자유 라디오'는 해당 지역을 기반으로 하는 회사의 기금과 공공·민간 지원으로 조달된 기금 및 자원으로 운영하는 방식이다. '열린 텔레비전 채널-라디오 채널'은 지역 미디어청들의 지원을 직간접적으로 받아 운영되는 단체로서 미디어청의 관할에 포함된다. '시민방송'은 지역 신문사가 송출하는 방송으로서 비상업적 활동을 전제로 운영되는데, 방송 송출을 위한 라이선스를 획득하기 위해선 방송제작과 운영에 시민들의 참여가 필수로 수반되

---

15 제1공영 채널 ARD, 제2공영 채널 ZDF의 연간 예산 1% 내외를 배정하고 있다.

어야 한다. '대학 라디오'는 대학교 내 저널리즘·커뮤니케이션 전공 단과들에서 운영하는 지역방송으로서 운영비용은 원칙적으로 대학에서 지원하게 되어 있다. 그러나 일부 대학 라디오 채널들은 지역 내에서 입지를 확보하여 열린 채널 또는 독립 라디오로 운영되기도 한다. 마지막으로 '교육 및 연수 채널'은 미디어 기관이나 기업방송이 교육, 홍보 등의 분야에 대한 시민들의 교육 요구를 충족시키기 위해 운영되는 시설로서 역시 시민 참여가 보장되어야 하는 채널이다. 공영사업자, 민간사업자 모두 교육 채널 운영이 가능하며, 일종의 열린 채널이자 재교육 프로그램으로서 기능하고 있다.

독일에서 미디어 센터는 매체와 관련한 모든 활동을 촉진(die Förderung)하고 지원(die Unterstüzung)하면서 지역사회에 기여하고 있다. 미디어 센터의 가장 중요한 목표는 지역사회의 참여이기 때문에 지역단체들과의 활발한 연계가 가장 중요하다. 이에 따라 ARD 회원사와 주(州)별로 승인된 상업 채널 사업자는 독자적인 미디어 센터를 운영하거나 공동으로 프로젝트성 활동을 펼치며, 지역의 교육기관과 영리·비영리단체와의 연계를 강화하고 있다. 미디어 센터들의 모든 활동은 연방정부에서 추진하고 있는 미디어 능력 강화사업의 일환으로 운영되는데, 최근 들어서는 '네트워크·온라인 미디어 능력(Netwerk Medienkompetenz)'을 주제로 한 프로젝트들이 활발히 운영되고 있다. 미디어청에서 운영하는 미디어 센터의 역할은 시민의 미디어 이해를 돕고 제작 환경을 제공하는 데서 그치지 않는다. 자체적으로 확보하고 있는 제3텔레비전 채널이나 지역에서 운영되고 있는 시민 채널·열린 채널을 통해 시민 참여로 만든 결과물을 송출할 기회까지 제공한다.

미디어 센터에서 제작한 작품들의 송출이 보장되는 방식은 '방송과 텔레미디어에 관한 주간협약'에 기인한다. 앞서 살펴본바 독일의 미디어 정책 실행에서 가장 중요한 역할을 하는 미디어청은 지역 내 상업 채널의 송출 여부를 결정하는 주관 기관이기도 하다. 상업 채널들은 16개 주 14개 미디어청의 승인에 따라 전국 채널 또는 일부 지역 채널로 성격이 규정되기 때문에 전국 규모의 지상파 상업 채널은 드물고, 케이블이나 위성 등을 이용한 유료 상업 채널이 전국을 권역으로 하는 경우가 더 많다. 상업 채널들의 지역 내 송출이 결정되면, 지역을 위한 프로그램을 제작해야 하는 의무가 생긴다. '창문 채널(Fensterprogramm)'로 불리는 지역 상업 채널은 열린 채널의 성격을 일부 갖고 있는데, 독립제작자 또는 시민들이 제작한 프로그램을 일주일에 최소 260분 이상 편성해야 하고 프라임타임에 75분 이상 송출해야 한다('방송과 텔레미디어에 관한 주간협약' §25의 6). 즉, 방송 채널이 지역에서 송출하기 위해서는 지역성을 갖춰야 하고, 이 지역성을 보장하기 위해서 시민들의 참여가 독려되는 것이다.

독일 미디어 센터의 가장 큰 특징은 공적 영역과 민간 영역, 교육 영역 등을 아우르는 광의의 활동 범위를 가지고 이론에서부터 실질적 참여까지 시민을 독려하는 방식이 추진되고 있다는 점에 있다. 독일의 열린 채널은 1980년대에 운영되기 시작했으며 미디어의 개념이 확장되고 미디어 센터가 확산되면서 시민들의 '의견 다양성(Meinungsvielfalt)'을 보장하기 위한 수단으로 활용되어왔다. 2005년도까지 독일 전역에서 텔레비전 열린 채널은 63개, 라디오 열린 채널은 54개가 운영되었으며 대체로 지역 미디어청에서 직접 지원하는 방식으로 운영되었으나 50여 개의 채널은 미디어청의 지원금과 지역단체들에서 자금을 충당했다. 지금은 다수의 시민 채널이 교육 채널로 성격을 바꿨기 때문에 순수한 성격의 열린 채널의 수는 10여 년 전과 비교했을 때 줄어들었다. 30여 개가 주정부와 주립·사립 미디어 센터, 교육 기관의 연계 활동을 통해 활발히 운영되고 있다. 이들은 프로그램 제작에 필요한 기술 기반 및 기자재를 제공하고 시설을 활용할 수 있는 교육 기회를 제공함으로써 모든 시민들의 참여를 독려하고 있다. 열린 채널은 지역별로 운영되기 때문에 협약사들의 재정적 지원과 자원봉사자들의 참여로 운영되고 있다. 또한 아마추어 영화 제작자나 미디어 활동가들의 작품을 방송하도록 장려한다. 단순히 일반인이 제작한 프로그램을 송출하는 데 그치지 않고 시민이 교육을 통해 방송 제작에 참여할 수 있는 기회를 열어두기 때문에 명실상부한 시민 참여 채널의 기능을 하게 되며 지역 현안들을 공유하고 의견을 나누는 장(場)이 될 수 있는 것이다.

2) 난민 참여 미디어 능력 프로젝트

2015년의 '망명 패킷 I'이 최대한 많은 난민이 독일에 들어오도록 취한 조치였다면, 2016년 쾰른 사건을 계기로 수정된 '망명 패킷 II'는 기존에 유입된 난민들의 사회통합을 강제하고, 위법한 상황이 발생했을 때 범죄자를 추방할 수 있도록 근거를 마련한 조치였다. '망명 패킷 II'가 도입된 후 독일 내에서는 난민들의 사회통합에 대한 관심이 증폭되었고, 이는 독일의 미디어청과 공공기관, 사회기관, 교육기관 등에서 진행하던 미디어 능력 프로젝트에 난민들을 포함시켜야 한다는 사회적 합의를 이끌어냈다. 난민 대상의 미디어 능력 프로젝트는 언어뿐만 아니라 정치와 문화, 교육 등을 아우르는 사회통합 과정이 필요하다는 인식에서 비롯된 것이다.

이러한 맥락에서 미디어 교육과 커뮤니케이션 문화협회(Gesellschaft für Medienpädigogik und Kommunikationskultur: GMK)는 2016년 '33차 커뮤니케이션 문화 포럼(33. Forum Kommunikationskultur der GMK 2016)'을 열어 난민을 위한 미디어 능력 프로젝트의 방향성에 대해 논의했다. 일단 지금까지 독일 내에서 시행되었던 프로그램들은 연령대 등을 구분하여 특정 대상만을 위해 조직되었으며 내용도 제한적이었다는 점을 지적했다. 그 근거로는 2016년 미디어 교육과 커뮤니케이션 문화협회와 파더보른 대학교(Universität Paderborn)가 공동으로 진행한 연구 결과를 들었다. 당시 미디어 교육과 커뮤니케이션 문화협회 회원 1000명을 대상으로 조사한 바는 다음과 같다.

먼저 난민들이 참여하는 미디어 교육 활동(medienpädagogische Arbeit mit Geflüchteten) 중 71%가 사진촬영과 독백영화(Erklärfilme)에 치중되어 있는 것으로 나타났다. 대상 연령은 청소년 75%, 어린이 47%로 나타났으며 이와 대조적으로 성인을 위한 프로그램은 17%에 불과했다. 연령 제한이 없는 프로그램도 31%에 그쳤다. 미디어 능력 프로젝트를 수행하여 얻을 것이라 예상되는 성과는 자긍심(Selbstwertgefühls) 74%, 참여(Partizipation) 61%, 언어촉진(Sprachförderung) 59%, 사회통합 연계 미디어 활동(integrationsbezogene Medienarbeit) 57% 순으로 나타났다.

미디어 능력 프로젝트의 효과적인 진행을 위한 요구사항도 조사되었다. 가장 큰 필요라고 답한 것은 재정 지원으로 73.64%의 응답률을 보였고, 통역 지원을 바란다는 응답이 60.44%, 연방 또는 주정부 차원의 미디어 능력 프로젝트 확대가 필요하다는 답이 58.24%를 기록했다. 그 외에 프로젝트에 대한 전문 지식 재교육은 54.95%, 문화에 대한 지식은 28.57%, 미디어 능력 프로젝트를 위한 기자재 지원은 26.37%. 무선 인터넷 접속은 20.88%의 응답자가 필요한 것으로 꼽았다.[16] 난민 참여 미디어 능력 프로젝트의 교수자들은 대부분 교육 지원시설에서 활동하는 자원봉사자들에 의해 충족되

---

16 http://www.gmk-net.de/index.php?id=59&tx_ttnews[tt_news]=352&tx_ttnews[backPid]=
     57&cHash=1e9e767baebc7cf770ecdc0c7ade682c

는 상황이다. 하지만 연구 결과에 따르면 설문조사에 참여한 사람들은 해당 활동들을 촉진하기 위해선 전문적인 능력을 갖고 있어야 하기 때문에 교육 기관이나 전문가의 참여가 수반되어야 한다고 평가했다. 시설에 대한 재정 지원을 바탕으로 기존 직원들을 확충하는 것이 더 중요하다는 의견이었다.

이상의 연구 결과와 토론을 거쳐 33차 미디어 교육과 커뮤니케이션 문화 협회에서는 난민 참여 미디어 능력 프로젝트의 진행방식을 크게 세 가지로 합의하게 된다. 첫째, 기존에 추진되었던 활동들을 연계하고 구체화하여 '우수 실습 사례(Good-Practice-Beispielen)'를 도출, 이를 통해 새로운 프로젝트에 적용하도록 한다. 둘째, 교수자는 미디어 교육과 문화 간 커뮤니케이션 관련 훈련을 받아 미디어 교육 활동을 확장할 수 있어야 한다. 교육은 사회복지 및 치료요법에 대한 내용으로 범주를 확장한다. 셋째, 언어 문제를 해결하기 위해 난민 출신의 자원봉사자들이 미디어 능력 프로젝트에 참여할 기회를 제공한다. 이상의 추진 콘셉트는 그동안 공적 영역과 민간 영역에서 단독 또는 공동으로 진행되어왔던 난민 참여 프로젝트의 성과와 한계를 바탕으로 설정된 것이며, 프로젝트 내용의 다양성을 확보하고 질적 향상을 도모하기 위한 기본지침이 될 것이다. 2016년 미디어 교육과 커뮤니케이션 문화협회의 포럼에서 소개되었던 프로젝트의 내용들은 해당 지침들을 다양한 방면으로 구현 가능하다는 것을 보여준다.

주정부 차원에서 추진하는 난민 참여 미디어 교육 중 주목할 만한 사례로는 노르트라인베스트팔렌의 '난민 활동(Flüchtlingsarbeit)' 프로젝트를 꼽을 수 있다. 노르트라인베스트팔렌에 체류하는 난민들은 2016년 상반기 집계 결과 약 4만 3000명에 달한다. 난민 활동 프로젝트의 시작은 2015년이었지만 사실 필요성이 제기된 것은 그로부터 5년 전인 2010년이다. 당시 발간된 『이주 배경을 가진 청소년들의 미디어 이용(Mediennutzung junger

Menschen mit Migrationshintergrund)』에서 이민자 가정의 청소년들이 독일 청소년들에 비해 미디어 활동량이 낮고 미디어를 이용한 정보 습득량이 적다는 연구 결과가 발표된 것이 계기가 되었다. 이 보고서는 청소년들의 미디어 이용량이 증가하고 있는 상황에서 미디어 이용 수준의 차이는 곧 정보격차로 이어지기 때문에 이주자들을 위한 미디어 능력 프로그램이 필요하다는 결론을 내렸다. 또한 무슬림 이주자 가정에 만연한 성차에 따른 활동 제약이 미디어 이용에도 연결되기 때문에 이를 고려한 추가 지원도 필요하다고 제언했다.

노르트라인베스트팔렌에서 추진하고 있는 난민 참여 미디어 능력 프로젝트는 미디어 교육을 통한 문화 간 미디어 프로젝트이다. 이를테면 이주 배경을 가진 부모들이 4~6세 자녀를 위해 이용하는 보육시설과 센터 등을 방문하여 언어 지원 및 부모의 인식 개선 교육을 실시하고 있다. 먼저 언어교육에 필요한 교재는 자체 제작한『보육시설 속에서의 일상 미디어와 언어교육: 실습 활동 핸드북(Alltagsintegrierte Medien- und Sprachbildung in Kindertageseinrichtungen: Handreichung mit Aktivitäten für die Praxis)』을 이용하고 있다. 문화교육은 미디어 제작 프로젝트와 청소년들의 지역 미디어 활동 등을 지원하는 방식으로 진행된다.

노르트라인베스트팔렌의 난민 참여 미디어 능력 프로젝트에선 디지털 미디어 교육이 새로운 이슈로 부각되어 관련 사업이 진행되고 있다. 난민 어린이들은 다양한 스마트 미디어를 이용하고 있으며 그 의존도 높은 것으로 나타났기 때문이다. 2016년에 발행된 어린이 난민을 대상으로 한 연구『인터넷은 음식과 같은 존재(Internet ist gleich mit Essen)』에 따르면 이들은 출신국가를 탈출하는 과정에서 소셜 미디어를 통해 가족과 연락하는 등 스마트 미디어를 긴급 연락망의 일종으로 활용한 경험이 있다. 독일에 도착

그림 4-11   부퍼탈의 '난민 활동', 이주 배경 청소년 영화 제작 프로젝트

한 이후에도 그러한 사용 경향이 이어진 것이다. 독일어 학습에도 스마트폰의 번역 및 사전 애플리케이션을 활용하는 것으로 보아 사회통합 서비스와 지역정보를 제공하는 데 스마트 미디어를 통하는 편이 효과적일 것이라고 이 연구는 제언한다.

해당 연구 결과와 관련 문헌들을 바탕으로 노르트라인베스트팔렌의 '난민 활동'은 시각 효과를 이용한 정보 전달, 단편영화 생산, 무성영화 제작 및 난민 주제의 영화 촬영, 미디어를 활용한 문화 및 생활방식의 차이 설명 등을 교육 목표로 삼았다. 대표적인 것이 노르트라인베스트팔렌의 도시 부퍼탈(Wuppertal)에서 운영하고 있는 이주 배경 청소년들이 참여하는 영화 제작 프로젝트다. 2005년부터 2016년까지 10여 편의 영화가 이 프로젝트의 지원을 받아 제작되었다. 이슬람의 종교의식, 중동 국가들의 문화 등에 관한 영화가 청소년들의 감수성과 감정을 통해 만들어졌다. 미디어 프로젝트를 진행하는 교사는 일반적인 수준의 제작 윤리에 대해서만 제작자들에게 숙지시키고, 영화 내용에 대해서는 일절 간섭하지 않는 것이 원칙이다. 이는 주관적인 시선을 담는 영화라는 매체의 특성을 보장하고, 특정 집단의 도덕 기준이 강요되는 것을 방지하기 위함이다. 완성된 영화는 DVD로 제작·판매되어 제작자에게 지급된다.

공공기관뿐 아니라 민간 영역에서도 미디어 교육 프로젝트가 활발히 진행되고 있는데, 대표적인 사례는 프랑크푸르트를 거점으로 운영되는 청소년·청년 디지털 미디어 제작 지원단체 '갈루스 첸트룸(Gallus Zentrum)'의 비영리 프로젝트다. 갈루스 첸트룸은 다양성 영화 제작을 비롯해 여러 다문화 관련 사업을 수행해온 단체로서, 영화와 사회 현안을 다루는 카페를 개최하여 토론장으로서 기능해왔다. 프랑크푸르트의 괴테 대학교(Goethe-Uni)와 공동으로 문화다양성 사회 참여 프로젝트를 진행해왔던 갈루스 첸트룸은 그간의 프로그램 개발 및 사회 참여 프로젝트 경험을 바탕으로 기존에 있었던 프로그램들에 운영지침을 확대하여 난민 출신자들이 참여하는 새로운 방식의 프로그램을 개최하게 된다. 청소년·청년 난민들이 그들이 생각하는 바를 미디어 형식을 통해 그려낼 수 있도록 지원하는 방식인데, 그 첫 번째 프로젝트는 '거실 극장(Wohnzimmerkino)'이다. 소극장과 같은 공간에서 열리는 일종의 시사회인데, 무료입장을 원칙으로 하되 기부를 통해 자금을 조달한다. 2016년 2월부터 매달 새로운 작품을 상영하고 있으며, 주제는 난민들의 자전적 이야기나 독일에 와서 느낀 삶의 변화 등이다. 상영작들을 간략하게 소개하면 다음과 같다.[17]

바트 지역의 홍수(Eine Flut in Baath-Land)

시리아 출신의 오마르 아미라리(Omar Amiraly)가 촬영한 작품으로, 지난 40여 년간 계속된 시리아의 정치적 상황이 어린이들에게 미친 영향과 다음 세대

---

17 http://www.offenes-haus-der-kulturen.de/

로 이어지는 불평등을 담은 영화다. 아랍어로 제작된 이 영화는 영어와 독일어 자막으로 상영되었다.

오프사이드(Offside)

이란 출신의 야파 파나히(Jafar Panahi)가 촬영한 코미디 영화로, 축구 선수가 되고 싶은 여자아이의 이야기다. 종교적 이유로 여성에게 축구를 허락하지 않는 이란 사회의 모습을 담아내고 있다. 일종의 여성 영화로서 여성 관객들을 위한 특별 상영으로 진행되었으며, 페르시아어로 제작된 영화에 영어 자막을 입혀 상영했다.

새로운 삶의 터전에서 희망 찾기(Die Suche nach dem Glück im fremden Haus)

아프가니스탄 출신의 세파툴라(Sefatullah), 마루프(Maruf), 마흐무드(Mahmoud), 모함메드(Mohammed)가 프랑크푸르트에서 생활한 지 1년이 지난 시점에 자신들이 겪는 사회 적응 문제를 직접 촬영해 보여주는 리얼리티 단편영화다. 그들이 생활하는 난민 캠프의 실상, 변화된 생활에 적응하려는 의지, 난민으로서 독일에 체류하기 위한 조건들을 다양하게 다뤘으며 독일어로 제작되었다.

갈루스 첸트룸에서 진행하고 있는 두 번째 난민 참여 미디어 능력 프로젝트는 2016년 5월부터 시작된 '굿모닝 독일(Good Morning Deutschland)'이다. 작가 안네스 자이들(Hannes Seidl)이 기획한 이 프로젝트는 프랑크푸르트, 슈투트가르트, 도나우에싱겐(Donaueschingen) 등에 위치한 세 개 지역 스튜디오가 연합하여 제작한 라디오 프로그램이다. 주 3회 공개방송으로 진행되며 아랍어와 페르시아어, 티그리냐어, 영어, 독일어 등 다양한 언어로 서비스된다. 다국적 음악과 문화를 소개하여 이주자와 독일인 상호 간의

이해를 돕는 것을 목적으로 한다. 매달 프로그램에 대한 평가를 받아 개선 방향을 정해 반영하고 있으며, 이미 방송된 분량은 'Radio Good Morning Deutschland'의 홈페이지에서 청취할 수 있다.[18]

　세 번째로 갈루스 첸트룸에서 독자적으로 운영하는 사진·영화 프로젝트가 있다. '도착(Ankommen)'이라는 콘셉트의 이 프로젝트는 시리아 출신의 난민 아리아(Aliaa)와 파디(Fadi), 동아프리카 에리트레아(Eritrea) 출신의 아벳(Awet)이 2016년 12월 독일에서 살아가는 모습을 영상으로 담아냈다. 새로운 고향에서의 낯섦(fremd in der neuen Heimat)에 대한 좌절감, 출신국가에서 갖고 있었던 직업이나 지위가 사라진 새로운 공간에서의 적응 문제 등을 조명하는 프로젝트다. 지금까지는 세 명의 이야기를 다뤘지만 참여자를 늘려 영상 기록을 남기는 것을 목표로 진행되고 있다.[19]

　한편 독일 내 스마트 미디어 보급이 확대됨에 따라 미디어 능력 프로젝트도 이와 관련해 소프트웨어를 개발하는 방식으로 진행되는 경우가 많다. 'Sin-Studio im Netz'는 청소년·청년층 난민들이 스마트 미디어를 통한 정

18　http://www.goodmorningdeutschland.org/

19　http://ankommen.galluszentrum.de/#/chapter/1/page/1

보 습득에 익숙하다는 사실에 착안해 이들을 위한 스마트 미디어 애플리케
이션을 개발하고 있다. 2016년 미디어 교육과 커뮤니케이션 문화협회 포럼
에 소개된 사업은 '난민 QR 코드 포스터(Refugee QR-Code-Poster)'와 'muc-
welcome'이다. 난민 QR 코드 포스터는 QR 코드와 지역정보를 연계하는
프로젝트로서, Sin-Studio im Netz에서 배포하는 QR 코드를 디바이스에
인식시키면 교통정보를 확인하거나 교통권을 구매할 수 있고 각종 시설의
이용정보와 에티켓 사항 등을 얻을 수 있다. 사업자들이 자유롭게 활용할
수 있는 공개 QR 코드는 뮌헨의 hpkj(heilpädagogisch-psychotherapeutische
Kinder- und Jugendhilfe e.V, 어린이와 청소년·청년 대상 치료교육과 심리교육 협
회)와 뮌헨의 난민협회(Refugio Müchen) 후원을 받아 제작되었으며, 2016년
기준 뮌헨 지역에서만 이용이 가능하다.[20]

'muc-welcome'은 스마트 미디어의 사진 기능과 증강 현실을 결합한 미
디어 교육 애플리케이션이다. 이용자들이 'Aurasma' 앱을 통해 사진을 촬
영하고 메모를 남기면 다른 이용자가 그 정보를 접할 수 있는 위키(Wiki) 유
형의 서비스다. 뮌헨에 처음 도착해 독일 생활 경험이 없거나 관련 정보가

---

20 https://www.studioimnetz.de/materialien/sin-info-32016/

부족한 난민 청소년·청년들에게 정착 생활을 위한 정보를 줄 목적으로 2015년 운영을 시작했으며 점차 사업을 확대해가고 있다.

다문화 현상은 독일뿐 아니라 전 세계적으로 논의되는 사안이다. 제2차 세계대전 이후 이주자들의 타국 정착은 자연스럽고도 급격하게 진행된 현상이었음에도 대상 국가들은 그러한 변화를 자신들의 이념과 가치에 부합하는 의미로만 해석해 빠르게 대응하지 않았다. 독일도 마찬가지였던 것이 2007년 이후 들어 독일의 공영방송과 지상파 상업방송사들 중심으로 사회통합을 위한 제작 내규를 설정하는 등 프로그램의 다양성 확보를 위한 노력들을 다양하게 펼쳐왔다. 그 결과, 2014년 ARD의 경우처럼 이주민과 관련된 사회현상을 여러 장르·주제·대상으로 세분화한 콘텐츠를 통해 사회적 공감대를 넓히는 작업들이 진행되고 있다.

독일은 사회통합 과정에서 미디어가 제 역할을 수행하지 못한 전력이 있다. 통일이라는 사회의 변화를 반영하는 역할을 뒤늦게 시작했으며, 여기에 이주자·난민의 유입으로 사회 구성원의 변화까지 겪으면서 사회통합의 의미를 독일 내에 전달해야 하는 무거운 짐을 지게 되었다. 단일민족, 단일혈통을 고수했던 독일의 문화적 특성에 때문에 스스로 정체성을 '이주국가'로 규정하는 데 진통이 있었던 만큼 사회통합을 위한 여러 시스템들이 유기적으로 작동해야 하는 상황이다. 현재 시점에서 눈여겨볼 것은 유럽과 독일 내에 퍼져가는 반(反)이슬람 세력에 대한 대응 방안이다. 이주민·이주노동자·다문화 등의 주요 단어들에 대한 반감이 현재는 반(反)이슬람으로 표출되지만, 그 외의 민족이나 국가로 번질 수 있는 여지는 항상 남아 있다. 앞으로 독일의 미디어 시스템, 그리고 사회 시스템으로서 미디어 능력 프로젝트들이 어떤 식으로 사회를 위한 책무를 달성해갈지 지켜볼 일이다.

5 장

결론을 대신하며

요약적 논의

  방송정책은 '방송' 한 분야에 국한되어 있는 것처럼 보이지만 파급효과가 크기 때문에 광범한 분야에 걸친 장기적인 영향을 살펴봐야 한다. '다문화'라는 단어 자체는 전 세계적으로 널리 보급되었지만 다문화를 받아들이는 태도는 사람들의 배경지식과 생활환경 등에 따라 다르게 나타난다. 다문화사회의 방송정책도 정권에 따라 다문화에 대한 해석이 다른 만큼 시기별로 검토하는 작업이 필요하다. 광범하고 장기적이며 유동적인 주제이기 때문에 이 책은 더욱더 원론적인 차원의 문제를 시발점으로 삼았다. 원칙을 알아야 변용도 이해할 수 있기 때문이다. 방송정책의 수립 과정에서 시작해 독일의 방송운영 원칙과 다문화사회에서 독일 방송 및 관련 기관들이 진행하고 있는 사업들을 포괄적으로 다루는 것을 목표로 논의를 진행했다. 이는 겉보기에 우리나라와 유사해 보이는 독일의 방송정책이 놓인 맥락을 살펴 우리의 방송 시스템이 나아갈 방향을 도출하기 위함이었다. 또한 민족주의를 고수해왔던 독일이 난민 수용이라는 사회변혁기를 맞아 어떤 방식으로 다문화사회에 적응하고 있는지 방송 관련 기관과 미디어의 역할을 통해 검토해봄으로써 유사한 변혁을 겪고 있는 한국 상황에 유의미한 시사점을 찾을 목적도 있었다.
  이 책의 내용은 크게 두 부분으로 나뉘는데, 하나는 방송정책 및 시스템에 관한 것이고, 다른 하나는 본격적인 다문화사회 진입에 따른 방송 및 관련 단체들의 다문화사업에 관한 것이다. 먼저 우리나라와 독일 방송정책의 차이를 정리하면 다음과 같다. 일단 양국은 방송정책에 관한 기본 이념부터 달리 갖고 있다. 독일의 방송정책은 정부 또는 정책 결정기관이 사회가 중시하는 가치와 규범, 형식 등을 고려하여 정립하는 사회적 규율로서 그 과정에 공익성이 가장 큰 원칙으로 작용한다. 공영방송은 공동의 이익을 위한 사회적 도구로서 시민들의 요구를 충족하도록 세부지침을 세워 운영되며, 다문화 관련 활동도 이에 따라 실질적인 근거와 당위성을 갖는다. 공익성의 원칙 역시 광의의 정의를 따르고 있어 공익 활동의 범주가 넓다. 반면 우리나라의 경우 공영방송이 공적 업무를 진행할 때 정책 의존적 성향이 강하고 규제기관이 공영방송이나 관련 단체의 운영에 개입할 여지가 크다. 시장의 내적 성장 약화, 즉 독점권을 부여받은 상황에서 발생하는 경쟁력 저하가 문제가 되어 다양한 사업을 펼치는 데 제약이 있다. 이 때문에 시민을 위한 다양한 사업을 펼치기 위해서는 시스템 전반의 개선이 필요한 것으로 보인다.

독일 공영방송은 정책 수립 단체를 통해 독립적으로 운영된다는 점에서 우리나라의 그것과 다르다. 연방국가인 독일의 방송정책은 16개 주정부 대표들의 합의에 따라 채택된다. 즉, 16개 주 각각의 입장이 다 같을 수 없기 때문에 어느 한 단체의 이익을 위해 공영방송의 운영된다는 것 자체가 구조적으로 불가능하다. 또한 독일의 공영방송은 극히 제한적인 수준의 상업 활동만이 허락되는데, 이는 광고나 여타 사업자들과 연계될 경우 방송이 특정한 입장을 대변할 우려가 있어 이를 배제하기 위함이다. 그 대신 공익 활동을 펼치는 데 필요한 기금은 시민의 수신료로 충당하기 때문에 모든 활동의 결과가 재원의 원천인 시민들에게 돌아가도록 장치되어 있다. 방송수신료를 징수하고 관할하는 단체인 방송재정수요조사위원회도 정치적으로 독립된 인사들만 활동할 수 있도록 규제하고 있다. 또한 우리나라 방송법이 정부나 의회의 필요에 의해 개정되며 매체 중심의 규제로 이루어진 반면, 독일의 '방송과 텔레미디어에 관한 주간협약'은 변화하는 미디어 환경에 적응할 목적으로 개정되었다는 면에서 차이를 보인다. 2007년 전면 개정을 단행하면서 방송 또는 텔레미디어 사업자들을 전통적인 의미의 '전파' 미디어에서 '전파와 통신', 또는 이와 유사한 방식으로 '정보를 전달하는 매체'로 확대함으로써 정보를 매개하는 모든 활동들을 규제할 수 있도록 정한 바 있다. 우리나라와 독일의 방송정책 수립의 차이는 방송의 개념을 '매체'를 중심으로 상정하는지 혹은 '콘텐츠'를 규제하는지에 따라 발생한다고 할 수 있다.

독일의 공영방송은 내부 조직부터 권력의 집중을 경계하고 사회 각계의 요구를 반영할 수 있는 구조를 만들어놓았다. 대표이사와 방송위원회(ZDF는 텔레비전위원회, DRadio는 라디오위원회), 행정위원회의 세 부분으로 구성된다. 특히 방송위원회는 방송사의 최고 결정기관으로서 활동하며 시민단체의 연합으로 운영되기 때문에 사회의 이슈와 현안, 필요 등을 다양하게 다룰 수 있는 기반을 형성하고 있다. 이러한 구조적 특성은 공영방송에 부여된 사회적 가치를 지키기 위한 것이다. 먼저 방송과 텔레미디어에 관한 주간협약, ARD·ZDF·DRadio 운영에 관한 주간협약 등에 따라 공영방송은 사회통합의 가치를 충족시켜야 하는 의무가 있다. 이와 관련한 단서 조항으로 별도의 조직을 구성하여 시민 생활의 전달, 보도의 객관성, 공정성, 의견 다양성 추구 등의 항목에 대해 정기적인 평가를 받게 된다.

일련의 노력을 통해 독일의 공영방송은 균형 잡힌 정치 보도를 하는 언론, 독일 문화의 중요한 요소를 보존하고 사회의 다양한 목소리를 전달하는 미디어로서 시민들에게 인식되고 있다. 매체가 시민의 의견 형성에 미치는 영향력에 관한 조사에서도 여타 미디어 기관들에 비해 높은 순위를 유지하는 것으로 나타났다. 이상에서 정리한 독일 공영방송의 조직 구성은 정치적·경제적 독립성을 확보함으로써 다문화사회의 사회통합을 위한 역할 수행의 기반이 된다. 나아가 독일에서는 민관 협력, 독립운영 등 다양한 방식으로 추진되는 미디어 능력 프로젝트를 통해 공영방송과 상업방송이 공통적으로 사회통합의 가치를 촉진하는 데 동참하고 있다. 미디어 능력 프로젝트는 참여자의 속성에 따라 차별화된 내용들을 제공하는 효과적 사회화 과정으로 평가된다. 이 활동도 난민 참여 프로젝트로 별도로 개발되어 추진되고 있다.

독일 공영방송 ARD는 난민들이 유입되기 시작한 2014년 특별 프로그램 편성을 통해 사회적인 인식 변화를 꾀했고, 상업방송사들은 자체 프로그램을 제작하여 난민들이 사회통합에 필요한 정보들을 제공하고 있다. 어린이 난민이 증가하고 있는 현실을 감안하여 어린이 프로그램을 통해 독일 생활에 관한 정보를 전달하기도 하고, 온라인 라디오 방송 등을 통해서 청소년·청년을 대상으로 하는 사회통합 활동을 추진하고 있다. 상업 미디어 그룹 ProSiebenSat.1는 다양한 기업이 참여하는 프로젝트를 주관하면서 직업교육을 통해 난민들의 정착을 돕고 있으며, 교육 프로그램 및 직업교육 이수에 따른 성과들을 짧은 다큐멘터리로 기록하고 있다.

이 밖에도 난민들의 독일 생활 적응을 돕기 위해 스마트폰을 이용한 정보 습득을 장려하는 사업, 난민 청소년의 시각이 반영된 영화를 제작하는 사업, 문화다양성을 표방하는 영화를 상영하는 사업 등 지역 미디어 기관들마다 난민과 관련해서 특색 있는 프로그램을 운영하고 있다. 최근 난민 대상 프로그램이나 난민 참여 프로젝트는 독일어가 아닌 난민 출신국가의 언어로 제작되거나 진행되는 경우가 늘어났다. 이는 독일어 학습을 최우선순위로 두었던 독일의 사회통합정책이 변화되었음을 보여준다. 또한 난민이라는 새로운 이주자가 독일 사회가 요구하는 사회적 가치를 받아들이지 못했기에 쾰른 사건과 같은 문제들이 발생했다고 판단한 것으로 보인다.

제언으로 붙이는 말

한국 사회와 독일 사회는 큰 맥락에서 유사한 부분이 있다. 역사적으로는 하나의 민족이 나뉘어 살게 되는 분단을 경험했고 공·민영 혼합의 방송 시스템을 채택하고 있으며 다문화라는 개념을 내부적인 필요에 의해서가 아닌 외부 요인에 의해 받아들였다는 점, 민족중심주의를 유지해온 것 등이다. 이 때문에 난민 유입 문제로 진통을 겪고 있는 독일의 상황을 검토한다는 것은 우리나라가 다문화사회로 진입하면서 불거진 여러 갈등 상황을 해소할 방법을 찾는 데 도움을 줄 수 있을 것이라 판단한다. 이 연구는 이런 생각을 바탕으로 시작되었으며, 그 결과 독일의 방송 시스템부터 미디어 능력 프로젝트 사례까지 포괄적으로 다루게 되었다. 그러나 연구를 수행하면서 여러 한계점들에 직면했기 때문에 후속 연구를 위한 몇 가지 제언을 덧붙이고자 한다.

먼저 우리나라와 독일의 방송 시스템을 면밀하게 비교하는 과정이 필요하다. 본 연구는 독일의 방송 시스템에 초점을 맞췄기 때문에 관련 규정과 해당 사례에 대해서는 자세하게 설명하려 노력했지만 상대적으로 우리나라 방송 시스템의 운영방식에 많은 지면을 할애하지 않았다. 여러 차례 언급한바 양국의 방송 시스템은 표면적으로 같은 방식을 택하고 있는데도 독일의 공영방송이나 상업방송, 방송 관련 기관들은 우리나라에 비해 훨씬 넓은 영역의 활동상을 보여주고 있다. 특히 난민 대상 프로젝트와 프로그램을 다양하게 제작하고 장기적으로 추진할 수 있는 것은 방송의 역할을 규정하는 시각부터가 다르기 때문이다. 법제의 철학적 배경이 다르고 그에 따른 조직 구성에도 차이가 있으니 추구하는 가치와 세부 프로젝트에 차이가 있을 수밖에 없다. 이런 연유에서 우리나라와 독일의 방송정책을 비교하여 활동 영역의 차이가 발생하는 원인을 밝혀내는 작업은 한국 시스템의 근원적인 문제점을 파악하는 계기가 될 것이다.

둘째, 본 연구는 난민이라는 특별한 배경의 이민자들을 대상으로 펼쳐지는 방송사업과 미디어 능력 프로젝트 등을 살펴보는 것을 목표로 진행되었지만, 논의의 범주를 다문화사회 전반으로 확장할 수밖에 없었다. 독일에서 난민이 유입되기 시작한 것은 2014년이고, 정책 방향으로 삼아 적극적인 수용 원칙을 펼치기 시작한 것은 2015년이었다. 아직 장기적인 사례가 축적되지 않았고 독일의 공영방송·상업방송들도 난민 대상 사업을 제한적으로 시행해 자료 수집에 어려움이 있었다. 그럼에도 이 연구는 2016년 현재 독일의 많은 단체들이 난민 참여 프로젝트를 확대하고 있는 시점에 그 방향이 어떻게 설정되고 있는지를 다루었다는 데 충분한 의의를 지닐 것으로 본다. 후속 연구에서는 2016년 이후에 진행되는 미디어 능력 프로젝트들의 유형과 목표, 참여방식, 대상 등을 세분화하여 의미와 성과를 검토한다면 우리나라의 방송 시스템과 유관 기관의 정책 설정에 충분히 활용 가능한 자료를 구축할 수 있을 것이라 확언한다.

독일의 난민 유입 증가는 현재진행형이다. 난민은 그들이 가진 배경에서 그 이유들을 찾아 사회적으로 통합시키는 작업이 필요하다는 것이 현재 독일연방의 전략이다. 이상의 두 가지 제언을 바탕으로 장기적이고 체계적인 연구를 진행한다면 다문화사회가 안정기에 접어든 이후에도 기록으로서 그 의의가 충분할 것이라 생각한다.

참고문헌

국내 문헌

강근복·김재관·박근후·박정택. 2016. 『정책학』. 서울: 대영문화사.

강수돌. 2005. 『독일 내 국제 이주노동자 현황과 정책』, FES-Information-Series. 서울: 프리드리히 에베르트 재단 주한 협력 사무소.

강형철. 2004. 「한국 신문에 나타난 공영방송 개념」. ≪한국언론학보≫, 48권 1호, 207~231쪽.

_____. 2009. 「공영방송 가치에 대한 시청자 인식」. ≪입법과 정책≫, 1권 1호, 183~207쪽.

_____. 2011. 「한국 방송정책의 결정과정과 특징: 신제도주의적 시론」. ≪방송통신연구≫, 75호, 28~57쪽.

곽병휴. 2013. 「독일의 다문화 정책에서 '퀸-보고서'의 의미」. ≪독일어문학≫, 62권, 1~23쪽.

권건보. 2009. 『주요국가의 방송통신법제에 관한 비교법적 연구: 영국』. 서울: 한국법제연구원.

김대호. 1995. 「영국 공영방송 이념의 변화: 방송연구위원회 보고서를 중심으로」. ≪언론과 사회≫, 7권, 98~120쪽.

김미성. 2009. 「이주민문화의 충돌과 융합: 프랑스의 문화정책을 중심으로」. ≪유럽사회문화≫, 2권, 1~19쪽.

김연희. 2007. 「한국 사회의 다문화화와 사회복지분야의 문화적 역량」. ≪사회복지연구≫, 35권, 117~144쪽.

김영란. 2015. 「독일의 다문화 사회통합 정책과 관련 법제 연구」. ≪독일연구≫, 29권, 119~153쪽.

김이선·김인순·이창호·박준규. 2008. 『다문화 사회로의 이행을 위한 문화정책 현황과 발전 방향』. 서울: 한국여성정책연구원.

김재철. 2014. 『한국의 미디어, 법제와 정책 해설』. 서울: 커뮤니케이션북스.

김정훈. 2015. 「정책과정에서의 권력구조와 네트워크 특성에 관한 연구: 방송분야 IPTV, 신문·방송 겸영, 미디어렙 경쟁체제 입법사례를 중심으로」. 성균관대학교 박사학위 논문.

김종명. 1991. 『행정이론』. 서울: 형설출판사.

문지영. 2009. 「'동화주의'와 '다문화주의' 사이에서: 프랑스의 이민자 통합정책」. ≪다문화사회연구≫, 2권 1호, 33~66쪽.

박태순·이광석·장성준. 2010. 『미디어 융합환경에서 문화다양성의 의미 변화와 전망』. 과천: 정보통신정책연구원.

법무부 출입국·외국인정책본부. 2013. 제2차 외국인정책기본계획. [On-Line] Retrieved from https://www.immigration.go.kr/HP/COM/bbs_003/ListShowData.do?strNbodCd= noti0095&strWrtNo=46&strAnsNo=A&strOrgGbnCd=104000&strRtnURL=IMM_6040 &strAllOrgYn=N&strThisPage=1&strFilePath=imm/.

송종길·최용준. 2001. 『방송·통신 융합시대 정책일원화를 위한 규제·정책기구 개편방안 연구』. 서울: 한국방송진흥원.

신재주. 2010. 「일본, 독일, 호주의 다문화정책에 관한 비교연구: 다문화정책의 특성과 한국에의 시사점을 중심으로」. ≪사회과학연구≫, 17권 3호, 5~37쪽.

여성가족부. 2014. 『다문화가족정책 기본계획 이행점검 및 성과평가 연구』. 서울: 여성가족부 다문화가족정책과.

여성가족부·관계부처합동. 2012. 『제2차 다문화가족정책 기본계획(2013~2017)』. 서울: 여성가족부 다문화가족정책과.

윤석민. 1999. 『다채널 TV론』. 서울: 커뮤니케이션북스.

_____. 2005. 『커뮤니케이션 정책 연구』. 서울: 커뮤니케이션북스.

윤석민·이현우. 2008. 「이명박 정부하의 방송통신 정책결정체계 재편과 방송정책의 변화 방향」. ≪방송문화연구≫, 20권 1호, 35~68쪽.

윤인진·황정민. 2014. 『한국 다문화주의의 성찰과 전망』. 서울: 아연출판부.

윤태진·이정현. 2013. 『방송 정책의 평가와 전망: 새 방송 정책의 방향과 과제』. 서울: 방송통신위원회.

이상돈. 2010. 『기초법학』. 서울: 법문사.

이유진. 2009. 「캐나다의 이민자 통합정책 레짐에 대한 연구: 온타리오 주를 중심으로」. ≪다문화사회연구≫, 2권 1호, 5~31쪽.

이종수. 2009. 『행정학 사전』. 서울: 대영문화사.

이종희. 2012. 「다문화사회와 사회통합: 독일사례를 중심으로」. ≪한독사회과학논총≫, 22권 2호, 53~84쪽.

이원. 2014. 「프랑스 공영방송의 지배구조와 독립성」. ≪프랑스학 연구≫, 67권, 339~369쪽.

이진아. 2015. 「캐나다 시민적 다문화주의 정책의 특징과 시사점」. ≪Journal of Digital Convergence≫, 13권 11호, 15~23쪽.

이창원·정의철·최서리·최영미. 2014. 『이주민 미디어 활용을 통한 사회통합 제고방안 연구』. 고양: IOM이민정책연구원.

이창호·오성배·정의철·최승희. 2007. 『소수집단 청소년들의 생활실태 및 지원방안 연구』. 서울: 한국청소년정책연구원.

이창호·정의철. 2010. 「다문화사회 대중매체의 사회통합적 역할 탐구: 다문화정책 담당자 및 다문화방송 제작자 인식 분석을 중심으로」. ≪한국방송학보≫, 24권 5호, 370~414쪽.

장미혜·김혜영·정승화·김효정. 2008. 『다민족·다문화사회로의 이행을 위한 정책 패러다임 구축(II): 다문화 역량 증진을 위한 정책·사회적 실천 현황과 발전 방향』. 서울: 한국여성정책연구원.

정용준. 2011. 「한국 방송정책의 가치와 이념: 1990년대부터 2011년까지」. ≪방송통신연구≫, 75호, 9~27쪽.

_____. 2014. 「초창기 BBC의 공론장 기능에 대한 비판적 평가」. ≪언론정보연구≫, 51권 1호, 39~62쪽.

정의철. 2013. 『다문화 커뮤니케이션』. 서울: 커뮤니케이션북스.

정의철·이창호. 2009. 『대중매체를 통한 다문화사회 시민교육 활성화 방안』. 서울: 한국여성정책연구원.

정인숙. 2007. 『방송정책 이론과 방법론』. 서울: 커뮤니케이션북스.

정준희. 2008. 「영국 공영방송의 독립성·공적가치 및 사회적 합의 중시」. ≪해외방송정보≫, 3월.

정채연. 2012. 「유럽사회에서 다문화정책의 현황과 관용의 한계」. ≪법학논총≫, 36권

1호, 325~371쪽.

조성은·김태오·한은영·이은경. 2012. 『다문화 인식 개선을 위한 방송통신 중장기 정책 방향 연구』. 과천: 정보통신정책연구원.

진창현. 2015. 『다문화가정의 미디어 이용과 사회적 자본의 관계: 결혼 이주자를 중심으로』. 파주: 집문당.

최영묵. 2010. 『한국방송정책론: 역사와 전망』. 서울: 논형.

최응선·이용모·주운현. 2012. 「중앙정부의 다문화정책 조정에 관한 연구」. ≪한독사회과학논총≫, 22권 1호, 33~70쪽.

최윤철. 2017. 「유럽연합 이주 법제에 관한 연구」. ≪서울法學≫, 25권 1호, 125~162쪽.

최일도·허웅. 2015. 『미디어 정책과 미디어 재원』. 서울: 한국언론진흥재단.

한찬희. 2013. 「공영방송의 거버넌스 재편방안」. '스마트시대 공영방송의 진단과 전망' 세미나 발제문.

한형서. 2008. 「독일에서 외국인 증가에 따른 딜레마와 사회통합정책」. ≪국제지역연구≫, 11권 4호, 447~478쪽.

허범. 1988. 「공공정책의 형성과 집행」. 성균관대학교 사회과학연구소 엮음. 『행정학 개론』. 서울: 대영문화사.

허찬행·심영섭. 2015. 「TV매체가 재현한 다문화사회와 사회통합의 현실: 다문화 가정 구성원과 전문가의 인식을 중심으로」. ≪언론과학연구≫, 15권 1호, 325~363쪽.

황우섭. 2014. 『방송과 문화다양성』. 파주: 한울.

외국 문헌

Alexander, C. 2016. *Die Berichterstattung in der Fluchtlingskrise durch die Medien. Ein medienrechtlicher Blick. From the Selected Works of Christian Alexander.* Friedrich Schiller University of Jena.

ALM. 2015a. *Jahrbuch* 2014/2015. [On-line] Available: http://www.die-medienanstalten.de/fileadmin/Download/Publikationen/ALM-Jahrbuch/Jahrbuch_2015/ALM_Jahrbuch_2014_2015_finale_Fassung.pdf.

_____. 2015b. *Verzeichnis Medienkompetenzprojekte* 2015. [On-line] Available: http://www.die-medienanstalten.de/fileadmin/Download/Publikationen/ALM-Jahrbuch/Jahrbuch_2015/Verzeichnis_Medienkompetenzprojekte_2015.pdf.

Anderson, J. E. 1979. *Public Policy-Making*, 2nd ed. New York: Holt, Rinehart and Winston.

ARD. 2013. *Ard-fernsehstatistik*. [On-line] Retrieved from http://www.ard.de/download/ 329318/ARD_Fernsehstatistik.pdf.

AS&S. 2015. *ARD/ZDF-Studie Massenkommunikation 2015 (Zusammenfassung der Ergebnisse)*. [On-Line] Available: http://www.ard-werbung.de/media-perspektiven/ projekte/ardzdf-studie-massenkommunikation/.

Beauftragter zur Förderung der Integration der ausländischen Arbeitnehmer und ihrer Familienangeh rigen. 1979. *Stand und Weiterentwicklung der Integration der ausländischen Arbeitnehmer und ihrer Familien in der Bundesrepublik Deutschalnd (Kühn-Memorandum)*.

Beermann, S., Rexroth, U., Kirchner, M., Kühne, A., Vygen, S., and Gilsdorf, A. 2015. "Asylsuchende und Gesundheit in Deutschland: Überblick über epidemiologisch relevante Infektionskrankheiten." *Deutsches Ärzteblatt*, 112(42), pp.1717~1720.

BLM. 2014. *Funkanalyse Bayern 2014*. [On-Line] Retrieved from http://funkanalyse.tns-infratest.com/.

Bonin, H. 2017. "Humanitäre Zuwanderung und Tragfähigkeit der öffentlichen Finanzen in Deutschland." *List Forum für Wirtschafts- und Finanzpolitik*, 42(3), pp.287~ 308.

Böttche, M., Heeke, C., and Knaevelsrud, C. 2016. "Sequenzielle Traumatisierungen, Traumafolgestörungen und psychotherapeutische Behandlungsansätze bei kriegstraumatisierten erwachsenen Flüchtlingen in Deutschland." *Bundesgesundheitsblatt - Gesundheitsforschung - Gesundheitsschutz*, 59(5), pp.621~626.

Cobb, R. W. and Elder, C. D. 1972. *Participation in American Politics: The Dynamics of Agenda-building*. Boston, MA: Allyn and Bacon.

CSCC. 1987. "The idea of public service broadcasting." *CRT*, 8, pp.1~16.

Destatis. 2014. *Statistisches Jahrbuch: Deutschland und Internationales*. [On-Line] Retrieved from https://www.destatis.de/DE/Publikationen/StatistischesJahrbuch/ StatistischesJahrbuch2014.pdf?__blob=publicationFile.

Deutshces Kinderhilfswerk & Univesität Vechta. 2016. *Internet ist gleich mit Essen.*

[On-Line] Retrieved from https://images.dkhw.de/fileadmin/Redaktion/1.1_Startseite/ 3_Nachrichten/Studie_Fluechtlingskinder-digitale_Medien/Studie_digitale_Medien_ und_Fluechtlingskinder_Langversion.pdf.

Dixius, A. and Möhler, E. 2017. "START – Entwicklung einer Intervention zur Erststabilisierung und Arousal-Modulation für stark belastete minderjährige Flüchtlinge." *Praxis der Kinderpsychologie und Kinderpsychiatrie: Prax. Kinderpsychol. Kinderpsychiat*, 66, pp.277~286.

DWDL. 2014. Der BR öffnet sich nach außen Neuer Name: BR-Bildungskanal wird zu ARD-alpha. [On-Line] Retrieved from http://www.dwdl.de/nachrichten/46019/ neuer_name_brbildungskanal_wird_zu_ardalpha/.

Elbert, T., Wilker, S., Schauer, M., and Neuner, F. 2017. "Dissemination psychotherapeutischer Module für traumatisierte Geflüchtete." *Der Nervenarzt*, 88, pp.26~33.

Engel, B. 2015. "Massenkommunikation 2015 – Vorüberlegungen und Methode." *Medien Perspektiven*, 7/8, pp.342~351.

Fleras, A. and Kunz, J. L. 2001. *Media and Minorities: Representing Diversity in a Multicultural Canada*. Toronto: Thompson Education Publishing.

Fratzscher, M. and Junker, S. 2015. "Integration von Flüchtlingen: Eine langfristig lohnende Investition." *DIW-Wochenbericht*, 45, pp.1083~1088.

Green, L. 2002. *Communication, Technology and Society*. London: Sage Publications.

Hall, S. 1991. "The local and the global: Globalization and ethnicity." in A. King(ed.). *Culture, Globalization and World System* (pp.19~39). London: Macmillan.

Hemmelmann, P. and Wegner, S. 2016. "Flüchtlingsdebatte im Spiegel von Medien und Parteien." *Communicatio Socialis*, 49(1), pp.21~38.

Herrmann, F. 2016a. "Von der Willkommenskultur zum Problemdiskurs : Wie Medien zwischen April 2015 und Juli 2016 über Flüchtlinge berichteten." *Medienpädagogik*, 60(5), pp.12~19.

_____. 2016b. "Das Märchen vom überkochenden Brei. Narrative in der medialen Berichterstattung zum Flüchtlingsthema im Herbst 2015." *Communicatio Socialis*, 49(1), pp.6~20.

Hinte, H., Rinne, U., and Zimmermann, K. F. 2015. *Flüchtlinge in Deutschland: Realismus statt Illusionen.* IZA Standpunkte 83.

Hinte, H., Rinne, U., and Zimmermann, K. F. 2015. 2015. "Flüchtlinge in Deutschland: Herausforderung und Chancen." *Wirtschaftsdienst*, 95(11), pp.744~751.

Holthusen, B. 2015. "Erfahrungen und Perspektiven minderjähriger Flüchtlinge." *Soziale Passagen*, 7(2), pp.389~396.

Jablonka, A., Solbach, P., Nothdorft, S., Hampel, A., Schmidt, R. E., and Behrens, G. M. N. 2016. "Niedrige Seroprävalenz von Syphilis und HIV bei Flüchtlingen in Deutschland im Jahr 2015." *Dtsch med Wochenschr*, 141(14), pp.128~132.

Jablonka, A., Solbach, P., Happle C., Hampel, A., Schmidt, R. E., and Behrens, G. M. N. 2017. "Hohe Hepatitis-A-Immunitätsrate bei Flüchtlingen in Deutschland." *Medizinische Klinik- Intensivmedizin und Notfallmedizin*, 112(4), pp.347~351.

Jürgen, G., Silke, H., and Jürgen, S. 2016. "Einstellungen der BürgerInnen in Deutschland zur Aufnahme von Geflüchteten." *DIW Wochenbericht*, 83(21), pp.467~473.

Krasnow, E. G., Longley, L. D., and Terry, H. A. 1982. *The Politics of Broadcast Regulation.* New York: St. Martin's Press.

Landesanstalt für Medien Nordrhein-Westfalen. 2010. *Mediennutzung junger Menschen mit Migrationshintergrund.* [On-Line] Retrieved from http://www.lfm-nrw.de/fileadmin/user_upload/lfm-nrw/Foerderung/Forschung/Dateien_Forschung/LfM-Band-63.pdf.

Lasswell, H. D. 1948. *Power and Personality.* New York: Norton.

Lee, T. C. 2010. "From Alien Nation to Alienation: Tracing the Figure of the Guest Worker in Fatih Akin's Gegen die Wand." in R. G. Davis, D. Fischer-Hornung, and Johanna C. Kardux(eds). *Aesthetic Practices and Politics in Media, Music, and Art* (pp.66~80). London: Routledge.

Maaroufi, M. 2015. "Selektiver Schutz. Das humanitäre Aufnahmeprogramm für syrische Flüchtlinge in Deutschland." *PERIPHERIE*, 138/139, pp.212~234.

Machill, M., Beiler, M., and Gerstner, R. J. 2010. *Medienfreiheit nach der Wende: Entwicklung von Medienlandschaft, Medienpolitik und Journalismus in Ostdeutschland.*

Leipzig: UVK mbH.

MDR. 2014. *Erträge und Aufwendungen des MDR*. [On-Line] Retrieved from http://www.mdr.de/unternehmen/zahlen-und-fakten/aufwaende-und-ertraege116.html.

Metzner, F., Reher, C., Kindler, H., and Pawils, S. 2016. "Psychotherapeutische Versorgung von begleiteten und unbegleiteten minderjährigen Flüchtlingen und Asylbewerbern mit Traumafolgestörungen in Deutschland." *Bundesgesundheitsblatt - Gesundheitsforschung - Gesundheitsschutz*, 59(5), pp.642~651.

OECD. 2016. International Migration Outlook 2016. http://www.oecd-ilibrary.org/docserver/download/12ceb08f-ko.pdf?expires=1479357596&id=id&accname=guest&checksum=8729D8B4655DB8E0412F7F02CFD2FF29.

Ofcom. 2005. "Ofcom review of public service television broadcasting: Phase 3 - Competition for quality."

Oliver, K. 2016. "Beschäftigungsspuren der Flüchtlings- und Erwerbsmigration am deutschen Arbeitsmarkt: Der Beitrag verschiedener Herkunftsländer zur Fachkräftesicherung in Deutschland." *IW-Report*, 5/2016.

Pagenstecher, C. 1995. "Die ungewollte Einwanderung. Rotationsprinzip und Rückkehrerwartung in der deutschen Ausländerpolitik." *Geschichte in Wissenschaft und Unterricht*, 46(12), pp.718~737.

Raz, J. 1995. *Ethics in the Public Domain*. Oxford: Clarendon Press.

rbb. 2014. *Zahlen und Fakten 2014*. [On-Line] Retrieved from https://www.rbb-online.de/unternehmen/der_rbb/zahlenundfakten/index.html.

Syvertsen, T. 1992. *Public Television in Transition: A Historical and Comparative Analysis of the BBC and the NRK*. Oslo, Norway: KULT/NAVF.

_____. 1997. *Den store TV-krigen (The Great TV War)*. Bergen, Norway: Fagbokforlaget.

_____. 1999. "The many uses of the public service concept." *Nordicom Review*, 1, pp.5~12.

Van Cuilenberg, J. and McQuail, D. 2003. "Paradigm media policy paradigm shift: Towards a new communication policy." *European Journal of Communication*, 18(2), pp.181~207.

Weinzierl, R. 2009. Studie "Der Asylkompromiss 1993 auf dem Prüfstand". *Deutsches*

Institut für Menschenrechte. Bonn: Kreativagentur für PublicRelations GmbH.

Zhaw. 2013. Jugend und Medien Broschüren. [On-Line] Retrieved from http://www. jugendundmedien.ch/fileadmin/user_upload/Chancen_und_Gefahren/Broschuere_ Medienkompetenz_dt_Web.pdf.

온라인 자료: 법

1차~15차 방송과 텔레미디어에 관한 주간협약(RStV) 개정 전문. [On-Line] Retrieved from http://www.urheberrecht.org/law/normen/rstv/(검색일: 2017.4.20).

8차 방송과 텔레미디어에 관한 주간협약(RStV) 개정 헌법 소원 판결문(2007-1 BvR 2270/05). [On-Line] Retrieved from https://www.bundesverfassungsgericht.de/ entscheidungen/rs20070911_1bvr227005.html(검색일: 2017.4.20).

12차 방송 판결(12. Rundfunkentscheidung). [On-Line] Retrieved from http://www. bundesverfassungsgericht.de/entscheidungen/rs20070911_1bvr227005.html(검색 일: 2017.4.20).

16차 방송과 텔레미디어에 관한 주간협약(RStV) 개정 내용. [On-Line] Retrieved from http://www.bremische-buergerschaft.de/drs_abo/2014-06-11_Drs-18-1423_5c12a. pdf(검색일: 2017.4.20).

19차 방송과 텔레미디어에 관한 주간협약(RStV). [On-Line] Retrieved from http://www. vprt.de/thema/medienordnung/rechtsgrundlagen/l%C3%A4nder/staatsvertr%C3% A4ge/rundfunkstaatsvertrag-rstv/19-rundfunk%C3%A4-1?c=0(검색일: 2017.4.20).

ARD. 2015. Fernsehvertragsschlüssel(gültig ab 2015). [On-Line] Retrieved from http:// www.ard.de/download/1899594/Fernsehvertragsschluessel_ab_2017.pdf(검색일: 2017.4.20).

ARD-Staatsvertrag. [On-Line] Retrieved from http://www.ard.de/download/348930/ ARD_Staatsvertrag.pdf(검색일: 2017.4.20).

Bayerisches Rundfunkgesetz. [On-Line] Retrieved from http://www.br.de/unternehmen/ inhalt/organisation/bayerisches-rundfunkgesetz100.html(검색일: 2017.4.20).

Begründung zum Neunzehnten Staatsvertrag zur Änderung rundfunkrechtlicher Staatsverträge vom 3. Dezember 2015(Neunzehnter Rundfunkänderungsstaatsvertrag). [On-Line] Retrieved from https://www.rlp.de/fileadmin/rlp-stk/pdf-Dateien/Medienpolitik/

Begruendung_zum_19__RAEStV.pdf(검색일: 2017.4.20).

Gesetz über den Aufenthalt, die Erwerbstätigkeit und die Integration von Ausländern im Bundesgebiet. [On-Line] Retrieved from https://www.gesetze-im-internet.de/aufenthg_2004/(검색일: 2017.4.20).

Gesetz zur Steuerung und Begrenzung der Zuwanderung und zur Regelung des Aufenthalts und der Integration von Unionsbürgern und Ausländern. [On-Line] Retrieved from http://www.bmi.bund.de/SharedDocs/Gesetzestexte/DE/Zuwanderungsgesetz.pdf?__blob=publicationFile(검색일: 2017.4.20).

Jugendschutzgesetz und Jugendmedienschutz. [On-Line] Retrieved from https://www.bmfsfj.de/blob/94082/3711cb37be8733a15a3c605cf326ee63/jugendschutzgesetz-jugendmedienschutz-staatsvertrag-data.pdf(검색일: 2017.4.20).

Les enjeux et missions de France Télévisions. [On-Line] Retrieved from http://www.culturecommunication.gouv.fr/Presse/Dossiers-de-presse/Les-enjeux-et-missions-de-France-Televisions(검색일: 2017.4.20).

Loi n° 86-1067 du 30 septembre 1986 relative à la liberté de communication. [On-Line] Retrieved from https://www.legifrance.gouv.fr/affichTexte.do?cidTexte=LEGITEXT000006068930(검색일: 2017.4.20).

Neunzehnter Staatsvertrag zur änderung rundfunkrechtlicher Staatsverträge (Neunzehnter Rundfunkänderungsstaatsvertrag). [On-Line] Retrieved from https://www.rlp.de/fileadmin/rlp-stk/pdf-Dateien/Medienpolitik/19__Staatsvertrag_zur_AEnderung_rundfunkrechtlicher_Staatsvertraege.pdf(검색일: 2017.4.20).

ZDF-Staatsvertrag. [On-Line] Retrieved from http://www.ard-werbung.de/fileadmin/user_upload/media-perspektiven/Dokumentation/20161_ZDF-Staatsvertrag.pdf(검색일: 2017.4.20).

온라인 자료: 홈페이지

갈루스 첸트룸(Gallus Zentrum) 홈페이지 http://www.offenes-haus-der-kulturen.de/(검색일: 2017.4.20).

노르트라인베스트팔렌 미디어 능력 프로젝트 포털 http://www.medienkompetenzportal-nrw.de/(검색일: 2017.4.20).

도이체벨레 난민 정보 페이지 http://www.dw.com/en/top-stories/germany-guide-for-refugees/s-32486(검색일: 2017.4.20).

'마르하바, 난민!(Marhaba, Flüchtling!)' 홈페이지 http://www.n-tv.de/marhaba(검색일: 2017.4.20).

베를린-브란덴부르크 미디어청 http://www.mabb.de(검색일: 2017.4.20).

부퍼탈시(市) 이주 배경 청소년 영화 프로젝트 홈페이지 http://www.medienprojekt-wuppertal.de(검색일: 2017.4.20).

작센안할트 미디어청 https://www.ma-hsh.de(검색일: 2017.4.20).

청소년·청년 대상 온라인 방송 채널 'Funk' https://www.funk.net/(검색일: 2017.4.20).

ALEX의 'Refugee Radio' 페이지 http://www.alex-berlin.de/mediathek/radio.html?category=41&a=rsc_871(검색일: 2017.4.20).

die Maus(Sendung mit der Maus) 외국어 페이지 http://www.wdrmaus.de/extras/maus_international.php5(검색일: 2017.4.20).

edura.fm 프로젝트 홈페이지 http://edura.fm(검색일: 2017.4.20).

FLIMMO 프로젝트 홈페이지 http://www.flimmo.de(검색일: 2017.4.20).

Funkhaus Europa 홈페이지 http://www.funkhauseuropa.de/(검색일: 2017.4.20).

GMK(미디어 교육과 커뮤니케이션 문화협회) http://www.gmk-net.de/(검색일: 2017.4.20).

handysektor 프로젝트 홈페이지 https://www.handysektor.de/(검색일: 2017.4.20).

Internet-ABC 프로젝트 홈페이지 http://www.internet-abc.de(검색일: 2017.4.20).

juuuport 프로젝트 홈페이지 https://www.juuuport.de(검색일: 2017.4.20).

Lehrkräfte mit Zuwanderungsgeschichte 홈페이지 http://www.lmz-nrw.de/(검색일: 2017.4.20).

'Sin-Studio im Netz'의 스마트 미디어 능력 프로젝트 홈페이지 https://www.studioimnetz.de/(검색일: 2017.4.20).

Stiftung Zuhören 홈페이지 http://www.zuhoeren.de(검색일: 2017.4.20).

Wir zusammen 캠페인 홈페이지 http://www.wir-zusammen.de/(검색일: 2017.4.20).

찾아보기

(ㄱ)

간접광고　74

갈루스 첸트룸　258~260

갈벌리 보고서　184

거실 극장　258

경영위원회　106

계절이주노동자　195

고등통합위원회　191

공고화　196

공공서비스　96~99, 108, 159

공공서비스 이념　95

공공성　16~17, 39, 55

공공재　39, 93~94

공공적 공민영론　31

공공정책　26

공급과 의견 다양성　79

공식적 참여자　38~39

공영 라디오 채널　123

공영방송　39~40, 57~58, 68~71, 78, 81, 89,
　92~95, 100, 110~116, 121, 168, 222, 224,
　233, 265~266

공익성　27, 33, 35, 54, 94, 265

공익적 관점　29

공적 권리　58

공평 다문화주의　179

공화국　188~189

공화주의　152~153, 188

과정설　27

관심 대중　41

관심 집단　41

관용　99, 222

귀국촉진법　197, 200

(ㄴ)

난민 / 난민 유입　204~225, 228, 269

난민기본법　203

난민 라디오　229

난민 보도　215, 217

난민 참여 미디어 능력 프로젝트　253~256,
　259

난민 활동　255, 257

난민 QR 코드 포스터　261

네트워크·온라인 미디어 능력　251

(ㄷ)

다문화　56, 151, 157~158, 262

다문화가정　161, 169, 175

다문화가족　168, 173~175

다문화가족정책　172

다문화가족지원법　172

다문화 감수성　164

다문화 라디오방송　224

다문화 미디어 재현 174
다문화 방송 / 다문화 방송 프로그램 169, 173~174, 178
다문화 방송정책 160, 184, 187
다문화사업 176, 222, 233, 264
다문화사회 56, 148~152, 156, 161~164, 185, 192, 264, 266, 268~269
다문화 시민교육 167~168
다문화 역량 164, 166, 171
다문화 인식 163, 168
다문화 전문 채널 170, 176
다문화정책 56, 156, 167, 170, 179, 186, 188, 197
다문화주의 149~150, 152~153, 156, 169, 178, 184, 198
다문화주의에 대한 반동 162
다문화 지식 164~165
다문화 채널 168
다문화 프로그램 168
다민족국가 151
다원주의 164
다원주의적 다문화 155
단일민족 153, 163, 262
대표이사 129~130, 134~137, 143~144, 266
더블린 조약 218, 220
동조 집단 41
동화주의 151~154, 156, 163, 189~190
등가원칙 120

(ㄹ)

라디오위원회 129
라스웰, H.(H. Lasswell) 166
라이시테 189
로테이션 원칙 195

(ㅁ)

마르하바, 난민! 223~224
망명법 205
망명 신청자 23, 205~210, 217~218
망명 지원자 205
망명 패킷 I 205~206, 208, 253
망명 패킷 II 206, 208, 253
매스미디어 166, 213
메르켈, A.(A. Merkel) 212, 218, 220
문화 149, 164
문화다양성 108, 148, 150, 157~158, 170~172, 174, 178, 181~182, 190~192, 223, 258, 267
문화다양성협약(문화적 표현의 다양성 보호와 증진 협약) 158~160, 181, 192
문화적 개입 기술 165
문화적 다원주의 154
문화적 인식 164~165
문화 정체성 163
문화체육관광부 172, 176
미국 32, 43, 56, 150, 154, 161, 181
미디어 교육 20, 61, 175, 192, 237~238, 249, 256, 258, 261
미디어 교육과 커뮤니케이션 문화협회 253~255, 261
미디어 능력 234~236
미디어 능력 포럼 재단 249
미디어 능력 프로젝트 234~235, 239, 247, 260, 267
미디어 리터러시 234
미디어법 20, 22, 212~213, 215, 235
미디어 센터 234~236, 239, 250~252
미디어 정책 26, 39~40, 56, 59, 64, 175~178, 190, 251
미디어청 59~61, 66, 81, 88, 122, 225, 229,

235~243, 249~251

미디어청 연합 60

민족국가 151

(ㅂ)

반(反)이슬람 262

방송과 텔레미디어에 관한 주간협약 17,
    20, 58~59, 64~67, 71~85, 89~90, 110~
    115, 117, 120~121, 137, 139, 214, 251~
    252, 265~266

방송 기여도 122, 131

방송분담금 / 분담금 67, 118, 120~121

방송분담금에 관한 주간협약 59, 76, 81

방송수신료 67~70, 72~73, 76, 92, 117~
    121, 250, 265

방송시장 57

방송에 대한 독일연방협약 65

방송위원회 129~130, 132, 266

방송재원에 관한 주간협약 59, 117~119

방송재정수요조사위원회 67, 72~73, 77,
    89, 116~119, 144, 265

방송정책 27, 28, 31~32, 38, 42~43, 47,
    53~55, 62, 66, 73, 100, 264, 268

방송정책 결정체계 모델 42

방송제도연구위원회 31

방송통신심의위원회 45

방송통신위원회 43~44, 53, 173~176

방송허가 및 감독위원회 67

백호주의 183, 193

보조성의 원리 238

보편적 서비스 33~34, 54

비공식적 참여자 38~39, 53

비상업방송 250

(ㅅ)

사이크스 위원회 92~93

사회유산 전승의 기능 166

사회통합 19, 108, 123, 134, 145, 152, 155~
    156, 167~168, 170, 176, 194, 201, 206,
    211, 229~233, 262, 266~267

산업적 관점 29

상관조정 기능 166

상업방송 57~58, 60, 62, 66, 92~93, 116,
    233, 267

상업방송 및 텔레미디어 협회 68~70, 82,
    127, 233

상징정치 193~194

세계문화다양성선언 157~158

소수민족 150, 155~156, 184, 214

솔리다리테 188

쉬베르트센, T.(T. Syvertsen) 39, 95

슈뢰더, G.(G. Schröder) 200

시민적 다문화주의 179

시청자 복지 33

실체설 27

(ㅇ)

안전국가 203, 208

안전한 제3국가 203

어린이·청소년 226, 237, 246

언론위원회 214~215

언어교육 125, 173, 232, 256

에스닉 공동체(방송) 185~186

여성가족부 172, 176

연방외국인체류법 204~205

연방협약 58

열린 채널 229, 237~239, 250~252

영국 32, 58, 92~97, 99, 155, 183

오프컴 97~99

온라인 공영방송　116
운영위원회　129~130
유네스코　157, 181, 192, 244
의무　110~111
이민법　19, 22, 200~202
이민자　56, 154, 184, 189, 194, 199, 202, 234, 269
이민정책　153, 155, 180
이원방송구조　57
이주국가　150, 199, 262
이주노동자　149~150, 153, 194~200, 210, 226, 262
이주노동자 모집 협약　195
이주노동자 유입 제한　197, 200
이주민　151, 154~155, 162~164, 167~170, 187~188, 193, 199, 203, 262
이주민 미디어 / 이주민 방송　176~177, 187
이주민사회　167
이주사회　167
인종차별　153, 177, 183
일반 대중　41

(ㅈ)
자율조정기구　85~88, 90
재정조정　78
전파의 희소성　17, 32~33
정주사회　167
정착지원금　200
정책 기조　48
정책 대안　50~51
정책 문제　50, 52
정책 수립 과정　48, 53
정책 수립 요소　36
정책 의제　49
정책 행동화 과정　52

제공물　87~88, 110~112
제네바 협약　203~204
제3텔레비전 채널　113, 123~125, 129, 132, 251
종족 다문화주의　179
주간협약　58
주류 문화　150~152, 155, 163, 165, 167, 170, 176
주류 사회　151~152, 164
중립성의 원칙　215
지역 공영방송　64, 89, 114, 122, 124~126, 131~132, 134, 224
지역광고　78
지역미디어첸트룸　235
직업교육　20, 197, 211, 231~232, 237, 239, 267
집행정책　52
집행 중 평가　52

(ㅊ)
창문 채널　252
채널고문단　132
채널관리자　131, 134, 136~137
청소년 난민　210, 229
청소년 미디어 보호　82
청소년미디어보호연방협약　79
청소년미디어보호위원회　68, 85~88, 90
청소년 미디어/텔레미디어 보호를 위한 주간협약　59, 62, 67~68, 75~76, 79~80, 85~90
청소년 방송　83~84
청소년 보호 프로그램　86~88, 90
청소년 프로그램　83
청소년·청년　63, 101, 258, 260~262, 267
칙허장　93~94

(ㅋ)

캐나다   56, 150, 155~156, 163, 177~183, 192~193

캐나다 방송통신위원회   180

커뮤니케이션 자유법   104~105, 107~108

퀼른 사건   207, 214, 253, 267

퀸 보고서   197~200

크래스노, E. G.(E. G. Krasnow)   42

크로퍼드 위원회   93

(ㅌ)

통합 다문화주의   180

통합수용계약   190

통합주의   151

(ㅍ)

편집장   136~137

프랑스   64, 99~110, 152, 155, 161, 177, 188~193, 232

프로그램 편성   122

(ㅎ)

하위문화   148

해외/이주노동자   150, 228

행정위원회   134~137, 143~144, 266

호주   56, 161, 177, 183~187, 192~193

환경 감시 기능   166

(영문 · 숫자)

ABC   185

ARD   63~65, 68~72, 77~79, 80, 82~84, 89~90, 111~114, 122~124, 129, 131~132, 134, 145, 222

ARD 알파 / BR 알파   124~127, 133

ARD 운영에 관한 주간협약   59, 111, 121, 125, 129, 131

ARD 테마 주간   222

arte   63~64, 78, 113, 232

BBC   92~94, 97

BBC 트러스트   97~98

BRU   95, 97

CNCU   103

CSA   103~105, 190~192

das Erste / 제1공영 채널   62~63, 78, 116, 122~123, 126, 131~132

DDM   102

die Maus   226, 228~229

DRadio   71, 77, 89, 111, 114, 129

DRadio 운영에 관한 주간협약   59, 111, 121, 129

FIM   249

FLIMMO   245~246

France Télévisions   64, 101, 103, 106~110

Funk(JuKa)   63~64, 80, 82, 84~85, 116

HACA   100

handysektor   248

Internet-ABC   243~244

ITA   94

ITC   94

JIM Studie   249

juuuport   244~245

KiKA   63~64, 113, 132

KIM Studie   249

PHOENIX   63~64, 113, 132

ProSiebenSat.1   78, 231, 267

SAEK   237

SBS(호주의 다문화 공영방송)   184~186

The House   232

Wir zusammen   230~232

ZDF   62~64, 68~72, 77~78, 80, 82~84, 89~

90, 111~113, 115~116, 134, 145
ZDF 운영에 관한 주간협약 59, 111, 121,
    129, 134~140, 142~144
ZDF 운영위원회 138~139

ZDF 직원위원회 142~143
ZDF 텔레비전위원회 134~144
3sat 63~64, 113, 132
3단계 검사 71~72, 84

이수범

미국 오클라호마 대학교에서 언론학 박사 학위를 취득하고, 방송위원회와 정보통신윤리위원회에서 정책 연구를 수행했다. 서강대학교 영상대학원 교수를 거쳐 지금은 인천대학교 신문방송학과 교수로 재직하고 있다.

≪한국광고홍보학보≫, ≪광고연구≫, ≪홍보학연구≫ 편집위원장과 한국광고홍보학회 학회장, 한국언론학회 부회장 등을 역임했다. 수상 실적으로는 한국조사연구학회의 한국 갤럽학술논문상, 미국방송학회 국제 분과 최우수논문상, 한국광고학회의 제일기획 저술 부분 학술상 등이 있고, 교내에서 학술연구상을 받았다. 또한 마르키스 후스 후(Marquis Who's Who)에서 발행하는 인명사전『후스 후 인 더 월드(Who's Who in the World)』에 등재되었다.

저서로『문화예술 PR전략』,『디지털 시대의 음악산업』,『영화 마케팅 PR론』,『시장 개방 20년과 한국의 광고산업』등이 있고, 역서로는『퍼블릭 스피킹』,『상품세계의 인식과 설득』,『인터넷 마케팅의 원칙』,『대통령 선거 마케팅』등이 있다. *Communication Research*, *Journal of Media Economics*, *Asian Journal of Communication*, *Public Relations Review*, *Continuum*, ≪한국언론학보≫, ≪광고연구≫, ≪광고학연구≫ 등의 저널에 140여 편의 논문을 발표했다.

장성준

중앙대학교 언론학 박사다. 현재 독일 라이프치히 대학교 커뮤니케이션 분야 박사과정에 있다. KBS방송문화연구소, 한국옥외광고센터, ≪미디어스≫ 등에 기고하고 있다. 성신여자대학교, 인천대학교, 중앙대학교에서 강의한 경력이 있다.

저서로는『소셜 미디어와 사회참여』가 있으며, 「국내 디지털교과서 연구 경향에 대한 메타분석」(책임, 2015), 「어린이/청소년 인권보장을 위한 자율심의기구 구축방안」(단독, 2014), 「지역신문 발전지원 정책에 관한 법적 고찰」(교신, 2013), 「청소년의 TV중독 예방을 위한 미디어교육 방안 연구」(공동, 2012), 「중국 유학생들의 문화 간 커뮤니케이션 능력에 영향을 미치는 요인 연구」(공동, 2011) 등 10여 편의 논문을 발표했다. 국내 학위과정에서 매체미학을, 현재는 문화 간 커뮤니케이션을 연구하고 있다. 문화연구, 미디어 교육, 독일과 한국의 방송정책, 이민정책, 출판과 광고 분야에도 관심을 가지고 연구를 진행하고 있다.

한울아카데미 2029
방송문화진흥총서 176

다문화사회에서의 미디어 역할: 독일 사례를 중심으로

ⓒ 이수범·장성준, 2017

지은이 l 이수범·장성준
펴낸이 l 김종수
펴낸곳 l 한울엠플러스(주)
편 집 l 이수동

초판 1쇄 인쇄 l 2017년 8월 18일
초판 1쇄 발행 l 2017년 8월 31일

주소 l 10881 경기도 파주시 광인사길 153 한울시소빌딩 3층
전화 l 031-955-0655
팩스 l 031-955-0656
홈페이지 l www.hanulmplus.kr
등록번호 l 제406-2015-000143호

Printed in Korea.
ISBN 978-89-460-7029-5 93070 (양장)
      978-89-460-6373-0 93070 (학생판)

* 책값은 겉표지에 표시되어 있습니다.
* 이 책은 강의를 위한 학생판 교재를 따로 준비했습니다.
  강의 교재로 사용하실 때에는 본사로 연락해주십시오.

이 책은 MBC 재단 방송문화진흥회의 지원을 받아 출간되었습니다.